LES BÉRETS VERTS FRANÇAIS DU 6 JUIN 1944

COMMANDANT KIEFFER

LES BÉRETS VERTS FRANÇAIS DU 6 JUIN 1944

Présentation historique Eddy Florentin

FRANCE-EMPIRE
13, rue Le Sueur
75116 Paris

ISBN 2-7048-0737-X

IMPRIMÉ EN FRANCE

A chaque homme mort ou vivant qui a eu l'honneur de porter ce béret vert,

à mon fils mort pour la France avant de l'avoir pu porter,

je dédie ce livre.

Here dead lie we, because we did not choose
To live and shame the land from wich we sprung.
Life, to be sure, is nothing much to lose ;
But young men think it is, and we were young.

Morts : nous gisons ici, pour n'avoir pas accepté de vivre et couvrir de honte le sol qui nous a vu naître.
Bien sûr, ce n'est pas grand-chose à perdre que la vie ; mais les hommes jeunes pensent le contraire et nous étions jeunes.

A.E. HOUSMAN.

PRÉFACE

Je me rappelle comment cela arriva, il y a bien longtemps, me semble-t-il aujourd'hui. C'est à Caen que je le rencontrai pour la première fois. Il était grand et évoquait un ressort bandé, accumulant une énorme énergie, mais retenu par des faiblesses humaines comme la modestie, l'humilité, l'amour de son pays. Il se nommait Kieffer, mais tout le monde l'appelait le « Pacha ». Le fait effroyable fut que je le pris pour un Britannique. Je dis « effroyable » parce que les Irlandais comme moi ont une façon particulière de considérer les Britanniques, mais aussi parce que cette conviction *me fut imposée par son uniforme britannique*. Mes amis de Grande-Bretagne ne m'en tiendront pas rigueur, je l'espère, mais, pour moi, les Français auraient dû porter leur propre uniforme, pas un uniforme emprunté, donnant lieu à confusion, impliquant un genre de courage et de discipline différent, déguisant un homme de valeur, et surtout — au moins dans mon esprit — créant une raison pour que les Français passassent inaperçus en ce moment unique de l'Histoire : le Jour J et la libération de leur patrie. Ce livre que vous avez entre les mains, non seulement vous le lirez vous-même, mais, je l'espère, vous en ferez la lecture à haute voix à vos enfants — ce livre, le seul qui m'apprit, alors que j'écrivais *Le Jour le plus long*, que des Français participèrent à la délivrance de leur grand et glorieux pays, en même temps qu'à celle d'un continent de trois cents millions d'hommes asservis. Le chef qui conduisit ces vaillants Français aux cinq plages sanglantes de Normandie fut mon ami le « Pacha », le commandant Philippe Kieffer.

Quand je le rencontrai, j'y vis seulement une sorte d'officier de liaison avec les commandos de Lord Lovat. Plus tard, en lisant son livre, j'appris qu'il avait débarqué à la tête de deux cents Français — et j'en fus surpris. Combien de correspondants de guerre britanniques et américains avaient connu, me demandai-je, cette participation française au débarquement ? Bien peu, je pense, car ces Français étaient considérés comme faisant partie des commandos britanniques.

En 1957, je me rendis en France afin de rassembler des documents pour mon livre. Le commandant Kieffer fut une des premières personnes avec qui je m'entretins. Il occupait alors un bureau dans les locaux affectés provisoirement à l'OTAN, au Palais de Chaillot.

Nous restâmes ensemble plusieurs heures. Il avait une voix puissante, étonnante, presque tonitruante. Il goûtait la vie et aimait en parler, mais, surtout, il aimait parler de ses hommes des commandos, tels le comte Guy de Montlaur.

« Il aurait pu être officier, vous savez, me dit-il de sa grosse voix, mais il préféra rester sergent. D'ailleurs, les grades n'avaient aucune signification pour nous : nous étions Français et formions le commando le plus mordant qu'on pût voir. Et nous étions fiers d'être les premiers à revenir en France. »

Je lui demandai pourquoi les histoires militaires, lues jusque-là par moi, ne parlaient pas de la présence de son unité. Kieffer se contenta de sourire et de parler de la « fortune de guerre ». S'il éprouvait quelque amertume de cette négligence extraordinaire, il ne fit aucun commentaire. Il était ainsi, toujours un gentilhomme, toujours un soldat. Plus tard, quand je le connus mieux, je découvris qu'il ressentait profondément la chose.

« Il eût été juste, me déclara-t-il un jour, qu'un des nombreux communiqués publiés ce jour-là ait annoncé que des troupes américaines, britanniques, canadiennes *et françaises* venaient de débarquer. Tout le monde le sut par la suite, mais pas ce jour-là. »

Bien entendu, c'était une petite unité qui passait inaperçue, mais elle tenait une place importante sur les grandes cartes de l'état-major suprême. Sa mission paraissait impossible pour son effectif : s'emparer du central téléphonique d'Ouistreham, saisir les écluses, prendre le casino. Les hommes de Kieffer, nous le savons aujourd'hui, atteignirent tous ces objectifs, mais à un prix très élevé. Kieffer, blessé deux fois dans la journée, constitua le centre de ralliement, la force agissante qui ouvrit le chemin. Jamais il ne réclama de ses hommes quelque chose qu'il n'eût pu accomplir lui-même, et on l'aimait pour cela. Il était fidèle à ses amis à un degré extraordinaire.

Un historien britannique, travaillant sur les documents du War Office, m'écrivit une lettre. Je ne me rappelle pas les termes précis, mais en voici le sens général : « Vous dites, dans votre livre, que deux chasseurs allemands seulement attaquèrent les plages ce matin-là ; en êtes-vous bien sûr ? Nous n'avons aucune mention de cette attaque. » Si j'en étais sûr ? En plus du témoignage des pilotes allemands et de celui de dizaines d'hommes qui les virent, je possédais la déclaration d'un homme dont l'unité fut presque décimée par cette attaque : Kieffer. Ce fut lui qui établit l'affaire en m'indiquant le moment précis de cette attaque, le lieu et même le nom de ceux de ses hommes qui tombèrent. Il aurait pu ne pas le faire, car il était très occupé, et je lui en fus extrêmement reconnaissant. A l'été de 1961 — Kieffer avait souffert d'une apoplexie l'année précédente — il vint voir le tournage de la séquence qui, dans *Le Jour le plus long*, représente l'action de son commando. Par hasard, un journaliste souleva la même question au sujet de l'attaque des chasseurs. Kieffer, toujours souffrant et marchant avec une canne, le conduisit à l'endroit de la plage où cette attaque s'était produite — afin de bien rétablir les choses.

Il était dur, aussi. Pendant ce mitraillage, des prisonniers allemands tentèrent de fuir. « Mes hommes les abattirent sur place », me dit Kieffer, sans ciller. C'était la première fois que quelqu'un avouait pareille chose devant moi. « Par la suite, ajouta-t-il, je signalai à Lord Lovat que nous avions abattu dix prisonniers et le fait fut durement noté. J'en pris toute la responsabilité. Nous ne pouvions rien faire d'autre... je le referais aujourd'hui. »

Tel était Philippe Kieffer, un homme et un soldat dans toute l'acception de ces termes, ne posant pas, ne recherchant pas la publicité, dont une foi totale en Dieu inspirait la modestie. Durant la traversée de la Manche dans les grands convois du Jour J, il prononça à voix haute, avant de monter dans sa couchette pour dormir, la fameuse prière : « S'il m'arrive de T'oublier, ne m'oublie pas ! » Dieu n'oublia pas mon bon ami Kieffer, espérons que la France ne l'oubliera pas non plus.

« Seigneur, tu sais combien je vais avoir à faire aujourd'hui. »

Cornélius RYAN.

L'UN DES 1 160 VOLONTAIRES DE LA PREMIÈRE HEURE...

La France de juin 1940 se délite : sous le déferlement de la Wehrmacht toute-puissante, ses armées se débandent, ses populations fuient sur les routes, sa Flotte, intacte, lève l'ancre en catastrophe pour aller chercher refuge soit en Afrique soit en Grande-Bretagne.

De Cherbourg sous le canon d'un général inconnu nommé Erwin Rommel, de Brest contaminé par la panique et le désordre, de Lorient noirci par les incendies des citernes de mazout, les navires appareillent au soir même où sur les antennes de la B.B.C. un certain général de Gaulle...

D'un minuscule port du Cotentin, Saint-Vaast-la-Hougue, au passé chargé d'Histoire, une minuscule garnison s'embarque sur deux chalutiers venus de Boulogne, bientôt transbordée sur un chalutier plus puissant qui emporte à son bord un jeune enseigne de vaisseau : Philippe Kieffer.

En quelques jours, vingt-trois ports du Royaume-Uni accueillent deux cuirassés — à Plymouth le Paris, *à Portsmouth le* Courbet *—, deux contre-torpilleurs, huit torpilleurs, seize avions, sept sous-marins, quinze chasseurs, trente-six patrouilleurs, huit vedettes lance-torpilles, cent-cinquante autres bâtiments divers. Au total : onze mille cinq cents marins.*

En outre, cent trente-cinq navires de commerce français mouillent dans les eaux d'une Alliée que la propagande de Vichy dénoncera comme « la perfide Albion ». Ajoutons encore près de vingt mille hommes des armées de terre et de mer qui se trouvent avoir été évacués de Dunkerque ou des ports picards sur le sol anglais.

Voici donc que trente mille Français en Grande-Bretagne pourraient immédiatement répondre à l'Appel du général de Gaulle. Et faire rentrer la France dans la guerre contre l'hitlérisme.

S'ils le veulent...

Mais le veulent-ils ? Et le peuvent-ils ?

L'amiral Darlan a prescrit, dès le 21 juin, le repli sur l'Afrique du Nord de tous les bâtiments français présents en Grande-Bretagne. Ordre impossible à exécuter : les Britanniques craignent l'exploitation que les Allemands pourraient tirer de la Flotte, dont ils ignorent alors que la Convention d'Armistice prévoit qu'elle restera en mains françaises.

Le maréchal Pétain a déclaré toute résistance vaine : les conditions d'Armistice signées le 22 juin, affirme-t-il, sont honorables. Les équipages saisissent la balle au bond : ils n'ont aucune envie de se lancer dans l'aventure. Et les soldats n'ont qu'un désir : rentrer à la maison. Dans les camps de regroupement, où règne une agitation défaitiste entretenue, on guette la date du bateau de rapatriement.

Et près de vingt mille marins et soldats (que d'ailleurs les Britanniques ne cherchent nullement à retenir : l'invasion allemande menace, et cette masse grognarde ne peut que gêner la défense du royaume) embarquent, le 1er juillet, sur douze paquebots et cargos qui, après une navigation en convoi, arrivent à Casablanca les 8 et 9 juillet.

Entre-temps, un seul officier général de la Marine a cherché, spontanément, à rejoindre le camp allié. Et à retrouver à Londres les quelque sept cent dix volontaires à avoir répondu à l'Appel du général de Gaulle. Il se nomme Muselier. Et, dès le lendemain de son arrivée sur les bords de la Tamise et de son entrevue avec le chef de la France Libre, il a dicté, assis sur une caisse d'emballage dans un appartement de trois pièces dépourvu de tout mobilier, l'Ordre du Jour numéro I créant pratiquement les Forces Navales Françaises Libres.

Eclate, trois jours après, le drame. Mers el-Kébir. Tout soudain se complique. Interrogations de conscience. Nouveaux renoncements. Recrutement entravé, compromis. Qui passera outre ?

Et pour tout aggraver, les Britanniques saisissent tous les bâtiments de guerre français : pas seulement dans les eaux du Royaume-Uni, mais aussi dans celles du Commonwealth, comme à Alexandrie, d'où s'évadera bientôt un certain officier nommé Honoré d'Estienne d'Orves. Obligation est imposée aux marins français de choisir : ou bien l'engagement dans la Royal Navy ou bien le rapatriement. 90 % des marins préfèrent rentrer en France. Un peu plus d'un millier d'hommes de la marine de guerre, soit 10 % des effectifs concernés, décide de continuer le combat : sur ce contingent, quatre cent cinquante se rallient aux Forces Navales Françaises Libres.

Comptez : 1 160 volontaires en tout et pour tout. Faut-il préciser que l'un d'eux porte le nom de Philippe Kieffer ?...

Vivier dans lequel l'amiral Muselier puisera pour constituer, le 17 juillet 1940, le 1er bataillon de fusiliers marins qui a déjà dans son palmarès d'avoir participé, informellement, au défilé du 14 juillet, devant la statue de Foch, Victoria Station à Londres.

A cette date, l'amiral Muselier aura déjà installé son école navale sur le futur combattant du 6 juin 1944 : le Courbet. *Officiers et sous-officiers y improvisent à la hâte une instruction sommaire délivrée aux « flottards » qui n'avaient pu terminer leur instruction en France. Le programme s'étale sur quatre semaines à bord du navire, suivies de deux semaines dans les rangs du 1er bataillon de fusiliers marins. L'un des élèves se nomme Philippe de Gaulle, et l'un des instructeurs Philippe Kieffer.*

Première session : du 18 juillet au 25 août. Le stage ne s'est pas achevé qu'un exercice pratique grandeur nature dans les conditions réelles de la guerre est proposé... la Luftwaffe ! La bataille d'Angleterre a, en effet, commencé : il est 12 h 45 le 12 août quand quatre-vingts Junker 88 escortés de cent cinquante Messerschmitt déferlent sur le Dockyard de Portsmouth. A bord du Courbet *paralysé, les élèves-officiers et leurs instructeurs courent aux pièces d'artillerie anti-aérienne toujours vivaces...*

Autour de la grande table du carré, une trentaine d'officiers... Les deux matelots annamites, avec des gestes silencieux, venaient de déposer l'habituel « jelly and custard ». L'aumônier, l'abbé de Dartin, ancien précepteur du comte de Paris, qui à l'âge de soixante-dix ans venait de rejoindre les Forces Françaises Libres, étant assez dur d'oreille et ne réalisant pas une nouvelle fois que la conversation venait de tomber, achevait d'expliquer au « toubib » que la France, fille aînée de l'Eglise, flambeau de la civilisation, avec un passé si riche dans l'histoire du monde, ne pouvait sombrer sous la botte allemande. Le café servi, les matelots annamites s'étaient éclipsés, et des doigts distraits tournaient les petites cuillères dans les tasses de café fumant, tandis que les yeux étaient fixés sur les aiguilles du cadran. Les oreilles aussi étaient tendues, tâchant de percevoir le ronflement irrégulier qui, immanquablement, depuis une dizaine de jours, mettait fin au dîner. On commençait à reculer les chaises de la table, il était 19 h 25.

Brutalement, la sonnerie d'alarme était déclenchée, mais, dans l'atmosphère lourde, personne au carré ne les avait entendu venir...

Le ciel était ce soir-là d'une pureté qui appelle à de poétiques rêveries ou à la prière plutôt qu'au combat ; mais, hélas ! on n'avait pas le choix.

Il faisait bon sur la plage arrière. En un clin d'œil, les postes de combat étaient occupés dans le plus grand silence. Le ronflement hésitant des moteurs se faisait entendre dans le lointain, mais le tonnerre des canons ne troublait pas encore le clapotis de l'eau noire de la rivière contre les flancs du vieux cuirassé au mouillage. Le ronflement sourd des moteurs se rapprochait, s'amplifiait.

Brusquement, tout autour de Portsmouth dans l'obscurité, petites et grandes gueules d'acier commencèrent à hurler. Les pièces du *Courbet* venaient d'entrer en action et vomissaient des obus traçants qui éclataient comme un feu d'artifice dans le ciel qui s'illuminait.

Dans le rougeoiement des incendies qui commençaient dans l'arsenal et dans la ville, ce concert terrifiant ne dura que trente minutes, puis, une à une, les pièces se turent, à terre comme à bord des bâtiments sur rade.

Les chasseurs amis étaient dans le ciel…

*
* *

A cette époque, les bombardements massifs de l'aviation allemande faisaient rage sur l'Angleterre. Cette période glorieuse pour les ailes britanniques, mais non sans énormes sacrifices, devait se terminer par la victoire des chasseurs britanniques qui, en nombre dix fois inférieur, abattirent en trois nuit près de cinq cents avions ennemis. C'était la « Bataille d'Angleterre ».

Vous vous demanderez peut-être ce que vient faire ici la « Bataille d'Angleterre » ? Il fallait en parler, car ce fut à ce moment-là que se prenait, pour la première fois depuis notre départ de France, le contact entre les Forces Françaises Libres et l'Allemand.

Nous avions dans le ciel d'Angleterre des aviateurs français, pressés de reprendre le combat, qui portaient l'uniforme de la R.A.F., afin de voler tout de suite, nos Forces Aériennes Françaises Libres n'ayant pas encore d'appareils.

Le vieux *Courbet* était là aussi ; tous ses canons de 75 anti-aériens, braqués de jour et de nuit, mugissaient de partout et à toute heure, en secouant sa vieille carcasse qui reposait sur la vase. Ses canons de 37 tiraient aussi et ses nombreuses mitrailleuses aboyaient par intervalles sur tout avion ennemi qui tentait un piqué.

Un beau soir, une clameur était partie du pont du *Courbet*, pour aller faire écho jusqu'aux soutes ; le premier avion boche était descendu ! Il était venu, en flammes, s'écraser sur un banc de sable, à cent mètres à tribord, près des canons qui l'avaient atteint.

Nous avions commencé la revanche dans le combat et successivement, pendant cette bataille d'Angleterre, cinq autres avions ennemis vinrent s'inscrire au tableau du *Courbet*.

Maintenant, on parlait des « Free French Sailors », les pompons rouges semblaient plus fiers dans les rues de Portsmouth ; les Anglais avaient appris à connaître la silhouette massive du *Courbet* qui couvrait de ses canons les docks de Gosport et l'arsenal de Portsmouth.

Ce soir-là encore, sur la plage arrière du *Courbet*, ceinturé à la 13,2 mm jumelée, je songeais, entre deux attaques ennemies à la bombe, aux possibilités de reprendre la lutte d'une façon plus directe et continue. Pour le moment, aucun front réel n'existait. Partir pour l'Afrique ? On ne s'y battait pas encore. Demander une de ces missions secrètes qui commençaient à s'infiltrer en France ? Il existait tellement de candidats, et ma préférence allait vers le combat.

Quelque quatre mois plus tard, la solution à mon problème se présentait d'une façon inattendue, au cours d'une permission de quarante-huit heures à Londres.

« UN GLAIVE SURGI DE LA MER »
(Winston Churchill)

Seize mille kilomètres de côtes, du Cercle arctique jusqu'à la Bidassoa, sont désormais tenus par une Wehrmacht au faîte de son invincibilité.

Et pourtant, il faudra bien, un jour, pour la Grande-Bretagne restée seule en cet automne 1940, et pour les Alliés après Pearl Harbor, revenir sur le Continent, libérer les peuples du joug de l'hitlérisme.

Revenir sur le Continent ?

Mais... dès le 4 juin 1940 (oui : 4 juin 1940) se profile ce qui deviendra, pas à pas, « le » Débarquement.

Le Premier ministre, Winston Churchill, a griffonné une courte note à l'intention des chefs d'état-major : « S'il est possible pour les Allemands de nous envahir, pourquoi serait-il impossible pour nous d'agir de même ?... » Le soir même, le lieutenant-colonel Dudley Clarke a rédigé les premiers principes de raids menés sur les côtes ennemies par de petites forces surgies de la mer. Quatre jours plus tard, Sir John Dill a approuvé les grandes lignes du projet ; et ordonne de lancer « un raid à travers la Manche aussitôt que possible ». Il en charge le général Sir Alan Brooks nommé le 12 juin à la tête des opérations de raid.

L'aventure des futurs Bérets Verts vient de commencer. Elle ne dort pas longtemps en dossier. La preuve ?

— Le 23 juin 40 : *opération de reconnaissance menée,* sur les arrières *de l'armée allemande déjà sur les bords de la Loire, par une flottille britannique de vedettes rapides à moteur, partie de trois ports du sud de l'Angleterre, et débarquant entre le cap d'Alprech (au sud de Boulogne-sur-Mer) et la pointe du Haut Blanc, près de Berck, cent quinze hommes en quatre groupes jusque sur la plage de Merlimont. Pas une perte. Ce raid entrera dans l'histoire de la Seconde Guerre mondiale comme le premier des exemples d'opérations combinées (encore qu'il n'y ait pas eu intervention de l'aviation).*

— le 14 juillet 1940 : *raid sur Guernesey (occupé par les Allemands) mené avec deux contre-torpilleurs britanniques débarquant, par vedettes à moteur et baleinier, le 3 Commando : oui, l'unité même qui, frère d'armes du 4 Commando, débarquera en Normandie. Tout juste né, ce 3 Commando, à Plymouth, sous l'initiative et le commandement du lieutenant-colonel J.F. Durnford Slater, D.S.O.*

La conception de petites unités qui, surgies de la mer, donneraient des « coups d'épingle » au front ennemi, pour progressivement prendre la dimension d'ensembles combinés capables de livrer combat ou d'occuper, provisoirement ou définitivement, des portions du territoire ennemi est donc née, avant même Dunkerque, à la suggestion de Winston Churchill. Qui créera, en conséquence, le 5 octobre 1940, un sous-comité des chefs d'état-major. Mission : établir les conditions d'un retour sur le Continent.

La guerre, en 1941, s'étend. Les armées hitlériennes pénètrent en Bulgarie le 2 mars, en Yougoslavie le 6 avril, réduisent l'armée grecque le 21 avril, occupent la Crète le 31 mai. Autant de côtes qui, tôt ou tard, subiront les « coups d'épingle » portés, cette fois, en Méditerranée, à partir des bases britanniques du désert où les combats font rage.

L'amiral de la Flotte, Sir Roger Keyes, a reçu mission, dès le 17 juillet 1940, comme directeur du Combined Operations, *d'étudier et lancer des débarquements offensifs le long des côtes de l'Europe occupée. Mais les moyens manquent : Churchill exige de lever un effectif de cinq mille hommes décidés, prêts à des tâches marginales aux opérations militaires classiques. Et « risquées ». La section du War Office impliquée envisage de constituer dix unités appelées commandos.*

Mais les embarcations manquent.

Toujours emporté par son imagination et son enthousiasme, Churchill rêve d'une force de dix mille hommes constituée en deux corps d'invasion : les calculs révèlent qu'il faudrait, pour chacun de ces corps, trois cent quatre-vingts barges d'assaut et cent quatre-vingts barges pour blindés. Les projets sont remisés, en espérant des jours meilleurs.

Dans l'attente, de minuscules opérations, progressivement de plus en plus consistantes, testent les principes nouveaux :

— 10 février 1941 : *raid sur Tragino (Italie). Largages de parachutistes. Intervention d'un sous-marin et de huit avions.*

— 3 mars 1941 : *raid sur les îles Lofoten, mené par les futurs commandos d'Overlord : le 3 et... le 4. C'est le raid qui va déterminer la carrière de Philippe Kieffer.*

DU 1er BATAILLON DE FUSILIERS MARINS AU 1er BATAILLON DE FUSILIERS MARINS COMMANDOS

LE 1er BATAILLON DE FUSILIERS MARINS : *constitué le 17 juillet 1940 à l'initiative de l'amiral Muselier. Participe à l'opération de Dakar. Puis à la mise en défense des côtes et à la prise de contrôle du Gabon. En avril 1941, arrive à Qastina en Palestine. Début juin, est jumelé au Bataillon d'Infanterie de Marine de Chypre et participe aux combats de Syrie. Son commandant, le lieutenant de vaisseau Detroyat est abattu d'une balle dans le dos par un officier de Vichy qu'il venait de faire prisonnier et à qui il avait laissé son arme. Sous un nouveau commandant, le lieutenant de vaisseau Amyot d'Inville, transformé en unité de D.C.A. :* rattaché *à la 1re Brigade de la France Libre pour les campagnes de Libye et de Tunisie. S'illustre à Bir-Hakeim. Retourne en Libye et participe à la campagne de Tunisie.*

LE 2e BATAILLON DE FUSILIERS MARINS : *vivier de futurs bérets verts du 4 Commando (Lofi, Chausse, Rougier, Lavezzi, Saerens, Bagot, Laffont, Léon Gautier, entre autres), il a été formé en Angleterre en octobre 40 pour rallier Douala où il doit se joindre au Ier B.F.M. Débarqué en décembre, participe à la défense côtière de l'Afrique Equatoriale Française. En novembre 41, quitte le Cameroun pour la Syrie où il assure des tâches de défense côtière dans le secteur de Beyrouth. Dissous et dispersé en mars*

1942, ses membres vont vers les F.N.F.L. ou, après sélection, vers les commandos du Ier Bataillon de fusiliers marins commandos.

LE Ier BATAILLON DE FUSILIERS MARINS COMMANDOS : issu de la dissolution du 2e Bataillon de fusiliers marins. Initialement, juillet 41, une compagnie d'instruction pour le 3e Bataillon dit Bataillon basque parce que de recrues d'origine sud-américaine et de langue basque. Cette unité ensuite dissoute, la compagnie est rattachée au commando britannique 2 ; puis au 10 Inter-Allied Commando qui participera notamment au raid de Dieppe le 19 août 1942. En novembre, la compagnie prend officiellement le titre de Ire Compagnie de fusiliers marins commandos *et, en juin 1943, l'appellation de* Ie Bataillon de fusiliers marins commandos. *Son commandant aura constamment été le même : enseigne de vaisseau de Ire classe Philippe Kieffer, puis lieutenant de vaisseau Kieffer.*

LOUIS MOUNTBATTEN : LE PRÉCURSEUR VISIONNAIRE

Octobre 1941 : Lord Louis Mountbatten est nommé à la tête de la Direction des Opérations Combinées : il imprimera sa marque personnelle à tous les débarquements à venir, y compris le débarquement du 6 juin qu'il aurait apparemment commandé si, entre temps, la guerre dans le Sud-Est Asiatique ne l'avait appelé.

Elevé au grade de vice-amiral à titre temporaire, 18 mars 1942, Lord Mountbatten est fait simultanément *général d'Armée, et maréchal de l'Air : triple grade, triple nomination. Pour la première fois dans l'histoire militaire, le décloisonnement entre les trois armes prend forme tel que l'a rêvé celui qui deviendra vice-roi des Indes.*

Mountbatten, cousin du roi George VI, a reçu de Churchill l'ordre de se préoccuper de l'invasion de l'Europe avec un programme de raids d'intensité croissante. Sous son impulsion, les liaisons, jusque-là floues, entre ministères et états-majors des trois armes, s'articulent avec précision. Le Quartier-Général des Opérations Combinées (voir présent chapitre) gagne un surcroît de vitalité.

Le raid spectaculaire du 26 décembre 1941 marque l'emprise du concepteur des Opérations Combinées telles que, désormais, elles s'inscriront au calendrier de la Seconde Guerre mondiale : une force de trois cents volontaires, escortée par un croiseur et quatre destroyers de la Royal Navy, appuyée par des escadrilles de la Royal Air Force attaque les îles de Vaagsö et de Maaloë, détruit défenses côtières, stations de T.S.F., fabriques d'huiles de poissons, fait sauter une centrale électrique, coule une quinzaine de millions de tonnes de cargos, tue quelque cent cinquante Allemands et ramène en Grande-Bretagne quatre-vingt-dix-huit prisonniers.

Le 28 février 1942 se produit sur les côtes du Pays de Caux « le plus grand des petits débarquements » : Bruneval ; les unités de commandos du futur 6 juin 44 sont dans le coup.

Quant au « plus petit des grands débarquements », celui de Saint-Nazaire, il n'est déjà plus un raid « coup d'épingle » ; il modifie le cours de la guerre navale à l'ouest en détruisant la seule cale sèche capable de donner abri aux cuirassés de la Kriegsmarine (28 mars 1942).

Les Etats-Unis, depuis, sont entrés dans la guerre. Le général George C. Marshall, chef d'état-major de l'armée américaine, recommande l'ouest de l'Europe pour théâtre de la première grande offensive contre l'Allemagne. Et préconise, dès 1942, un programme de raids interalliés sur les côtes d'Europe, à l'exemple du raid sur Bruneval et du raid sur Saint-Nazaire. Première réponse : Dieppe, 19 août 1942, répétition générale grandeur nature de la plus grande opération combinée de tous les temps : Overlord. Quatorze commandos français participent au raid, dont cinq Bérets Verts du futur 6 juin 1944.

LE COMMANDO BASIC TRAINING CENTER D'ACHNACARRY

Ouvert en février 1942, sur les terres du château du chef du clan des Camerons, Inverness, par ordre du général Charles Haydon, pionnier des premiers raids de l'époque héroïque, et maintenant conseiller militaire de Lord Louis Mountbatten. Placé sous le commandement du lieutenant-colonel Charles E. Vaughan, qui en concevra cours et exercices.

Les recrues, volontaires sélectionnés, entrent au camp en passant devant un certain nombre de tombes fictives : « mort pour s'être montré au-dessus de la ligne de visibilité », « mort pour n'avoir su se mettre à couvert au cours d'un débarquement », « mort pour n'avoir pas su distinguer entre se mettre à l'abri de la vue et se mettre à l'abri du tir ».

Les cours y durent, en principe, trois mois. Mais peuvent être réduits à cinq semaines. Voire, pour les officiers et sous-officiers instructeurs à quatre ou à deux.

Les exercices s'y effectuent par tous les temps, à balles réelles, dans les détonations des explosifs. La traversée d'une rivière est accomplie sous le tir rasant d'une mitrailleuse : gare à celui qui ne pratique pas la brasse coulée. On y apprend à cuisiner du rat et à le manger. A tirer silencieusement. A manier les armes ennemies. A pratiquer le combat à mains nues. En manœuvre, obligation est imposée, si la barge aborde la plage qui ne lui était pas affectée, à rattraper le temps perdu et à se retrouver, quand même, sur la bonne plage, à l'heure qui était prévue. De même, si l'on escalade, de nuit, une falaise qui n'était pas la « bonne » falaise, obligation impérative est faite de se retrouver au sommet de la « bonne » falaise à l'heure où il fallait s'y trouver ! A cette fin, par exemple, on pratique la speed march *: sept miles à l'heure (un peu plus de onze kilomètres) au lieu des quatre miles du fantassin, ce pendant deux heures…*

Les cours portent sur les méthodes de démolitions par charges explosives, le close-combat (à mains nues, au couteau, au pistolet, à la mitraillette, à la grenade, au fusil à la hanche, à la baïonnette), l'affût, le combat en forêt comme en ville.

Toutes les techniques de l'assaut sont enseignées : en débarquement, en campagne, le tout à balles réelles, selon des hausses différentes. Surmonter les obstacles, détruire les mines anti-tanks, lancer d'élémentaires ponts, utiliser des embarcations d'assaut ou tout autre moyen fruste de traversée, autant de matières figurant au programme.

Le futur commando apprend à vivre les situations impromptues nées de la guerre : endurance, subsistance sur des rations réduites, prise de commandement soudaine, affûts, opérations de nuit, obstacles routiers, prises de décision rapide.

Celui qui n'a pas satisfait au stage qui lui aurait valu le titre de commando et le béret vert reçoit impitoyablement la mention R.T.U. sur son livret militaire : Return to Unit, *et regagne son unité d'origine. Il paraît que cette marque « infâmante » — 50 % des postulants — pouvait causer un traumatisme à vie.*

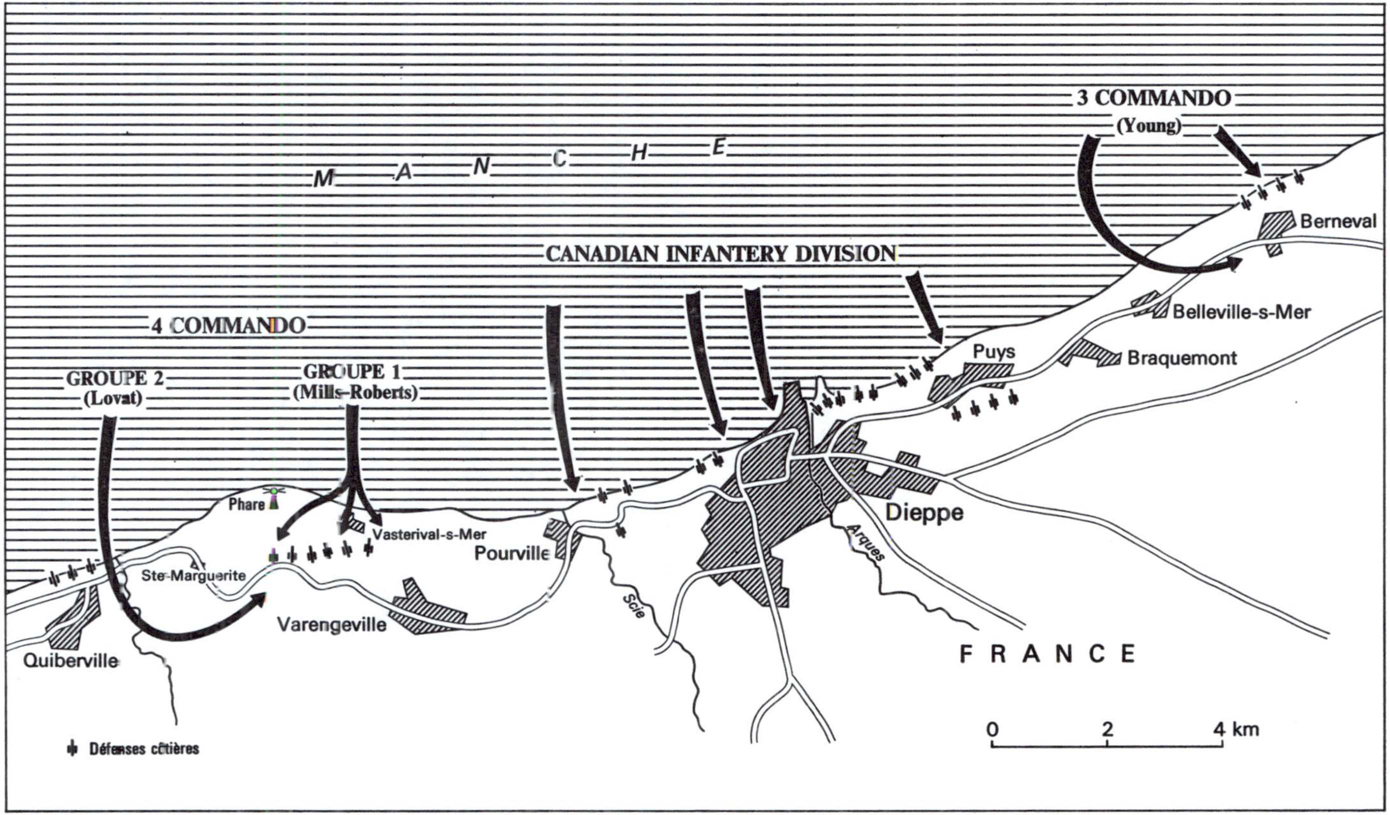
3 COMMANDO
(Young)
MANCHE
Berneval
CANADIAN INFANTERY DIVISION
Belleville-s-Mer
4 COMMANDO
Puys
Braquemont
GROUPE 2
(Lovat)
GROUPE 1
(Mills-Roberts)
Phare
Vasterival-s-Mer
Pourville
Dieppe
Ste-Marguerite
Arques
Scie
Varengeville
Quiberville
FRANCE
0
2
4 km
Défenses côtières

CHAPITRE PREMIER

COMMENT GAGNER LE BÉRET VERT

Mon train venait d'entrer en gare avec un grand retard, l'alerte ayant duré toute la nuit...

Londres n'a pas dormi... Londres, maintenant, connaît à peine le sommeil. Un gris sale qui sent la suie et le brûlé sort lentement des ténèbres, s'accroche à un pont, débouche sur une large voie, rampe sur le fleuve, bute sur un coin sombre, s'insinue... Voici des silhouettes humaines, c'est le jour. Quel coin de la ville a brûlé, dans quel secteur se sont accumulées les ruines provoquées par le bombardement ?

Leur tâche accomplie, hommes et femmes de la Défense Passive s'arrêtent aux cantines pour une tasse de thé. Ils parlent peu, la série des nuits terribles est devenue une routine et, seuls, les visages émaciés reflètent les gestes héroïques et têtus de cette discipline librement consentie dont ils viennent une fois de plus de faire preuve.

Un marchand de journaux arrive, tend sa feuille, pointe du doigt une manchette, ramasse des pennies et disparaît sans dire un mot. Les têtes se penchent pour lire. Quelle est donc cette nouvelle extraordinaire qui vient de provoquer pareil enthousiasme chez ces hommes et ces femmes qui sortent de lutter toute une nuit contre cette pluie de fer et de feu qui tombait du ciel ? Je m'approche et lis avec toute l'Angleterre frémissante : « Raids de commandos. » Ce journal racontait l'exploit de quelques groupes d'hommes encore mal armés, en battle dress, le visage noirci, qui étaient descendus sur les côtes norvégiennes, amenés par d'étranges barges, pour porter la guerre chez l'ennemi. Ils avaient semé la panique et massacré une garnison d'Allemands, ces experts indiscutables de la guerre moderne. Ils avaient détruit des installations militaires et industrielles, ramené des prisonniers, arrêté des collaborateurs, et, enfin, tiré de l'enfer de l'occupation nazie de nombreux civils résistants. Ils étaient revenus sur la côte d'Ecosse, leur point de départ, en laissant marquées par de nombreux incendies les traces de leur action meurtrière. C'était le premier raid des commandos (opération Claymore), le 4 mars 1941, sur les îles Lofoten, au large des côtes de Norvège et situées à près de quinze cents kilomètres. L'opération fut exécutée par les commandos 3 et 4 et une poignée de soldats et marins des Forces Norvégiennes Libres. Le bilan de ce court passage était : cent quarante ennemis tués, deux cent quinze prisonniers allemands et dix « quislings ». Les commandos avaient ramené en outre trois cents jeunes Norvégiens, pour la plupart marins, qui désiraient venir en Angleterre pour s'engager dans les Forces Norvégiennes Libres. La Royal Navy avait coulé durant cette opération onze bâtiments allemands jaugeant près de dix-huit mille tonnes.

Un nouveau mot venait d'enrichir le vocabulaire anglais : « commando », et, de ce jour, ils furent les enfants gâtés de toute la nation britannique, et l'ennemi lui-même venait de le mentionner, avec malaise, dans son communiqué.

Winston Churchill, qui venait d'allumer au cœur de tous, militaires et civils, une flamme nouvelle par ce genre d'exploits inédits, avait créé les commandos et choisi lui-même leur nom. C'est au moins de juin 1940, alors que le monde entier attendait la reddition de l'Angleterre, que Churchill décida d'aller porter la guerre chez l'ennemi. Il créa des petites troupes composées d'athlètes et d'hommes à l'esprit de risque et d'aventure, munis d'armes spéciales, qui devaient descendre sur les rivages occupés par l'ennemi et jeter la panique chez un adversaire déjà sûr de sa victoire. Le mot « commando » naquit durant la guerre du Transvaal. A cette époque, des groupes de Boers, forts d'environ une centaine d'hommes résolus à tout et ayant fait le sacrifice de leur vie, avaient jeté le désarroi parmi les troupes britanniques au cours de cette campagne sud-africaine à laquelle Winston Churchill avait pris part comme officier de presse des armées de Sa Majesté britannique.

Pourquoi un groupe de Français n'aurait-il pas le même droit d'aller, lui aussi, avec ses camarades britanniques, risquer sa vie, même quelques heures, sur un coin de la côte de France ? Dans nos causeries du soir, sur le *Courbet*, la nostalgie de la France à délivrer devenait une hantise. Arriver dans la nuit, tuer ou capturer l'Allemand sur notre propre sol qu'il occupe, entendre peut-être un murmure dans le noir, durant une seule minute, une voix de Français ou de Française, que ce serait beau ! Quel encouragement pour continuer et avoir la force d'attendre ! Dire tout bas, dans le secret de son cœur, le lendemain : « J'étais en France ! » retrouver un peu de sable de nos plages en délaçant ses brodequins et attendre la prochaine incursion avec cette voix de là-bas dans l'oreille ! Faire cela vite et en soldat qui porte des armes et apporte le courage et l'espérance à des Résistants français. Comment mieux servir à ce moment-là ?

Voilà comment j'osai porter la question devant notre amiral. Dès le début, les difficultés surgirent de toutes parts : manque de personnel français, pénurie de matériel, milieu des commandos très secret et fermé, démarches difficiles près des Britanniques. En mars 1941, je réussissais tout de même à ébranler l'amiral que ma foi et mon enthousiasme avaient gagné, et il fut décidé de me donner carte blanche pour entreprendre des négociations avec les autorités britanniques. L'état-major français, trop occupé à l'organisation des Forces Navales Françaises Libres, ne pouvait prêter aucun concours à ce projet. Les premiers pourparlers avec les Britanniques datent de fin mars 1941.

Le Quartier Général des Opérations Combinées était logé dans le centre même de Londres, dans un immeuble immense, un peu en retrait sur la large avenue de Whitehall. Il était bien vite devenu un sanctuaire qui fascinait non seulement le commando, mais aussi le public de Londres qui avait lu dans la presse à plusieurs reprises les brefs comptes rendus de l'activité de cette nouvelle arme d'élite. Seul avait le privilège d'y pénétrer le commando ou l'officier qui y avait une mission à accomplir, et, à ce moment-là, il avait droit à des égards particuliers de l'état-major et partageait toutes sortes de facilités intérieures, tels salons de thé, cantine et bar. Le service du mess était fait exclusivement par les femmes d'officiers de commandos (certaines étaient femmes d'officiers généraux). Je me souviens que le jour où je fus convoqué dans ce « saint des saints » par le général Haydon pour discuter la participation des Forces Françaises Libres, craignant d'arriver en retard au Quartier Général, je hélai un taxi et je lui demandai, en lui jetant l'adresse de ma destination, de faire vite. J'avoue que les quelques minutes que j'eus à passer dans le taxi durant le trajet resteront dans ma mémoire parmi les moments les plus malaisés de ma vie. Ce brave chauffeur, persuadé, pour je ne sais quelle raison, que nous commencions ensemble un raid dont le succès dépendait du facteur vitesse, me fit trembler de peur. Arrivé à destination, je descendis du taxi avec un soupir de soulagement et lui tendis le prix de sa course et le pourboire. Il refusa le pourboire en me disant : « No, Sir ! Je sais le travail que vous autres " boys " faites. Si j'étais plus jeune, je serais des vôtres. »

Il me tendit la main, fier et digne dans son vieux « tacot », et démarra après m'avoir crié : « Bonne chance ! », en pointant son pouce rigide vers le ciel, le geste alors populaire en Grande-Bretagne pour : « On les aura ! »

C'était la période aussi où, dans les bars comme dans la presse, naissaient des quantités de bons mots et d'histoires plaisantes à la louange de la ténacité et de la trempe coriace des commandos. L'une d'elles, en particulier, et que je vais conter, trouvera très bien sa place dans ce chapitre.

L'empereur Néron, durant la période qu'il consacrait aux divertissements de son peuple, avait au programme du cirque le monotone numéro : « Lions et tigres contre martyrs chrétiens. » Il devenait un peu blasé de toujours rencontrer chez les martyrs une soumission si chrétiennement consentie devant la ruée des bêtes féroces. Se levant, l'autre matin, furieux, il fit chercher son maître de cérémonies : « Qu'avons-nous pour l'arène, ce soir ? », lui demanda-t-il. — « Quelque chose d'exceptionnellement spectaculaire, Empereur. Nous avons quelques féroces barbares venus des terres de la Grande-Bretagne, qui ont nom " commandos " et maquillent leurs visages de noir. » — « Merveille ! lui dit l'empereur, enthousiasmé. Mettez-les sous de solides verrous dans la cage attenante à celle des lions les plus féroces afin d'exciter leur appétit. »

Le soir, aux jeux du cirque, la porte d'une cage s'ouvrit avec fracas, et les commandos bondirent dans l'arène. La porte de la seconde cage s'ouvrit presque immédiatement après, et la foule haletante attendit. Rien ne se passa. « Qu'est-ce qui ne va pas ? » hurla de sa loge Néron en fureur. Le maître des cérémonies arriva, confus et tremblant, devant la loge impériale. « Imperator, Imperator, dit-il, nous avons oublié de nourrir les commandos hier soir ; ils ont fracturé la porte de la cage voisine et ont dévoré les lions. »

Après un questionnaire en règle et un contrôle draconien de mes papiers d'identité par un vieux sergent des Royal Marines, je fus guidé à travers les couloirs silencieux de l'édifice mystérieux de Whitehall, Centre des Opérations Combinées. On se sentait écrasé par le secret qui pesait partout. Jamais un mot ne se prononçait en dehors des chambres hermétiquement closes. C'est de cette maison que devaient sortir les plans de tous les grands assauts célèbres de Lofoten, Vaagsö, Saint-Nazaire, Bruneval, Dieppe, Boulogne, et aussi les nombreux projets de « raids » de grande envergure (telle la prise de Lorient et la destruction totale de la base sous-marine allemande) qui, pour diverses raisons, ne furent jamais exécutés bien que leur préparation fût poussée à fond. Il existait également à ce Quartier Général un petit état-major d'experts qui étaient spécialisés dans la préparation d'un nombre insoupçonnable de petits raids exécutés la plupart du temps par un officier et quatre ou cinq commandos seulement.

Le résultat de mes démarches près des Britanniques, tout en étant loin d'être positif, n'était pas un refus absolu. Il ressortait nettement que, pour avoir l'honneur d'être admis dans le giron choisi et si secret des commandos, il fallait un apport intéressant et montrer ce dont on était capable. Un argument avait cependant porté ses fruits : l'offre de marins français qui connaissaient parfaitement toutes les côtes de France, de Dunkerque à Bayonne. J'ai su plus tard que ce fut le seul argument qui empêcha de rejeter ma proposition.

Il restait un espoir : ramasser tout de suite un chef de section et quelques marins, partir dans un camp quelconque et commencer un entraînement exceptionnel et continu qui finirait par attirer des volontaires. Puis, le moment venu, inviter un délégué des commandos anglais à venir les voir.

Bientôt le premier noyau du futur bataillon était formé : le premier-maître Francis Vourc'h et seize hommes ; Dumenoir, dont la mort héroïque est racontée plus loin, Simon, carré et solide avec une tête de boxeur à la narine fendue, Taniou, pâle, mince, taciturne, mais doué de grande ténacité, Vandelaar, ex-légionnaire avec les défauts et qualités typiques du légionnaire, Jean, Français accouru du Brésil à l'appel du général de Gaulle, plein d'enthousiasme, pour aller délivrer la Mère Patrie occupée, et surtout Paris, la ville éternelle qu'il n'avait encore jamais vue, Loverini, petit et sec, tireur d'élite, le quartier-maître Taverne, de la vraie et vieille école des « saccos », Corbet, grièvement blessé plus tard à l'entraînement à l'école des commandos, Le Guen, plein de bonne volonté, mais très tôt éliminé pour incapacité physique, Errard, dit « crâne d'obus », plus tard transféré aux parachutistes, Nicot, vrai hercule de foire au cœur d'or, et cinq autres punis devenus volontaires pour les commandos et qui devinrent plus tard d'excellents bérets verts.

Une période d'entraînement à l'arrache-pied, marches en terrain varié, culture physique et exercices préparatoires au combat, commençait immédiatement au camp de Camberley. C'est à Camberley que je rencontrai durant cet entraînement le second maître Pinelli, revenant de l'expédition de Dakar sur l'aviso *Commandant Duboc* et débarqué pour raison de santé. Pinelli, fusilier de grande expérience et professeur de culture physique dans la vie civile, sortait chaque jour de sa tente pour suivre en curieux le progrès de notre entraînement et, emballé, parvint finalement à obtenir sa mutation aux commandos et devint pour moi un aide instructeur de premier ordre.

Le résultat fut qu'au bout de quelques semaines cette petite formation était connue des Forces Françaises Libres et des volontaires demandaient à nous rejoindre, dont le premier-maître Chapuzot, avec tout le Midi dans l'accent ; le second-maître Moutailler, jeune blond infatigable et téméraire ; Briand, second-maître radio. Avec ce nouvel apport, il devint possible d'éliminer les éléments qui n'avaient pas les moyens physiques voulus pour cet entraînement qui, de jour en jour, s'avérait plus dur.

Au mois de juillet 1941, donc quatre mois après l'arrivée des premiers volontaires dont il a été question plus haut, nous recevions l'autorisation de nous appeler : « Ire Compagnie de fusiliers marins », le mot « commando », qui devait suivre plus tard, ne pouvait être porté par la compagnie avant qu'elle fût passée par l'école des commandos d'Achnacarry, en Ecosse. C'est à cette même date que la Ire Compagnie quittait le camp de Camberley pour une nouvelle étape. La marine britannique nous ouvrait la porte de son immense dépôt à terre H.M.S. « Royal Arthur », à Skegness, dans le Lincolnshire. Nous pouvions alors utiliser les stands de tir, étudier les armes nouvelles, mitrailleuses et mortiers, nous perfectionner en anglais et surtout vivre dans une atmosphère de discipline rigide.

A notre sortie de ce dépôt, à la fin de l'été 1941, un esprit de corps existait et ces hommes arrivés, fatigués et pâles, huit mois auparavant, étaient devenus des athlètes bronzés et décidés.

Durant toute cette période, des raids se multipliaient sur les côtes de France, petites incursions de nuit des commandos anglais gardées secrètes, mais dont l'écho nous parvenait. Les commandos étaient devenus dans le monde entier un sujet de mystère et leurs actes d'audace et de folie étaient déjà légendaires.

La Ire Compagnie de fusiliers marins quitta Skegness en septembre pour un stage chez les Royal-Marines d'Eastney.

Ce contact commença à nous lier aux commandos dont une partie de l'effectif volontaire venait des Royal Marines.

Ce fut une période de perfectionnement et d'astiquage en même temps : la compagnie reçut en abondance des équipements neufs et des armes. La majeure partie du temps, nous étions au tir. Ces hommes aimaient leurs armes neuves et réglées, encore plus que le cavalier sa monture. Tous maintenant étaient des tireurs d'élite. En janvier 1942, les notes envoyées par les Royal Marines aux autorités françaises et anglaises nous ouvraient l'école des commandos pour le début de mars 1942.

Cette école de combat, célèbre dans toute l'Angleterre, était un réel enfer. Située au milieu des lacs de l'Inverness shire, elle occupait des milliers d'hectares de bois, montagnes et lacs, en fait, le château et la totalité de l'énorme domaine seigneurial de Sir Donald Walter Cameron of Lochiel, chef du clan écossais Cameron. Pas un être humain à cinquante kilomètres à la ronde, à l'exception de quelques bergers. La silhouette d'un daim accroché à un pic et parfois un troupeau de moutons dans une vallée aux clairs ruisseaux étaient les seuls signes de la vie animale. Vingt-quatre heures de train et la petite troupe débarquait à la halte la plus proche du camp et qui en était éloignée de vingt-cinq kilomètres. C'était le terminus : nous nous trouvions en pleine montagne.

Le colonel commandant le camp, le fameux Charlie Vaughan, O.B.E., avant d'obtenir sa commission d'officier, avait été dans sa jeunesse le plus féroce des adjudants-chefs des Gardes. Il revenait des raids de Norvège.

L'équipe des quarante Français, seuls étrangers alors admis à l'honneur de passer par l'école des commandos, avait entassé ses sacs dans les transports, fatiguée du long voyage, le ventre creux. Comme ils commençaient à monter dans les camions, le colonel à figure cramoisie de bull-dog, les yeux légèrement ironiques, me dit : « Je sais que les Français sont de bons marcheurs et très résistants ; nous n'avons pas suffisamment de moyens de transport. Voici l'itinéraire de la route. Il est 5 heures de l'après-midi, je saute dans ma voiture et le dîner sera servi à 20 h 30 au camp. »

Je prends la tête du groupe et nous partons. Cette journée est restée inoubliable. Nous passions la barrière du camp à 20 h 15, traînant les retardataires et portant un homme qui venait de perdre connaissance. Le colonel me dit simplement : « Pas mal, vous aurez à travailler. »

Alors commença pour nous une vie d'entraînement physique « à crever un cheval ». Des instructeurs, puisés dans les meilleurs commandos et qui avaient fait leurs preuves dans les raids, menaient la danse. Ils étaient devenus presque inhumains. Nous apprenions et réalisions petit à petit des choses incroyables. Pour asservir la peur, tous les exercices, au bout du troisième jour, se faisaient avec munitions de combat, et chaque escouade de quarante hommes qui passait par cette école laissait la plupart du temps un mort et deux ou trois blessés plus ou moins grièvement, et toujours la faute en était aux morts ou aux blessés. Soit qu'au moment voulu leurs réactions n'aient pas été celles enseignées avec soin, soit que leur « timing » se soit trouvé être retardé ou avancé. Une équipe de Gardes écossais, excellents soldats mais mauvais nageurs, laissa, au moment de son passage à cette école, six noyés.

Environ une quarantaine d'hommes perdirent la vie à Achnacarry durant leur entraînement à la conquête du béret vert : soit deux hommes sur mille postulants.

Chaque fois qu'un candidat commando était accidentellement tué durant sa période d'entraînement à l'école, un tumulus de terre fraîche venait allonger la ligne des tombes fictives qui se trouvaient le long de l'entrée principale du camp. Plantée sur ce tumulus, une pancarte expliquait brièvement les circonstances de la mort en service commandé de ce soldat et comment il aurait pu éviter l'accident qui lui avait coûté la vie.

L'impression de malaise des nouveaux venus volontaires, en passant deux fois par jour devant ces tombes fictives pour rentrer par la barrière qui conduisait au château, était cependant dissipée au bout de quelques jours, car l'apprenti commando avait bien vite acquis une assurance nécessaire et était bientôt imprégné de cet inévitable fatalisme qui finit par s'infiltrer en vous à pareille école.

L'équipe française eut un homme assez grièvement blessé et trois blessés légers. Les Français, orgueilleux et fiers d'être les seuls étrangers dans cet enfer, tinrent le pavillon haut et décrochèrent des records de résistance. On ne fumait plus, on dormait à peine et on ne mangeait pas assez, mais on continuait. Comme le disait le chef instructeur : « N'importe qui peut devenir commando, à condition d'avoir la force musculaire et surtout la force de volonté de soutenir l'entraînement terrible et quotidien. »

Je cite quelques-unes des épreuves physiques ou d'autre nature que le candidat à l'école des commandos devait réaliser pendant son passage à cette école. Une marche de 11 km 200, avec le petit havresac et l'arme individuelle, devait être accomplie en moins de soixante minutes. La section devait être complète à l'arrivée et en état de combattre. Deux autres marches, l'une de 19 km 200 et l'autre de 32 km, devaient se faire dans la même tenue, l'une en deux heures trente minutes et l'autre en cinq heures. Une autre épreuve consistait à couvrir, à travers un terrain varié, trois parcours de combat plus ou moins longs et qui étaient chronométrés. Ces parcours étaient semés de pièges et d'obstacles, passages de précipices, montées de falaises à la corde lisse, traversées de barbelés, escalades de murs, sauts triples ou doubles de parapets, passages de rivières à la nage tout habillés et équipés. Tous les passages-obstacles étaient orchestrés d'éclatements inattendus de grenades en bakélite et du bruit assourdissant de charges d'explosif enfouies en terre et qui sautaient à proximité.

Epreuves d'endurance contre la faim, le froid et le sommeil. Les notes de tir étaient particulièrement sévères. Le commando devait passer par l'étude approfondie de toutes les armes légères et portatives, et pouvoir s'en servir avec une grande précision et dans n'importe quelle position. Le mortier de deux pouces et la mitrailleuse se tiraient également de la hanche. La mitraillette, le revolver, les grenades, lance-flammes, tubes portatifs antichars et fusils antichars n'avaient plus de secret pour lui. Combien de lapins en course furent abattus à cent mètres et souvent plus ! L'arme blanche avait aussi une place prépondérante, comme le combat sans arme. Aucune différence de programme entre l'officier et ses hommes. Celui-ci devait toujours passer un obstacle périlleux ou accomplir une épreuve dangereuse avant ses hommes. En fin de cours, à la remise des notes, tous les commandos, qu'ils fussent boxeurs ou non, devaient, sous l'arbitrage du colonel commandant l'école, s'affronter par paire en un combat ganté qui durait dix minutes. Le soir, on soignait ses plaies et, le lendemain, on quittait l'école avec un œil au beurre noir, une dent cassée ou un poignet foulé, mais du soleil dans le sang.

Dans une salle sombre du vieux château médiéval, où logeait l'état-major de l'école, les officiers s'étendaient la nuit sur le plancher. Une nuit, j'ai entendu, dans l'obscurité de la salle, un officier sangloter : sanglots de fatigue morale et physique, sanglots fiers qui soulageaient, mais qui disaient aussi le refus de se rendre, d'avouer « je n'en peux plus, je m'en vais ». Je surveillais de très près le moral des hommes, car on était arrivé à un point, vers la troisième semaine, où le corps ne rendait plus qu'en fonction d'un cœur d'airain.

Cet entraînement durait huit à dix semaines sans relâche, à l'exception d'une demi-journée de repos par semaine ; qui était généralement mise à profit pour écrire quelques lettres, laver son linge, prendre une douche ou dormir.

Parfois, le soir, après une journée de manœuvre « crevante », si aucun exercice de nuit n'était prévu, les commandos stagiaires bénéficiaient d'une séance de cinéma montrant un documentaire sur un raid, ou bien écoutaient une conférence sur un coup de main. Le conférencier, officier ou sous-officier, était presque toujours un instructeur de l'école qui était revenu de l'action pour faire bénéficier de ses expériences nouvelles les équipes qui se préparaient à passer les épreuves afin de coiffer le béret vert et partir vers la belle et sainte aventure. Le commando sortait de ces réunions le moral « gonflé à bloc ». Il se sentait d'une fierté sans borne, il brûlait d'envie d'en découdre et son esprit de corps tournait au fanatisme.

Tour à tour, devant l'écran ou suspendu aux lèvres du conférencier, il vivait avec ses camarades inconnus. Dans la neige épaisse, c'était le débarquement du 27 décembre 1941 à Vaagso (opération Archery). Ses oreilles bourdonnaient encore de la formidable détonation qui avait anéanti les installations de sans-fil et de « radar ». Ses yeux agrandis par la fièvre voyaient l'épaisse colonne de fumée monter de la neige au-dessus des dépôts de combustibles qui flambaient. Puis c'était le combat au couteau avec la garnison allemande qui laissait cent vingt tués sur le terrain. Les défenses côtières anéanties, les quatre-vingt-quinze ennemis vivants étaient jetés dans les barges avec quelques nouveaux « quislings », puis le retour vers l'Angleterre.

Plus tard, dans la nuit du 27 au 28 mars 1942, c'était la côte ouest de la France, à l'embouchure de la Loire, à Saint-Nazaire (opération Chariot). Ce raid, méticuleusement préparé et d'une audace sans pareille, fut exécuté par un commando entier, le n° 2, commandé par le Colonel A.-C. Newman, V.C. [1], T.D., D.L. Jamais, auparavant, une opération de commando ne fut si étroitement liée à l'action de la Marine et si admirablement secondée par elle. Le commandement naval fut confié au commander (capitaine de frégate) R.-E.-D. Ryder, R.N., V.C.

Comme il apparaissait presque inévitable, au moment de la préparation du plan, qu'un bon nombre de commandos ne pourraient réembarquer après avoir accompli leur mission à terre, le colonel Newman décida de choisir quelques Français qui faciliteraient les contacts avec la population française.

Le raid de Saint-Nazaire avait deux buts : le premier, rendre inutilisable la gigantesque cale sèche « Forme Ecluse » en détruisant les portes d'entrée et priver ainsi le cuirassé allemand *Von Tirpitz* du seul refuge assez vaste sur la côte de l'Atlantique, pouvant recevoir la masse de ses cinquante mille tonnes ; le second, de causer le plus de dégâts possible aux hangars bétonnés qui abritaient les sous-marins allemands qui, à cette époque, sillonnaient l'océan Atlantique et envoyaient par le fond chaque semaine des milliers de tonnes de navires marchands alliés.

La manœuvre homogène et intrépide de la Marine Royale britannique, tout autant que les actes d'éclat individuels des commandos dans cette nuit du 27 mars, ne furent pas de vains sacrifices. Le torpilleur *Campbeltown* avait atteint son but et chargé sa cible et se trouvait solidement enferré dans les portes de la cale sèche de « Forme Ecluse » avec, dans ses flancs, cinq tonnes d'explosif contrôlé par une fusée à retardement.

1. Victoria Cross. La plus haute distinction militaire britannique pour bravoure sur le champ de bataille. Cette dictinction ne peut être accordée qu'à des sujets britanniques. Le port de la Victoria Cross a préséance sur toutes les autres décorations.

La panique jetée dans les rangs allemands par ce raid téméraire atteignit son apogée quand, le 29 mars, aux environs de midi, soit une trentaine d'heures après la fin des combats, une explosion barbare déchira la coque du torpilleur, déchiquetant un grand nombre d'experts et officiers allemands se trouvant sur le pont, ainsi qu'un groupe compact de soldats et marins assemblés en curieux sur les quais. Le *Campbeltown* avait, lui aussi, accompli sa tâche jusqu'au bout. Et c'est ainsi que la plus grande cale sèche entre les mains des Allemands, sur les côtes de l'Atlantique, devint inutilisable jusqu'à la fin de la guerre. A terre, le colonel Newman avait accompli avec ses commandos un travail considérable. Les pertes étaient sévères, mais le travail avait été fait, et surtout bien fait. Une grande partie de la population de Saint-Nazaire, ne pouvant malheureusement pas être informée et croyant à un débarquement définitif, se lança dans la bagarre aux côtés des commandos. Les représailles allemandes furent terribles, près de deux cents civils français furent tués par les Allemands.

La Victoria Cross orne maintenant la poitrine du colonel Newman, du commando n° 2, et du commander Ryder, de la Marine Royale britannique.

D'autres conférences par des commandos, revenant du Proche-Orient et de la Méditerranée où leur action s'était aussi fait sentir, traitaient de la souffrance et de l'endurance de ceux de Crète en mai 1941, évoquaient le fameux coup de main de Bardia en avril 1941, et l'invraisemblable épopée de trente commandos ayant à leur tête le brigadier Robert Laycock, C.B., D.S.O., devenu plus tard le commandant en chef des commandos à l'âge de trente-six ans. Laycock, secondé par le lieutenant-colonel Roger Keyes, V.C. (à titre posthume), et ses trente commandos, amenés en sous-marin sur la côte de Lybie, à plus de trente kilomètres derrière les lignes ennemies, s'engagèrent dans le désert à la recherche du Quartier Général de Rommel. Si audacieuse et ambitieuse paraissait cette expédition, qu'elle semblait vouée à l'avance à l'échec. Son insuccès, cependant, a été dû à un simple hasard. Après de nombreuses ruses d'approche pour reconnaître la maison occupée par Rommel, le colonel Keyes réussissait à y pénétrer de nuit, accompagné de deux commandos. Ils se précipitèrent vers la chambre que Rommel, d'après les renseignements de l'Intelligence Service, occupait, mais trouvèrent un autre officier qu'ils durent abattre. La riposte vint en éclair, aussitôt l'alarme donnée, et l'accrochage devint général dans la maison. Le lieutenant-colonel Keyes, le fils du célèbre amiral Keyes, fut tué dans la chambre même où Rommel était supposé se trouver. Le général Laycock, avec le reste du groupe, réussit à regagner les lignes alliées, après de nombreuses péripéties à travers le désert. On apprit plus tard que Rommel n'occupait plus la maison en question.

C'est au cours d'une de ces conférences que nous apprîmes aussi l'existence d'une section apparentée aux commandos et dépendant également de l'état-major des Opérations Combinées. Cette section était composée d'un nombre très limité d'officiers britanniques, tous d'une très grande expérience de la navigation et très familiarisés avec les embarcations de toutes catégories. Ils étaient pour la plupart des experts yachtmen dès leur plus jeune âge, pêcheurs amateurs endurcis, en un mot, des aventuriers de la mer. J'ai eu plus tard l'occasion de bien connaître l'un d'eux, le capitaine G.-B. Courtney, hercule à la peau tannée par le soleil et les embruns, qui était devenu un as dans le métier d'aller se promener en « Dinghy » de caoutchouc sur les côtes ennemies, soit seul ou accompagné d'un camarade. C'est d'ailleurs au capitaine Courtney que fut confiée l'importante et délicate tâche de débarquer de nuit sur la côte d'Algérie le major-général Mark Clark, chef de l'état-major général de l'armée américaine, accompagné de quatre ou cinq officiers supérieurs. Les Américains venaient se rendre compte sur place près des chefs de la Résistance en Afrique du Nord de la situation et connaître l'étendue de l'aide qui leur serait éventuellement accordée au moment du débarquement en Afrique du Nord.

D'après le récit plein d'humour de Hilary Saint-George Saunders, au cours d'une nuit d'octobre 1942, le sous-marin britannique *Seraph*, commandé par le capitaine de frégate J. Jewell, R.N., croisait au large de la côte algérienne, ayant à son bord les cinq membres de l'état-major général américain, avec ordre de les débarquer en toute sécurité sur la côte algérienne et, leur mission terminée, de les ramener à bon port à Gibraltar. Courtney et deux autres officiers britanniques du Special Boat Service avaient pour tâche de mettre à l'eau, du pont du sous-marin, des rubber boats dans lesquels ils devaient conduire clandestinement leurs passagers américains à terre et assurer leur retour. Aucune embarcation d'autres types ne pouvait dans ces circonstances servir à ce débarquement.

L'équipe de Courtney réussissait au moment où la lune se levait à mettre à terre les importants visiteurs sans incident. Les Français, fidèles au rendez-vous, attendaient sur la plage. Le général Mark Clark, après une courte prise de contact avec l'équipe française, décida que les conversations engagées seraient longues et ne pourraient être menées à bien que si sa visite durait la nuit entière. Il résolut donc de rester à terre pendant toute la journée suivante et de ne rembarquer à bord du sous-marin que la seconde nuit. Courtney envoya par radio un message chiffré au commandant du sous-marin pour l'informer de cette nouvelle décision. Ses bateaux en caoutchouc furent cachés dans un hangar attenant à la maison où devait se poursuivre la conférence. Puis les officiers américains et britanniques furent conduits par les résistants français dans une des chambres de la villa où ils devaient rester cachés durant toute la journée du lendemain. La conférence dura toute cette première nuit et se termina au petit jour. La journée du lendemain se passa tranquillement avec les officiers alliés confortablement installés dans la villa.

Les Français conseillèrent à leurs visiteurs de partir dès qu'il ferait nuit. Dans la soirée, un fort vent du nord commença à souffler, provoquant un sérieux ressac sur cette côte non abritée.

Au moment où, vers vingt heures, Courtney et ses deux adjoints se préparaient à mettre à la mer les frêles embarcations, l'alarme était donnée par un Français : la police arrivait. En un clin d'œil, le hangar était cadenassé et tous les officiers alliés poussés vers la cave le plus rapidement possible. Les Français se chargeaient de faire face à la police et roulèrent des fûts de vin sur la trappe abaissée de la cave. Après quelques moments de pourparlers, les Français dégagèrent l'ouverture de la cave en annonçant aux officiers alliés qu'ils avaient trois heures pour repartir. Tout le monde prêtant la main, les bateaux furent amenés en grande hâte au rivage. Là, sur la plage, le ressac, bien que légèrement moins fort, continuait à rouler avec un bruit de tonnerre. La silhouette du sous-marin se dessina bientôt exactement au point fixé. Courtney et le général Mark Clark avancèrent en poussant la première embarcation avec de l'eau jusqu'à la taille. Ils attendirent un moment de calme. Jugeant le moment favorable venu, ils se précipitèrent pour embarquer chacun d'un côté de l'embarcation ; ils avaient presque réussi leur ascension ; quand une vague énorme retourna le « rubber boat », les roulant tous deux sous l'embarcation renversée. Les autres vinrent à leur secours pour les dégager et remettre l'embarcation de caoutchouc à flot. Courtney décida alors d'employer une nouvelle méthode qu'il avait observée chez les indigènes de la Côte de l'Or durant le cours de sa vie aventurière. Il demanda à tous les Français présents de rentrer dans l'eau et de porter à bout de bras aussi loin que possible la première embarcation. Ils arrivèrent ainsi assez en avant dans la mer et au-delà de la première ligne où le ressac venait se briser. Les deux premiers passagers qui suivaient dans l'eau saisirent tout de suite l'occasion d'embarquer, alors que les porteurs, avec l'eau jusqu'au cou, maintenaient l'embarcation à la vague.

En quelques coups de pagaie rapides, ils avaient pris du fond, où les vagues étaient moins sévères, et s'éloignaient vers le sous-marin. Successivement, la même manœuvre fut répétée pour les deux autres embarcations avec l'aide des résistants français.

Quelques moments plus tard, l'une après l'autre, les trois embarcations accostaient le kiosque du sous-marin et quelques jours après, le 8 novembre 1942, les première forces alliées commençaient le débarquement en Afrique du Nord.

Ces récits vivants et contés par les acteurs mêmes qui les avaient vécus furent pour nous les seuls moment de détente durant ces dix semaines d'entraînement à l'école des commandos d'Achnacarry ; ils raidissaient notre volonté, pompaient du courage dans nos membres fatigués après le dur travail physique de la journée et surtout renforçaient notre volonté de forger de nouveaux exploits qui iraient s'ajouter à la longue liste de cette glorieuse arme d'élite.

Enfin, le jour de coiffer le béret vert était arrivé et la compagnie française sortait de l'école avec des notes brillantes. Un seul homme était rejeté.

Nous avions gagné le béret vert, auquel venait s'épingler le badge [1] de bronze du bataillon : simple et beau. La maquette de ce badge avait été dessinée par P. Chauvet, un des commandos du bataillon. Il est de forme de l'ancien écu français, sur fond uni, une petite croix de Lorraine dans le canton dextre du chef, un brick-goélette au centre du chef voguant sur les flots agités dans la pointe et traversé par le poignard des commandos à partir du canton senestre du chef vers le canton dextre de la pointe. Au-dessous, une banderole du même métal, précédée et suivie de l'ancre de marine, sur laquelle sont gravés : « Ier Bataillon F.-M. Commandos ».

L'homme qui s'en allait de cette école pouvait dire :

« Je connais la guerre, je la gagnerai ou je serai mort. » L'inoculation du combat était déjà dans ses veines.

La Ire Compagnie de fusiliers marins commandos fut affectée, à sa sortie de l'école, à Ayr, sur la côte ouest de l'Ecosse, au 2e Commando, qui fut le commando de Saint-Nazaire. La vraie vie de commando commençait pour nous.

Une vie quotidienne et variée continuait au sein du 2e Commando, travail de perfectionnement et d'entraînement avec des méthodes toujours nouvelles, exercices combinés avec barges, esca-

1. Le *badge* est une vieille tradition de l'armée britannique ; chaque régiment a son badge particulier qui fait partie de l'uniforme de tous les officiers et soldats de ce régiment. Il est généralement de bronze et se porte épinglé au képi ou au haut du béret. Les badges représentent la plupart du temps un motif particulier inspiré par un fait d'armes du régiment ou une particularité historique attachée au comté britannique dont le régiment porte le nom. Souvent aussi, des badges portent gravée à leur base la devise du régiment.

Ce badge, créé avec l'autorisation des Forces Navales Françaises Libres en Angleterre pour le bataillon de fusiliers marins commandos, a été adopté après la guerre par la Marine Nationale pour l'école des fusiliers commandos. La seule différence entre le nouveau badge et l'original se trouve dans l'inscription de la banderole, qui porte « Commandos Marine », le Ier Bataillon des fusiliers marins commandos ayant été dissous après la guerre.

lades de falaises, sauts en parachutes... Nous apprenions, en outre, l'organisation intérieure de la troop dans le commando. Chaque troop, ou petite compagnie, était indépendante, avec ses transports, son stock de munitions, ses appareils de radio. Elle avait aussi son propre armurier. Ce fut aussi durant notre passage au 2e Commando qu'avaient pris racine cette profonde camaraderie et cet esprit de corps fanatique chez les bérets verts. Le commando perdait tout esprit de clocher : Anglais ou Français n'avaient qu'un unique but : aider à grandir la gloire de ce corps spécial et respecter ses moindres traditions. La discipline à l'intérieur comme à l'extérieur était rigide. La tenue après les heures de travail était extrêmement soignée. Chaque commando allait loger à ses frais chez l'habitant, quel que soit le village ou la ville où il passait ou stationnait. Il ne restait jamais dans la même région. Il bougeait sans arrêt pour l'habituer aux départs rapides et l'empêcher de s'attacher aux gens et aux choses. Il n'existait dans le corps aucune punition de caserne. Une arme non impeccable à l'inspection entraînait la perte de trois jours de solde, mais, pour les rares cas d'infraction sérieuse, une seule punition, la plus dure qui puisse exister pour un commando : le renvoi de ce corps d'élite et le retour du commando à son unité d'origine où il traînait sa honte et son regret.

La Ire Compagnie de fusiliers marins commandos passa en tout trois mois au 2e Commando.

Un commando interallié s'était formé dans l'intervalle et comprenait notre compagnie française, une compagnie anglaise et, plus tard, une norvégienne, une hollandaise, une belge et une polonaise, en prévision de nouveaux raids sur ces différentes côtes alliées alors occupées. Ce commando était sous le commandement d'un colonel britannique, Dudley S. Lister, M.C. Il fut dénommé 10e (I.A.) [1] Commando et s'installa à Cricceth, dans le nord du Pays de Galles.

Toute la vie active du commando sur pied de guerre et continuellement à l'entraînement était la même dans tous les comman-

1. Interallié.

dos. Un aperçu en a été donné plus haut. Par chaleur torride comme par tempête de neige, marches forcées, parcours de combat, traversées de rivières, jiu-jitsu, continuaient. La théorie, l'étude approfondie et la pratique des armes nouvelles occupaient aussi une bonne partie de notre programme. Le travail commençait à 8 heures du matin et devait régulièrement se terminer à 18 heures l'hiver et 19 heures l'été ; mais, souvent, il se prolongeait bien au-delà. On travaillait beaucoup la nuit, au moins trois exercices de nuit par semaine et souvent, pendant deux semaines, on travaillait de 3 heures de l'après-midi au petit matin. Le sommeil prenait alors place de 6 heures du matin à midi. Cet entraînement ne se ralentissait jamais ; il ne pouvait se ralentir, car les hommes devaient toujours être prêts pour l'exceptionnel. Leur récompense : le coup de main tant convoité et, plus tard, l'assaut définitif.

Souvent, nous partions « en commando » : déplacement sans itinéraire, au hasard de longues marches entremêlées d'exercices de combat, d'utilisation du terrain et de camouflage. Cette absence durait quelquefois dix jours et empêchait le commando de connaître trop longtemps la douceur d'un lit qui pouvait l'amollir.

L'entraînement, vers cette époque, portait beaucoup sur l'endurance dans le jeûne. Partis « en commando », nous vivions sur une boîte, dite « escape box », qui contenait un chocolat particulier avec le maximum de vitamines, biscuits spéciaux, petits cubes de viande concentrée. Cette boîte tenait dans la poche du battle-dress et, au pis aller, on pouvait vivre trois jours sur elle en gardant des forces.

Parmi nos déplacements fréquents pendant nos quatre années en Grande-Bretagne, les six mois passés à Cricceth, station balnéaire réputée, située sur la mer d'Irlande, furent les plus agréables et en même temps la période la plus intensive de notre perfectionnement pour devenir le « parfait commando ». Les commandos français, chose rare à l'époque, étaient la seule unité cantonnée dans Cricceth. La plus proche unité britannique était représentée par un établissement de la Royal Navy, qui se trouvait à quelque vingt kilomètres de Cricceth sur la côte et qui servait d'école pour l'entraînement des spécialistes de la marine. En conséquence, le commandement civil et militaire de la ville et de son périmètre me fut confié comme seul officier supérieur allié sur les lieux. Donc, en dehors de mes activités dans le cadre de la troop des commandos français, j'étais responsable vis-à-vis des autorités britanniques des services de la défense passive, de la police, surveillance du territoire, des services d'incendie, etc.

La défense militaire de cette partie de la côte était également sous ma responsabilité en cas d'invasion, de raids, ou d'atterrissage d'avions ennemis.

La municipalité de Cricceth avait mis à ma disposition une grande pension de famille de deux étages où j'installai mon poste de commandement, nos magasins et l'armurerie. Les commandos, officiers et hommes, suivant une coutume exceptionnelle chez les commandos, étaient logés à leurs frais chez l'habitant ; nos relations avec les Gallois étaient des plus amicales et je dois dire qu'après la répartition des commandos dans diverses familles de la ville je continuais à recevoir des demandes pressantes et même quelquefois indignées de certaines familles qui me disaient que, jusqu'à présent, malgré leur offre volontaire de loger des Français, aucun commando n'avait été désigné pour venir chez eux. Les Bretons « bretonnant », surtout, avaient la cote, car ils s'exprimaient avec assez d'aisance dans la langue galloise, qui, comme le breton, est d'origine celtique.

La petite ville de Cricceth offrait une situation unique pour l'entraînement. Elle était située sur la côte, et nous avions l'avantage, en plein hiver, par une mer souvent démontée, de pouvoir nous entraîner à la mise à flot de nos barges de débarquement et des doris. A quelques centaines de mètres seulement de la ville commençait la campagne, d'un charme sauvage et peu habitée, et propice à l'emploi des mortiers, des mitrailleuses lourdes et des explosifs sans danger d'accident pour les habitants. Le fameux pic du Snowdon, le plus élevé en Grande-Bretagne, exception faite du Ben Nevis, qui se trouvait dans les environs de l'école des commandos en Ecosse, nous offrait des possibilités excellentes pour les escalades, les marches en montagne et de longues et astucieuses manœuvres en terrain accidenté.

Les volontaires français continuaient à nous venir du dépôt de

Londres à titre de postulants. S'ils remplissaient les conditions physiques, ils étaient groupés quelques jours après et expédiés à l'école des commandos en Ecosse ; si l'examen physique et leurs aptitudes étaient défavorables, ils étaient retournés au dépôt de la Marine.

Un soir, rentrant au bureau d'une journée d'exercice, le commando de garde au P.C. me fit savoir qu'il y avait un matelot français venu de Londres qui attendait mon retour et désirait me voir. Je le fis monter à mon bureau :

— Le ......, commandant...

Je levai les yeux ; le matelot sans spécialité Le ...... me tendit un ordre de route souillé de graisse et chiffonné émanant du dépôt de Londres. L'ordre en question enjoignait au matelot Le ......, puni et volontaire pour les commandos, de se présenter au commandant de la compagnie des fusiliers marins commandos à Cricceth comme postulant.

J'avais à peine jeté un regard sur le candidat commando que je restai stupéfait. Le garçon qui était devant moi tenait à la main quelque chose qui avait dû être un bonnet, il portait des pantalons sales, les pattes énormes et effilochées retombaient, fatiguées, sur la pointe de godillots qui semblaient n'avoir jamais connu le cirage.

Je l'observai un bon moment : il était mince jusqu'à être fluet, sa figure aux traits réguliers était éclairée de larges yeux bleus sympathiques malgré tout et une longue mèche dorée pendait sur le visage. Quel âge avait-il ? On pouvait lui donner dix-huit ans tout aussi bien que trente. Il avait l'allure d'un jeune dur.

— Que viens-tu faire ici dans cette tenue ?

Il répéta simplement :

— Volontaire pour les commandos, commandant.

— Je regrette de ne pouvoir employer ta bonne volonté : tes punitions antérieures dans la marine n'ont rien à faire avec mon refus, j'ai déjà accepté bon nombre de punis dont j'ai été fort content. Cependant, ton physique, avant même un examen médical approfondi, me paraît déficient pour le genre de travail que nous faisons. Je te considère inapte à faire un commando. Je vais te donner un ordre de voyage pour retourner au dépôt à Londres.

Un coup de massue à Le ...... n'aurait pas produit un effet plus brutal que ma dernière phrase.

— Commandant, ne me refusez pas cette dernière chance ! supplia-t-il.

Je vis des larmes embrumer l'iris de ses yeux bleus qui prirent la teinte de son ciel breton. Je sentis en Le ...... le drame intérieur qui amène l'homme au bord du précipice. Il avait déjà, en lui-même, joué son destin sur les commandos. Ma réaction, devant son effondrement, fut immédiate, ma décision soudaine : je le prendrais à l'essai, il avait gagné.

— Je te prends à l'essai. Tu vas passer au magazin et échanger tes loques contre un kaki propre ; tu coucheras au P.C. ce soir avec la garde, et, demain, je te choisirai moi-même un logement provisoire chez l'habitant jusqu'à la fin de ta période d'essai. Présente-toi demain pour les ordres.

Le ......, les yeux brillants de reconnaissance, se figea dans un garde à vous comme il n'en avait vraisemblablement jamais exécuté durant toute sa vie militaire antécédente. Il dit ces simples mots :

— Merci, commandant.

Je lui sus gré de suite de m'avoir épargné un petit discours plein de promesses, se réservant plus tard pour des actes.

Je rejoignis de suite mon officier en second, le capitaine Trépel, au bar du Lion. Devant notre « stout » journalier, je lui fis part de la visite de Le .... et je lui demandai de détacher dès demain un instructeur sévère pour « faire les pieds » à Le ......

Restait la question du logement de Le ...... chez l'habitant.

De ce côté, aucune erreur psychologique n'était permise, autrement c'était la catastrophe. Après avoir discuté la question sous divers angles avec le capitaine Trépel, je pris la décision de loger notre jeune dur dans une famille d'excellents bourgeois, honorés dans le pays, ayant maison cossue et de nature paisible et cultivée. Je le mettais ainsi brutalement devant une certaine responsabilité morale.

Le lendemain, Le ...... était pris en main par un instructeur qui devait avant tout se rendre compte de son endurance physique et lui inculquer, durant les courts moments de repos, la tradition des commandos et leur discipline.

Je ne voulais plus entendre parler de lui ni le voir pendant dix jours. A la fin de cette période, un rapport serait remis par son instructeur et le sort de Le ...... serait décidé.

Dans les jours qui suivirent, je croisai une seule fois Le ...... rentrant de la marche, épreuve de trente-deux kilomètres ; il suivait sur les talons de l'instructeur, la langue pendante et le sang perçant à travers ses brodequins poussiéreux. Je fis semblant de pas le voir.

Au bout du terme, le rapport de l'instructeur fut : bon et même : « possibilités excellentes ». Le ...... partit à l'école de commandos où il fit honneur au bon renom des Français ; il rejoignait quelque temps après l'unité et rentrait dans le cadre d'une des sous-sections de la compagnie.

Il regagna, à sa demande et je dois ajouter à la demande également de ses logeurs, son ancien gîte.

J'avais obtenu de Londres quelques films français que je faisais passer occassionnellement pour les commandos et leurs invités dans le grand cinéma de la ville.

Un soir où je me rendais à une de ces séances, accompagné d'un ou deux de mes officiers, je fus témoin d'un tableau tout imprégné de douce distinction.

Le ......, tenant en laisse Diane, la levrette mascotte de l'unité, rasé de près, le teint rosé, la ligne de son battle dress au coup de fer impeccable, avançait à petits pas vers le cinéma, net et droit, entre son logeur et sa femme. Le ......, en quatre mois, s'était transformé en aristocrate.

A quelque temps de là, nous reçûmes la visite de G...... S......, échappée de la griffe nazie et qui venait de rejoindre les Forces Françaises Libres. Elle avait aimablement accepté de venir chanter à Cricceth pour les commandos. Elle passa huit jours dans notre bled, s'intéressant à notre entraînement et montra très vite une grande adresse au tir de la mitrailleuse légère. Le soir, elle chantait de sa voix chaude et nous transportait en France.

Le jour où elle devait nous quitter coïncidait avec une revue d'inspection générale de tenue et d'équipement. Elle me demanda d'assister à l'inspection du haut de mon P.C. et de profiter après cette réunion exceptionnelle de toute la compagnie pour pouvoir faire ses adieux aux commandos.

En fin d'inspection et avant le « rompez les rangs », je fis part à la compagnie de la délicate pensée de Mme G...... S......, en leur demandant de ne pas se disperser.

J'avais suggéré auparavant à Mme S...... d'éviter toute conversation sentimentale qui n'était pas le fort des commandos.

Je la vis s'avancer vers un groupe où se trouvait Le ......, astiqué, rose et blond, faisant vraiment, ce jour-là, figure d'adolescent. Pris d'une appréhension soudaine, je la suivis.

— Quel est votre nom ? demanda-t-elle en s'adressant à Le ......

— Le ......

— De quelle partie de la Bretagne venez-vous ?

— Du Havre, madame.

— Avez-vous réussi à avoir des nouvelles de votre famille depuis que vous êtes en Angleterre ?

Le ...... qui avait, comme beaucoup d'autres, passé un trait de plume sur la question figurant sur l'imprimé de son engagement : « Adresse de la personne à aviser en cas d'accident », se contenta d'un petit sourire évasif.

Changeant de sujet rapidement, Mme S...... émit alors quelques paroles élogieuses sur l'entraînement et le rôle des commandos. Puis avant de s'éloigner, sans doute frappée par son visage si jeune, elle demanda à L ...... :

— Que faisiez-vous avant la guerre ?

Le ......, avec un clignement d'œil malicieux, annonça, à la grande joie de ses camarades :

— Madame, avant la guerre, je vendais des cacahuètes à la porte d'une maison mal famée, au Havre.

Mme S......, se mettant à la hauteur de cette réponse embarrassante, fit comprendre à Le ...... qu'après tout il n'existait pas de sot métier pour gagner honnêtement sa vie.

Elle ajouta :

— Alors, après la Libération et la Victoire, que comptez-vous faire ?

— J'espère que, si je suis toujours vivant, je serai alors patron de la maison.

La Libération dans la victoire est arrivée ; Le ......, deux fois blessé et cité, navigue à la Marchande sur les sept mers.

Cette période du 10e (I.A.) Commando en Pays de Galles fut coupée par le raid de Dieppe (août 1942). La première compagnie des commandos français revenait de ce raid avec ses premières pertes, sa première gloire et des décorations britanniques et françaises.

Le second-maître Moutailler, l'un de mes meilleurs anciens, et César, ex-légionnaire, étaient manquants.

Il apparaissait à peu près certain d'après des rapports recueillis de différentes sources, qu'ayant pénétré trop avant, ils n'avaient pu rembarquer à l'heure fixée et se trouvaient vraisemblablement prisonniers.

César arrivait de Gibraltar six mois plus tard, en avion, et rejoignait le bataillon. De Moutailler, toujours pas de nouvelles ; c'est par César, qui fit un compte rendu détaillé de son aventure, que nous apprîmes la panique que le raid de Dieppe avait causée chez les Allemands.

Vers six heures du soir, un petit nombre de Canadiens en armes, dont César, se trouvaient encore collés contre le bas d'une falaise, à l'abri du tir des Allemands qui n'osaient descendre pour les faire prisonniers ; ils se contentaient de hurler des ordres de reddition, leur demandant de jeter leurs armes et de monter pour se constituer prisonniers. A la tombée de la nuit, toute résistance était devenue impossible : les projecteurs allemands balayaient la plage et le large, les munitions manquaient, la fatigue et la soif eurent raison de ce groupe d'alliés. Ils sabotèrent leurs armes et montèrent la falaise pour se rendre. Après une nuit dans un camp allemand entouré de barbelés, ils étaient conduits, au petit jour, vers des wagons à bestiaux pour être dirigés sur l'Allemagne. César préparait déjà son évasion tout en cheminant dans la ligne des prisonniers qui étaient conduits le long de la voie ferrée. Il jetait un coup d'œil rapide sur chaque wagon, tâchait de repérer celui qui semblait le moins solide et le plus propice à une évasion.

Chaque fois qu'il arrivait à la hauteur d'un wagon qui lui semblait trop neuf ou solide, il feignait d'arranger son brodequin et laissait passer les autres prisonniers qui y étaient tout de suite parqués. Il reprenait alors sa marche dans la colonne, non sans avoir reçu dans les côtes quelques coups de crosse accompagnés de jurons. Il finit ainsi par choisir le wagon de ses rêves.

Dans l'après-midi, le convoi s'ébranlait vers l'Est, avec une mitrailleuse allemande postée dans une petite cage en bois entre chaque wagon. César était le seul Français dans son wagon à bestiaux, les autres prisonniers étaient des Canadiens. Il leur fit savoir qu'il n'avait aucun désir de visiter l'Allemagne dans de pareilles conditions et dans les circonstances actuelles. Tout le monde se mit à la besogne et, au bout de quelques heures, vers la tombée de la nuit, la vitre de la petite fenêtre du wagon était enlevée, les barreaux, rouillés et affaiblis, étaient tordus et arrachés. Il fut décidé que César tenterait le premier l'évasion. La nuit était noire et favorable ; César fut hissé par ses camarades et sortit par les pieds afin de pouvoir bien aggripper le rebord de la lucarne et rester suspendu par la force de ses poignets en attendant, pour sauter, le ralentissement inévitable du convoi à un tournant. La chance servit notre commando presque immédiatement. D'une poussée brusque des genoux contre la paroi de la voiture, César alla rouler à terre ; un mitrailleur allemand, perché sur un des wagons du convoi, envoya quelques rafales au hasard, ne semblant pas être bien sûr de ce qui se passait. Le train continua sa marche. César détala dans la nuit... Au petit jour, il obtenait dans une ferme des vêtements civils et repérait sa position. Il se trouvait entre Arras et Douai, démuni de tous papiers d'identité.

Il décida de ne voyager que la nuit et, le lendemain soir, il commençait son long voyage à pied à travers la campagne de France, par la route la plus directe possible en direction de la frontière d'Espagne, en évitant toutes les grandes villes. Durant sa randonnée extraordinaire, il vécut à un moment entièrement d'épis de blé cueillis dans les champs et de l'eau des ruisselets... Six mois plus tard, il reprenait son rang au bataillon.

Le second-maître Moutailler, lui, ne revint jamais. Des suppositions, qui n'ont jusqu'à présent pu être vérifiées, indiqueraient qu'il fut exécuté dans un camp de concentration en Allemagne.

J'en ai bien peur, car Moutailler était de ces tempéraments qui ne pourraient jamais admettre un traitement brutal et injuste sans prendre sa vengeance sur-le-champ. Je suis persuadé qu'avant d'être descendu par les Boches, il a dû avoir la satisfaction d'une vengeance préventive.

Le second-maître Baloche recevait la première « Military Medal » décernée à un commando français. L'officier anglais, dans la troop duquel se trouvait Baloche, raconta plus tard qu'au moment de l'attaque de la batterie allemande de Varengeville, il aperçut un petit commando (Baloche atteint tout juste 1 m. 60) qui gravissait un parapet de la batterie, baïonnette au canon, avec ses camarades anglais. Arrivé au sommet, le petit Normand perdit pied et roula au fond de la batterie aux pieds d'un artilleur allemand. Avec une présence d'esprit extraordinaire, Baloche se rendit compte, en une fraction de seconde, que fusil et baïonnette devenaient inutiles. Avec une détente de ressort, il était sur ses pieds, debout face à face avec le Boche pétrifié et, dans un geste éclair, son rasoir qui ne le quittait jamais tranchait, tenu d'une main sûre, la gorge de l'Allemand. Quand on mentionne à Baloche l'histoire de la batterie de Varengeville, il se contente, en bon Normand, avec un sourire astucieux, de dire : « Peut-être ben qu'oui, peut-être ben qu'non », et passe bien vite à un autre sujet.

C'est durant le même raid sur Varengeville que le major Patrick A. Porteous, du 4e Commando, gagna sa Victoria Cross.

Les leçons rapportées de Dieppe étaient grandes. Il devenait évident qu'un port de moyenne grandeur, une fois conquis par assaut frontal, ne pourrait être utilisé de suite pour exploiter un débarquement de grande envergure. De plus, pareil assaut limité à un seul objectif obligerait à une concentration trop massive de troupes sur un seul point, offrant ainsi une cible compacte aux défenseurs. les preuves étaient là : l'assaut-surprise des commandos avait pleinement réussi sur la batterie allemande de Varengeville avec des pertes minimes, tandis que l'attaque frontale et massive sur le port de Dieppe par les troupes canadiennes à l'échelon de division n'avait pu atteindre tous ses objectifs et leurs pertes étaient cruelles.

Il faut citer ici une ou deux anecdotes au sujet des Canadiens.

Des Canadiens français d'un régiment engagé dans l'affaire et composé entièrement de volontaires arrivés en Grande-Bretagne dès le début des hostilités, n'avaient jamais encore vu le feu. Ils sautèrent de leur barque sur la terre normande en faisant le signe de la croix, répétant ainsi le geste séculaire de leurs ancêtres arrivant au Canada, conduits par Jacques Cartier. Engagés durement sur la plage même par les armes automatiques ennemies, ils tombaient, se relevaient pour avancer encore un peu et mourir, les lèvres collées à la plage de Normandie, berceau de leurs ancêtres. Certains, en pleine bagarre, trouvaient le moyen de glisser un ou deux galets dans leurs poches pour les envoyer au Pays à leur retour en Grande-Bretagne. Deux autres, Canadiens anglais, parvenaient jusqu'au cœur de Dieppe, à l'hôtel de la Sole d'Argent, après avoir abattu tout le long de leur chemin les Allemands rencontrés. Le dernier qui survécut se battait toujours à cinq heures de l'après-midi, du premier étage de l'hôtel, à un contre cent, alors que le raid était déjà terminé depuis longtemps et que les survivants étaient en pleine mer, cap sur l'Angleterre. Leur courage fut inouï.

Le haut commandement britannique, avant même de faire le bilan de Dieppe, tira la conclusion immédiate que le grand Débarquement de la Libération devrait se faire sur plusieurs plages et sur une côte pas trop éloignée d'un port, mais certainement pas contre le port lui-même.

En effet, les bombardements terrifiants qui précéderaient et accompagneraient les troupes de débarquement mettraient de toute façon ces ports hors d'usage pour nos bateaux de ravitaillement. Il fallait débarquer à proximité pour attaquer à revers, tandis que nos avions et bâtiments de guerre auraient la tâche de nous couvrir de leur artillerie en martelant les fortifications et en obligeant l'ennemi à se terrer. Des têtes de pont seraient ainsi formées, mais il fallait quand même, pour les exploiter, un port où débarquer immédiatement canons et munitions, chars et, en général, tous les « impedimenta » qui accompagnent une armée en marche.

Huit jours après Dieppe, la construction des deux fameux ports artificiels commençait. Ils devaient être, deux ans plus tard, le point capital de la réussite du grand débarquement de juin 1944 en Normandie, en assurant le ravitaillement et le débarquement des canons, munitions et de l'armée de renfort. L'un, connu sous le nom de *Mulberry*, parti d'Angleterre à la remorque en blocs détachés, le Jour J, mouillait devant Arromanches le lendemain, et, solidement ancré quelques jours après, avec ses batteries antiaériennes en action, commençait un trafic ininterrompu avec le secteur britannique du front qui venait de s'ouvrir sur le continent. Le second avait pris la mer à destination de Saint-Marcouf, en face des îles du même nom, sur la côte est de la presqu'île du Contentin. il devait desservir le front américain qui était dans le secteur environnant. Malheureusement, la sévère tempête qui s'abattit sur la côte normande, peu de jours après le débarquement, décima ce port artificiel. Le mal ne fut que temporaire, car les troupes américaines prirent Cherbourg à revers, peu de temps après, avec les installations portuaires en assez bon état, et ils purent ouvrir le port presque immédiatement à la navigation.

Une des conséquences aussi du raid de Dieppe fut que, le 18 octobre 1942, un ordre signé de Hitler lui-même et qui se trouve actuellement dans les archives de l'Intelligence Service [1], était diffusé à tous les commandants de corps d'armée par le Grand Quartier Général allemand, leur enjoignant de passer par les armes tout commando capturé. Ils seraient dorénavant traités comme des brigands. Un seul officier général allemand n'en fit jamais part à son armée et déchira cet ordre : ce fut le général Rommel, qui commandait à l'époque l'Afrika Corps.

L'invasion se préparait fiévreusement et en grand secret. Des volontaires français continuaient à sortir de l'école des commandos à une cadence intéressante, et quand l'ordre vint, au mois de juin 1943, de descendre dans le sud de l'Angleterre, la compagnie des commandos était à l'effectif d'un bataillon et devenait le Ier Bataillon de fusiliers marins commandos. Le 14 juillet 1943, nous défilions à Londres, baïonnette au canon, et voici ce qu'un de mes amis, correspondant de guerre, qui nous vit pour la première fois, écrivait :

1. Voir, en Appendice II, copie du texte original de l'ordre d'Hitler.

Londres, 14 juillet 1943.

Deux cents hommes en béret vert, portant une ample veste couleur d'algues et chargés d'armes qui les faisaient chacun pareil à une forteresse, deux cents regards graves et durs, deux cents mâchoires serrées, deux cents pas égaux, puissants, certains, traversaient les clameurs de la foule anglaise toujours prête à témoigner à la moindre parcelle pure de la France, aux heures de sa pire détresse, un enthousiasme dont nous ne pouvons nous souvenir sans une bienfaisante émotion.

On entendait chuchoter dans cette foule « The French Commando » et l'on entendait hurler « Long live France ».

Le secret des opérations voulait qu'on ignorât si ces hommes avaient été engagés et dans quels secteurs ; mais une telle puissance se dégageait de leur masse qu'il était difficile de s'y tromper. En tête, s'avançait le fanion tricolore brodé du double insigne de la « Croix de Lorraine » et de « l'ancre et le fusil croisés surmontés des ailes » des commandos de Grande-Bretagne.

Quatre mois plus tard, à la fin d'octobre 1943, le Quartier Général des Opérations Combinées me faisait partir dans le plus grand secret avec mon officier en second, pour participer à un raid important qui allait se faire sur un point de la côte française.

A notre retour, en novembre, le bataillon français était divisé en deux parties, l'une s'installait à Douvres et l'autre à Newhaven. Nous venions d'être désignés pour commencer de nuit des raids de sondage sur les côtes de France, de Belgique et de Hollande.

OVERLORD EN VUE : PRIORITÉ AU RENSEIGNEMENT

Overlord approche, en cette fin d'année 1943 où les Alliés ont beaucoup appris de leurs débarquements en Afrique du Nord, en Sicile, en Italie, mais également ont beaucoup accumulé de savoir-faire dans le Pacifique reconquis d'île en île.

Un grand absent pourtant en ce tournant de la guerre : le père fondateur des Opérations Combinées, celui qui rêvait de conduire la grande opération de retour sur le continent et en avait conçu les moyens amphibies, Lord Louis Mountbatten a été nommé, en octobre 1943, commandant du Sud-Est asiatique.

Quelques semaines plus tard, à Téhéran, ses successeurs seront désignés au cours de la conférence qui réunit Roosevelt, Churchill, Staline : le D. Day est en marche.

Trois brigades de commandos sont alors disponibles chez les Britanniques en attendant la constitution de la 1st Special Service Brigade :

— la 2nd Special Service Brigade, *formée en Italie ;*
— la 3rd Special Service Brigade, *destinée au Sud-Est asiatique ;*
— la 4th Special Service Brigade, *prévue pour le Débarquement.*

Elles intègrent ou intégreront, l'heure venue, les commandos :

— *1, prévu pour le Sud-Est asiatique ;*
— *2, en Italie ;*

— *3, le futur commando de Normandie ;*
— *4, les bérets verts du colonel Dawson ;*
— *5, qui a laissé un mauvais souvenir aux vichystes de Madagascar, et qui s'apprête à débarquer en Inde ;*
— *6, qui en a fini avec la campagne d'Afrique du Nord ;*
— *9, dans les îles de l'Adriatique de temps à autre ;*
— *10, avec ses Français, ses Belges, ses Tchèques, ses Allemands antinazis ;*
— *12, spécialiste des raids « cross-channel » ;*
— *30 en Italie.*

Les Royal Marine Commandos, *souvent issus de bataillons de Marine, se battent en Italie (le 40, le 41, le 43), s'apprêtent à rejoindre le Sud-Est asiatique (le 42, le 44) ou se forment pour une destination inconnue qui deviendra la Normandie (le 45, le 46, le 47, le 48).*

D'autres commandos, après avoir accompli leur rôle, ont été dissous : le 7, le 8, le 11, le 50, le 52 au cours de 1941 ; le 14 en 1943.

Les Américains ne *sont pas en reste avec des unités que nous retrouverons en Normandie ou en Provence, en particulier :*
— *Ist Marine Raider Regiment ;*
— *Rangers Battalions : Ist, 2nd (le bataillon de la pointe du Hoc), le 3rd, le 4th, le 5th (pointe du Hoc à l'aube du 6 juin), le 6th ;*
— *Raiders Battalions : Ist Marine, 2nd Marine, 3rd Marine, 4th Raider Battalion ;*
— *La Ist Special Service Force (Aléoutiennes, Italie, îles d'Hyères lors du débarquement en Provence) ;*
— *L'Américan Air Commando (avec les Chindits) ;*
— *Les Merrill's Marauders (aux côtés des Chinois).*

Dans l'attente du « Grand Jour », les commandos partis d'Angleterre ne perdent pas la main : il s'agit désormais d'accumuler les informations.

24 décembre *: raid sur Gravelines (voir chapitre II du présent ouvrage) auquel participent six Bérets Verts français.*

25 décembre *: raid sur l'île de Sark, auquel participent plusieurs commandos français du futur 6 juin.*

25 décembre *: raid sur Jersey (voir présent chapitre II).*

25 décembre *: raid sur Etretat auquel participent des Français du 4 Commando.*

26 décembre : *le lieutenant français Francis Vourc'h, futur Béret Vert du 6 juin, débarque à Quinéville, en un emplacement qui sera ultérieurement le secteur d'extension de Utah Beach ; il y relève des échantillons du sol et de diverses défenses (voir chapitre II du présent ouvrage).*

26 décembre : *reconnaissance à Onival à laquelle participe une sous-unité du 10 Inter-Allied Commando, future composante du 4 Commando.*

31 décembre : *diverses reconnaissances nocturnes sur les plages du Calvados pour relever des échantillons de sol (major Scott-Bowden, sergent Ogden-Smith).*

18 janvier 1944 : *reconnaissance aux Moulins, la future Omaha Beach.*

20/21 janvier 44 : *reconnaissance à Middlekerke, à laquelle participent neuf bérets verts du futur 4 Commando.*

24 février 1944 : *quatre Français du 4 Commando, conduits près de Scheveningen par le capitaine Charles Trepel sont tous tués (l'un s'était noyé). Leurs corps seront retrouvés lors de l'avance alliée, en 1945, enterrés non loin de leurs points de débarquement. Les conditions dans lesquelles ils trouvèrent la mort sont restées inconnues, et demeurent, cinquante ans après, l'objet de recherches et d'enquêtes (voir présent chapitre).*

17 mars 1944 : *« un modèle du genre », en dira un historien. Destruction de la garnison de l'île de Solta, sur la côte dalmate.*

15 mai 1944 : *nouvelle reconnaissance aux Hemmes. Et à Quend Plage. Elle est menée par les non-britanniques du 10 Inter-Allied Commando qui, dans trois semaines fournira une section de mitrailleuses au 4 Commando. Beaucoup sont dotés de fausses identités afin de ne pas attirer de représailles sur leurs familles restées dans les pays occupés. Leurs vrais noms ne seront jamais connus des historiens... et disparaîtront de la mémoire collective.*

16 mai 1944 : *reconnaissance à Bray-Dunes.*

17 mai 1944 : *reconnaissance à Onival.*

En toute logique, ces trois derniers raids, sur la côte picarde, semblent vouloir étendre « un rideau de fumée » — n'oublions pas Fortitude *— sur le grand événement qui se prépare au sud de l'estuaire de la Seine.*

AU PALMARÈS DES FUTURS COMMANDOS DU 6 JUIN NORMAND

UNITÉ	1940	1941	1942	1943	1944
3 Cdo	formé en juillet, à Plymouth raid sur Guernesey : 14 juillet	raid sur les îles Lofoten : mars raid sur Vaagsö : décembre	Dieppe : batterie de Berneval	Sicile Ttalie	6 juin : La Brèche à Colleville
4 Cdo	formé en juillet	raid sur Vaagsö	Dieppe : Batterie Ouest		6 juin : Sword
10 Inter Allied			formé en janvier Dieppe	contribue aux raids, d'août à décembre, sur La Valleuse du Cure, Biville, Sark, Jersey, Gravelines, Etretat	raids sur Middlekerke (20 janvier) et Scheveningen (27 février) 6 juin : Sword
6 Cdo	formé au cours de l'été	raid (contremandé) sur la côte norvégienne	raid sur l'Adour (avril) raid sur plage Sainte Cecile (juin) débarquement Afrique du Nord	Campagne d'Afrique du Nord	6 juin : Sword
41 RM Cdo			formé en octobre	Débarque en Sicile Débarque à Salerne	6 juin : Sword
45 RM Cdo			formé à l'automne		6 juin : Sword
46 RM Cdo			formé à l'automne		7 juin : Saint-Aubin
47 RM Cdo			formé à l'automne		6 juin : Gold
48 RM Cdo					formé en mars 6 juin : Juno

CHAPITRE II

RAIDS DE SONDAGE

Les raids nocturnes avaient pour but de tâter les défenses côtières des forces ennemies, examiner leurs méthodes, connaître les heures de relève, approfondir un renseignement venu des réseaux, étudier la nature du terrain en faisant des prélèvements de sable et de gravier de la plage, détecter les mines et en déterrer pour les rapporter aux laboratoires, photographier de nuit les défenses, relever à marée basse le système des pièges sous-marins. Cette besogne devait être accomplie en silence, en cinq ou six heures de nuit noire. Les raids de cette sorte n'étaient considérés comme pleinement réussis que s'ils avaient été accomplis sans aucun accrochage avec l'ennemi et sans laisser aucune trace du passage des commandos ; et, de fait, un grand nombre de visites nocturnes sur les côtes de France sont restées jusqu'à la fin entièrement ignorées des Allemands. Par contre, des raids ayant un autre aspect étaient montés et exécutés sauvagement et servaient à d'autres buts bien différents : identifier les régiments qui gardaient la côte, les attaquer pour pressentir leur adresse ou valeur combative, détruire les installations de radar, enlever et déporter de l'autre côté de la Manche des prisonniers. De pareils coups de main démoralisaient généralement pendant des semaines les troupes ennemies du secteur attaqué. Quelques soldats allemands ont pu quelquefois être « kidnappés » silencieusement et, notre passage étant insoupçonné, ils étaient portés déserteurs sur les listes d'appel de leur compagnie. Les armes, les instruments, les ruses et moyens divers, rien n'était épargné pour nous rendre la tâche, sinon facile, du moins possible. Le travail était vaste, le temps court, il fallait faire vite et bien. Ces raids étaient montés, étudiés dans leurs moindres détails, répétés dix fois la nuit sur les côtes anglaises, les photos aériennes étaient scrutées à la loupe et au stéréoscope. Ce travail était passionnant, du vrai fignolage ; il fallait, après chaque répétition de nuit, rectifier une arme silencieuse, adopter une nouvelle chaussure, changer la distribution du travail, etc.

Ces raids-sondages restent pour tous les commandos les plus passionnantes de toutes nos activités. Ces nuits de tension, où une respiration trop lourde pouvait anéantir la réussite d'une opération, et, avec elle, la vie de tout un groupe de spécialistes, resteront toujours vivantes à la mémoire de ces hommes qui l'auront écrit dans la nuit, le silence et la mort.

La plupart de ces sondages furent très heureux ; un, de prime abord fort malheureux, s'avéra plus tard beaucoup moins désastreux. Voici comment il est conté par l'un des rares correspondants de guerre accueillis dans nos secrets et qui suivit avec passion tout ce qui a rapport aux commandos :

RAID DE GRAVELINES

Nuit de Noël 1943 : la France avait écouté la radio de Londres et s'était couchée en silence, ou bien achevait un simulacre de réveillon, car la joie n'était possible qu'à l'ennemi et à ses valets, alors qu'il y avait tant de râles dans les prisons et de misère dans les logis.

L'Angleterre, dans le black-out, célébrait Christmas et fêtait des soldats de tous les champs de bataille, ceux d'Afrique et ceux d'Extrême-Orient et les marins de l'Atlantique et les aviateurs et toutes les Armées évadées du continent et l'Armée d'Amérique, tout ce monde réuni sur la grande plate-forme de guerre et se préparant à un assaut encore éloigné de six mois.

Pendant ce temps, une vedette solitaire, se confondant avec la nuit, se tenait au large des côtes du Pas-de-Calais. Et sur le sol de France, derrière Gravelines, l'équipe Wallerand était en train d'opérer à travers les défenses allemandes : six hommes, Wallerand, officier des Equipages, Caron, officier marinier, Meunier, Navrault, Pourcelot et Madec.

Leur travail mystérieux accompli, et bien accompli, ils revinrent au rivage du pas silencieux de leurs grosses semelles de caoutchouc. Mais ils trouvèrent leur doris rempli d'eau. Ils tentèrent pourtant de le remettre à flot. Au bout de quelques mètres, l'embarcation coula. Ils regagnèrent la grève.

— Le renseignement doit passer à tout prix, dit Wallerand.

Il fit donner un signal à la vedette pour qu'elle s'approchât au plus près. Elle vint à cinq cents mètres, ce qui était le maximum. Alors Wallerand se jeta dans l'eau glaciale et commença à nager. Ses hommes avaient leurs regards suspendus à ce point plus sombre que la nuit et qui s'éloignait. Les uns pensaient : « Il n'arrivera pas. » Et les autres, connaissant la force physique et la volonté de Wallerand, se disaient : « Il réussira. »

A dix mètres de la vedette, il coula à pic, vaincu par le froid. Depuis combien de brasses Wallerand se sentait-il mourir ? Là où il avait échoué, nul ne réussirait. La vedette attendit encore quelques minutes, et puis elle s'éloigna.

L'aube venait ; ils étaient là cinq hommes, épuisés par les heures qu'ils venaient de vivre et offerts, dans leurs vêtements de commando, aux vengeances de l'ennemi. Caron avait pris le commandement. Rester groupés, c'était se faire prendre à coup sûr. Il fallait se séparer. On se retrouverait un jour, ou peut-être jamais. Et l'aventure commença, vers les quatre coins de la France.

Caron partit avec Meunier. Caron était du Nord ; il retrouva assez vite sa famille, se cacha chez lui et entra dans la Résistance.

Meunier, lui, fut arrêté, enfermé dans une prison parisienne, torturé. Entre ses tortures, il apprenait le Morse qu'un inconnu lui enseignait de la cellule voisine, en frappant contre le mur.

Madec était parti seul pour gagner la Bretagne. Il s'était défait de sa grosse veste et de son béret vert. Il avait décousu les poches apparentes de son battle dress. Et c'est ainsi qu'il débarqua à Paris par la gare du Nord, prit le métro et circula en toute liberté sans que personne prît garde à lui, le seul certainement à avoir accompli cet exploit de s'être promené dans la capitale, en uniforme anglais, sous l'occupation.

Puis il rejoignit le maquis breton, pendant sept mois fut instructeur, avec le grade d'adjudant, sur les armes anglaises qu'il connaissait bien, et, quand la Libération arriva, mena ses hommes au combat.

Navrault et Pourcelot s'étaient dirigés sur Hazebrouck, cherchant un refuge. Des paysans refusèrent de les héberger. A bout de fatigue, ils dormirent dans une hutte à moitié démolie. Enfin, ils décrouvrirent des vêtements civils et alors se séparèrent. Pourcelot alla vers les Vosges et y eut tout de suite des tâches importantes dans la clandestinité. Navrault, par Paris et Lyon, gagna le maquis de Raphanel, dans le Puy-de-Dôme, où il eut un commandement de capitaine.

Et maintenant, que sont devenus ses cinq commandos ? Tous ont repris leur place au bataillon.

Caron revient vers la fin d'août et reprend la tête de sa sous-section, en toute simplicité.

Madec laisse son grade d'adjudant, l'ouvrage terminé dans le maquis de Bretagne, et redevient caporal dans son ancien groupe.

Navrault, après la grande affaire du 11 juin dans le maquis d'Auvergne, rejoint par avion le commando.

Meunier, Paris libéré, échappant de justesse au peloton allemand, se présente un jour « au garde à vous » et se remet dans les rangs. Quelques mois après sa démobilisation, Meunier passait à la Police de Surveillance du Territoire et mourait en service commandé à Saint-Quentin, en 1948.

Pourcelot, prisonnier évadé, arrive lui aussi après avoir erré dans les lignes ennemies avec force ruses et sabotages.

Tous, ils sont revenus, hormis le chef qui repose, héros sublime, couché dans la terre de France, près de la plage où il fit le sacrifice de sa vie.

Raid de Scheveningen

Un autre raid, cette fois sur les côtes de Hollande, drame mystérieux, est resté enveloppé d'obscurité. La seule lumière qui s'en dégage est la découverte, seulement après l'armistice, des corps de ces héros simples, partis dans le secret et morts avec leur secret.

Mon officier en second à cette époque, le capitaine Trépel, commandait le raid. Sa connaissance des langues étrangères était très étendue ; il parlait couramment, outre le français, l'allemand, le russe, l'anglais et le hollandais. Sa mission était de rapporter le plus possible de renseignements sur le lieu exact de l'emplacement d'une usine allemande spécialisée dans la préparation de l'arme secrète allemande qui fut connue plus tard pour être le V 2. L'équipe, Trépel compris, était forte de six hommes, dont le second-maître Hagneray, les commandos Rivière, Cabanella, Guy, et un radio. La destination était un point de la côte hollandaise au nord de Scheveningen. Le départ eut lieu de Great Yarmouth, sur la côte est de l'Angleterre. La vedette rapide avait réussi à glisser inaperçue dans la nuit noire et mettait à la mer, à environ trois cents mètres de la côte, un doris dans lequel Trépel et son équipe avaient pris place. D'après le rapport du commandant de la vedette et de l'officier navigateur, un lieutenant de la Marine Hollandaise Libre, les commandos s'étaient éloignés vers la côte, sans aucune alerte et dans le plus grand silence, dans le doris propulsé par un moteur silencieux ; le doris était relié à la vedette par un solide filin que les occupants filaient au fur et à mesure de leur avance vers la terre. Ce système était quelquefois employé pour permettre à l'équipage de la vedette d'aider plus facilement et rapidement au retour du doris, après leur travail accompli à terre. Si durant le trajet du retour du doris à la vedette, une attaque était déclenchée par des armes automatiques tirant des balles traceuses, ou par tir de canon de la côte accompagné de fusées lumineuses, le filin devait être coupé immédiatement par l'équipe se trouvant dans le doris, permettant ainsi à la vedette de bondir de suite vers le large avant d'être interceptée par des projecteurs ou des bâtiments patrouilleurs ennemis. Environ deux heures après le départ des commandos de la vedette, le commandant du bord, dans son compte rendu, rapporta qu'il entendit des aboiements féroces de chiens à terre, tandis que le matelot du bord, de garde au filin, lui signalait en même temps qu'il n'avait plus en main que du « mou » et que vraisemblablement sa liaison était interrompue avec le commando chargé de la garde du doris à terre. Il reçut l'ordre de haler la ligne qui était morte et, bientôt, l'autre bout sectionné arrivait sur le pont. Il était environ trois heures du matin et le jour n'était pas loin. Le silence continuait à être troublé de temps à autre par des aboiements, et, par moments, on arrivait même à entendre une galopade de chiens. Cependant, aucun coup de feu ne s'était fait entendre. A bord de la vedette, les canonniers étaient à leurs pièces, alertés, les yeux vers la terre, essayant de percer ce noir mystérieux de la nuit. La vedette attendit : aucun appel de terre par sans-fil, ni par talkie-walkie. Encore quelques moments, et l'aube blanchissante commencerait à tirer quelques lignes indiscrètes sur le fond noir de la nuit, donnant des formes aux choses. Le commandant avait atteint et même dépassé la pointe extême d'attente de l'horaire de son retour. Il n'y avait plus d'espoir ; et, la gorge contractée, il jeta l'ordre : «Moteurs en route ! »

Pendant les mois qui suivirent, nous attendîmes le retour d'au moins un survivant, comme cela s'était déjà produit, mais en vain.

Les habitants côtiers des environs furent interrogés après la libération des Pays-Bas. Le seul renseignement qu'ils purent donner fut qu'un officier allemand qu'on n'a jamais pu identifier vint leur demander une équipe pour enterrer les corps « des brigands de Français » qui avaient été trouvés morts sur la plage. Un des fossoyeurs prétendit qu'au moment de leur ensevelissement, aucun des corps ne portait de traces de blessures, mais qu'ils paraissaient avoir souffert terriblement. Le mystère subsiste. A quelques mois du Débarquement de Normandie, la perte de Charles Trépel, ami personnel et officier de grande valeur, et de six de mes commandos les plus intrépides, était une dure épreuve.

Raid de Biville

Parmi les nombreux raids de sondage effectués par le bataillon durant cette période, il convient de citer un raid commandé par l'officier des équipages Francis Vourc'h, accompagné du maître Klopfenstein, à titre de commandant en second, et de cinq commandos.

Dans la soirée du 26 décembre 1943, l'équipe de Francis Vourc'h s'embarquait à Newhaven dans le plus grand secret, à bord d'une vedette rapide de la Royal Navy. La mission qui lui était confiée appartenait à la catégorie des raids considérés comme un succès cent pour cent, si le renseignement rapporté avait été obtenu sans éveiller le moindre soupçon chez l'ennemi. Leur objectif était Biville, petit village situé sur la côte est de la presqu'île du Cotentin. Leur mission : rapporter tous les renseignements possibles sur la défense sous-marine de cette petite plage, où, nous le sûmes après, une force d'assaut américaine devait être jetée à terre cinq mois plus tard, au Jour « J ». Il fallait à tout prix, avant l'assaut général du Débarquement, découvrir et obtenir des renseignements complets sur le métal employé dans la fabrication de l'obstacle antichar, le fameux élément « C », que les Allemands employaient alors dans leur système de défense sur les côtes françaises.

Un peu après minuit, la vedette stoppait à environ un mille de la côte et mettait à l'eau le doris des commandos qui poussèrent dans le plus grand silence vers la terre et débarquaient quelques minutes plus tard exactement devant leur objectif. En cette occasion, le maquillage en noir des visages et des mains des raiders avait été l'objet d'une attention particulière ; seule, la petite bande blanche cousue dans le dos de chaque vareuse leur permettait de se distinguer à cinq pas.

Le travail à terre devait se faire en l'espace de deux heures. Bien que le temps fût court, aucune précipitation ne devait cependant prendre place pour ne pas gâcher la chance inattendue qu'ils avaient rencontrée au moment de leur débarquement et qui était jusque-là dans la note d'une surprise totale. Ils avancèrent lentement dans l'eau, divisés en deux groupes de trois et séparés seulement de quelques mètres les uns des autres. Chaque chef de groupe portait un talkie-walkie, dont ils ne devaient se servir qu'en cas d'extrême urgence pour signaler la progression de leur travail et arranger l'heure du retour. Avec une veine inouïe, le groupe conduit par Francis Vourc'h était tombé presque immédiatement sur une rangée d'obstacles antichars de l'élément « C » plantés sur la plage. Avec une prudence extrême et des tâtonnements de cambrioleurs dans l'obscurité, ils s'assurèrent avant tout qu'aucune grenade piégée ou mine antipersonnelle n'y étaient connectées. Ceci fait, la petite scie à métaux bien graissée attaquait un spécimen du métal. Le bout scié était glissé dans le petit sac apporté à cet effet, et la partie où le prélèvement avait été fait camouflée sous des algues. Un murmure annonçait un peu plus tard, sur le talkie-walkie du second groupe, que des spécimens de sable et de terre avaient été prélevés. Le gros de la mission était donc accompli avec un peu d'avance sur l'horaire et les commandos s'ingénièrent alors à photographier sur l'écran de leur mémoire le plus de détails possible sur la position et la situation des défenses sous-marines. Le retour se fit sans incident. La vedette avait signalé, durant son voyage de retour vers la côte anglaise, le mot de code qui signifiait : « Réussite totale de l'opération. » Un messager de l'état-major des Opérations Combinées attendait dans le bassin de Newhaven l'arrivée des commandos et repartait de suite pour les laboratoires de Londres en emportant le précieux butin. Les renseignements rapportés étaient d'une telle importance que la Military Cross fut décernée à l'officier des équipages Francis Vourc'h.

RAID DE JERSEY

En 1940, les îles Anglo-Normandes, sans aucune défense, étaient occupées par les Allemands aussitôt après la prise de Saint-Malo. Un raid exécuté sur l'île de Sercq par des commandos britanniques, dans la nuit du 3 au 4 octobre 1942, avait nettoyé l'îlot de sa garnison de cinq Allemands. Quatre des ennemis furent tués et le cinquième capturé et ramené prisonnier en Angleterre. Ce prisonnier se déboutonna entièrement à son arrivée en Grande-Bretagne. Les renseignements fournis par lui d'une façon claire et précise étaient d'une importance extrême et furent plus tard vérifiés. Il ne faisait aucun doute que ce sous-officier allemand avait une connaissance de certains secrets militaires allemands qui ne devaient appartenir qu'aux officiers supérieurs. Comment les avait-il eus ? Ceci nous importait peu. Il nous apprit entre autres choses que nos ennemis étaient décidés, coûte que coûte, à défendre énergiquement les îles Anglo-Normandes, et particulièrement Guernesey et Jersey. Il donna d'abondants détails sur la défense et la garnison de Jersey, tant au point de vue naval que militaire. Avec l'aide des falaises naturelles et abruptes qui entourent ces deux îles, et particulièrement Jersey, les Allemands avaient construit des fortifications redoutables sur les rares coins de la côte qui auraient pu éventuellement, par la nature même du terrain, offrir une chance de débarquement aux Alliés. Une garnison d'élite d'environ dix mille hommes, soit un quart de la population présente dans l'île, tenait cette forteresse de cent seize kilomètres carrés. L'artillerie était puissante et bien commandée, deux escadrilles de chasseurs protégeaient le ciel et servaient souvent à intercepter les bombardiers britanniques revenant de mission au-dessus du continent. Enfin, deux des meilleures flottilles de E. Boot [1] patrouillaient de jour et de nuit les eaux territoriales de ces deux îles. Le prisonnier avait en outre confessé que des triples rangées de barbelés entouraient le haut des falaises où étaient dispersés des champs de mines.

Une opération fut décidée, à la fin de décembre 1943, sur Jersey, pour vérifier ces renseignements et tâter un peu le mordant de l'ennemi. Elle fut confiée à une équipe mixte de commandos britanniques et français commandés par un capitaine britannique, ayant pour second le sous-lieutenant Hulot, le plus jeune des officiers des bérets verts français, vraie armoire à glace, âgé à peine de vingt ans, échappé de France, et qui avait rejoint l'Angleterre neuf mois plus tôt, en passant par les ignobles affronts et les souffrances

1. Vedettes lance-torpilles allemandes.

terribles des prisons espagnoles. Le problème capital de la réussite du raid était le choix du point de débarquement. L'élément de surprise dans ce raid jouait aussi une part importante, il ne restait d'autre alternative que de faire face à une escalade de falaise, en choisissant un des points les plus accessibles et les moins hauts. Une étude approfondie de photos aériennes, appuyées par le témoignage du capitaine anglais qui connaissait très bien l'île, fixa le choix pour le débarquement dans une petite anse de la côte est, à quelques kilomètres au-dessus du minuscule port de Gorey. Les photos aériennes laissant supposer l'existence, en cet endroit, de plusieurs failles dans la falaise de granit qui rendraient l'escalade beaucoup plus aisée.

Le départ eut lieu de Darmouth dans la soirée du 25, date la plus propice en décembre pour la conjugaison parfaite des deux éléments essentiels à la réussite du raid : temps et marée. Le trajet étant un peu plus long que d'habitude et la navigation dans ces parages sujette à beaucoup de précaution, la vedette rapide de la Royal Navy fila vers l'objectif avec le crépuscule, escortée par deux autres vedettes lance-torpilles, chiens de garde, qui devaient en cas de rencontre de bâtiments ennemis servir de diversion et chercher le combat, afin de permettre à la vedette portant l'équipe des raiders de s'échapper et continuer vers sa mission.

Etait-ce la conséquence d'une nuit d'orgies, la veille de la Noël, qui avait retenu au port la flottille des vedettes allemandes ? Le fait est qu'aucune rencontre désagréable n'eut lieu jusqu'au but.

Le doris débarqua dans l'anse l'équipe des commandos qui escaladaient bientôt le haut de la falaise, aidés en fait dans leur tâche par les failles signalées sur les photos aériennes. Les barbelés qui se trouvaient presque au ras du sommet de la falaise, après avoir subi l'examen du détecteur de mines, furent cisaillés, et le groupe, précédé par son détecteur et le capitaine anglais, se mit à progresser prudemment à une vitesse ne dépassant pas deux mètres à la minute. Une masse sombre et carrée prit bientôt forme dans le gouffre noir de la nuit, ressemblant à une ferme. Arrêt du groupe. Le commandant décide de détacher Hulot et deux commandos français pour effectuer une reconnaissance du bâtiment en question, qui se trouvait à quelques mètres seulement sur la droite. Le reste du groupe, composé du capitaine britannique et de trois commandos, arrêta la progression pour couvrir de ses armes automatiques le groupe Hulot durant sa visite à la ferme. Arrivé dans la cour de la ferme, comme rien ne bougeait, Hulot posta ses deux hommes pour garder les ouvertures et poussa doucement la porte principale qui s'ouvrit ; il jugea alors être dans le vestibule, car, en face de lui, il vit filtrer un rai de lumière pâle qui décelait une nouvelle porte. Le souffle coupé dans sa bouche entrouverte, pour éviter une respiration trop forte, il s'avança à pas de félin et se pencha longuement vers le trou de la serrure pour examiner l'intérieur de la pièce. Pas d'Allemands ! Un homme en tenue de fermier, assis à une table, semblait faire ses comptes à la lueur d'une bougie. Pas d'hésitation, Hulot se trouvait déjà à l'intérieur de la pièce, colt au poing et un doigt sur les lèvres. La porte était déjà refermée et Hulot au milieu de la pièce, quand le fermier leva la tête. Il ne bougea pas, figé devant ce colosse au visage noirci, le pistolet en main. Hulot était maintenant à quelques pas de lui et lui souffla : « Avez-vous des Boches ici ? » Sa figure se détendit immédiatement et, d'un geste de la main, fit signe que non. Se voyant bien compris par la fermier dont la plupart, à Jersey, sont d'origine bretonne, Hulot lui posa toutes sortes de questions sur les positions allemandes, les champs de mines et les patrouilles. Il répondit sans hésitation, semblant avoir des renseignements très précis. Il engagea cependant Hulot à être très prudent, lui signalant un poste allemand à environ quatre cents mètres derrière la ferme, et surtout un champ de mines qui ne devait pas être bien loin de l'endroit où se trouvaient ses camarades. Bourré de renseignements, notre jeune officier de commando, considérant sa tâche remplie, se retira à pas feutrés, non sans avoir serré les phalanges de son hôte forcé, qui, lui aussi, paraissait fort heureux de cette prise de contact. Il releva ses deux commandos, qui n'avaient rien à signaler, et rejoignit le capitaine anglais avec le second groupe. Allongé dans l'ombre près du capitaine britannique, il lui rendit compte brièvement de sa mission. Les renseignements rapportés par Hulot étant jugés suffisants, et inquiété par l'heure du retour proche et par des bruits suspects perçus pendant l'absence d'Hulot, l'officier britannique donna le signal du départ. Le mouvement de retour s'exécutait en bon ordre et nos commandos avaient déjà presque atteint le rebord de la falaise, quand, du côté opposé à la ferme, une sommation en allemand retentit dans la nuit, suivie tout de suite de plusieurs rafales de fusils-mitrailleurs. Le capitaine anglais avait été touché mortellement. Hulot prit le commandement et disposa en bonne position ses deux mitrailleuses dans les anfractuosités des rochers sur le haut de la falaise, avec ordre de contrebattre le feu ennemi chaque fois qu'il serait déclenché. Cependant, les Allemands ne semblaient pas vouloir avancer et se contentaient de lâcher des rafales de temps à autre, auxquelles répondaient les « brens » [1] des commandos. Tout d'un coup, à une cinquantaine de mètres, entre les commandos et le tir ennemi, un éclatement de mine couvrit le bruit des armes automatiques, vraisemblablement provoqué par le tir des Allemands qui se trouvaient de l'autre côté du champ de mines. Le commando français Dignac était à son tour atteint d'un éclat en pleine poitrine et Le Floch blessé au pied. Entre temps, Hulot avait transporté le corps du capitaine britannique sur le bord de la falaise et l'avait descendu par une corde. Un à un, les deux Français blessés étaient descendus de la même façon et transportés dans le doris. Hulot et ses deux mitrailleurs, après de nouvelles et sauvages rafales dans la direction du feu ennemi, se laissèrent couler le long de la corde, au pied de la falaise, et rembarquèrent en vitesse dans le doris qui prit immédiatement la direction de la vedette qui attendait à deux milles en mer.

Au petit matin, le sous-lieutenant Hulot mettait pied à terre en Grande-Bretagne, ramenant le corps du capitaine anglais. Le commando Dignac ne survécut pas à sa blessure et mourut bravement sans une plainte. Hulot rendit compte en toute simplicité de sa mission et reçut une citation « mentionned in dispatches » pour le calme et la bravoure montrés dans l'accomplissement de sa mission.

Hulot, qui devait plus tard, au débarquement du 6 juin, durant les combats de la tête de pont en Normandie et ensuite à

1. Mitrailleuse légère et très précise en usage dans l'armée britannique.

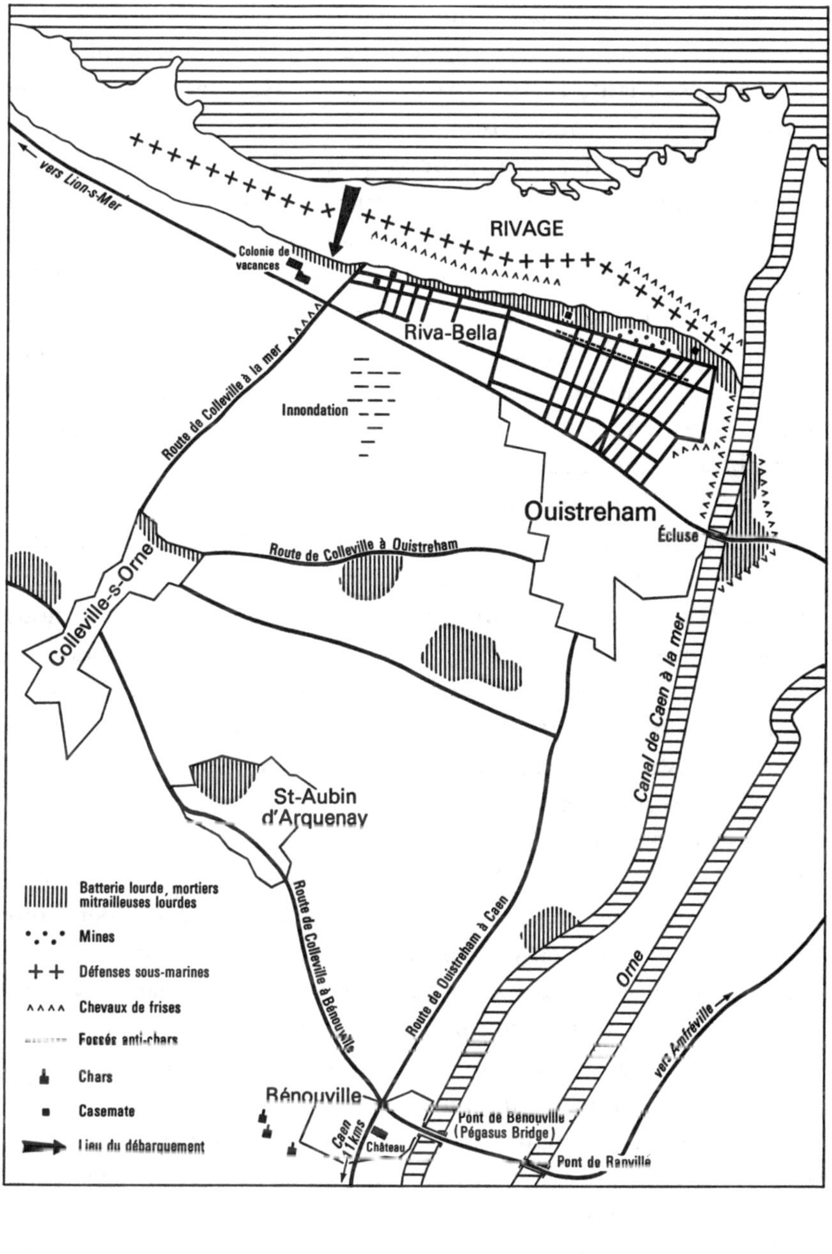

RIVAGE
vers Lion-s-Mer
Colonie de vacances
Riva-Bella
Innondation
Route de Colleville à la mer
Ouistreham
Écluse
Route de Colleville à Ouistreham
Colleville-s-Orne
St-Aubin d'Arquenay
Canal de Caen à la mer
Route de Colleville à Bénouville
Route de Ouistreham à Caen
Orne
vers Amfréville
Bénouville
Caen 11kms
Château
Pont de Bénouville (Pégasus Bridge)
Pont de Ranville
Batterie lourde, mortiers mitrailleuses lourdes
Mines
Défenses sous-marines
Chevaux de frises
Fossés anti-chars
Chars
Casemate
Lieu du débarquement

Flessingue, se distinguer d'une façon particulière, venait de faire brillamment ses premières armes. Il passa à travers ses nombreuses missions, souriant, blessé, mais toujours avec cet enthousiasme sans bornes qui le caractérisait.

Inlassable et d'une énergie débordante, Hulot, qui avait fait de l'armée sa carrière, demandait à la fin des hostilités à rejoindre le corps expéditionnaire français en Indochine. Affecté au n° 5 de chasseurs laotiens, de son poste de Nong-Het, à la frontière d'Annam, il continua sa vie de « béret-vert » : coups de main, embuscades, raids conduits avec méthode et cette grande expérience qu'il avait acquise au cours de sa vie continuelle de grand soldat ; le lieutenant Hulot tomba au champ d'honneur en Indochine, le 27 novembre 1948, âgé de vingt-cinq ans, chevalier de la Légion d'honneur et titulaire de trois citations.

Tout l'hiver de novembre 1943 à mars 1944, le bataillon travailla à ces sondages qui devaient aider à faciliter le succès de la grande opération tant souhaitée par tous. Durant ces raids, nous avions, à une ou deux reprises, séjourné avec le 4 Commando britannique qui, comme nous, faisait des incursions sur la côte. Nous échangions des idées et discutions méthodes derrière les murs du château clos où nous consultions tour à tour documents photographiques et cartes d'état-major.

Brusquement, un soir de mars 1944, l'ordre vint de cesser tous les raids en préparation. Nos amis britanniques du 4 Commando avaient le même ordre et, de plus, le Centre des Opérations Combinées envoyait en permission tous les commandos. En fin de permission, le Ier Bataillon de fusiliers marins commandos devait rejoindre le 4 Commando qui devenait le seul commando franco-britannique. Les événements prouvèrent que, non seulement pareille fusion était possible, mais qu'elle donna d'excellents résultats. Le premier, il allait toucher la terre de France au petit matin du 6 juin, non plus pour revenir après une incursion, mais, cette fois, pour rester ou mourir.

Le 4 Commando, commandé par le lieutenant-colonel Robert Dawson, D.S.O., s'installa dans la jolie station balnéaire de Bexhill. Le sud de l'Angleterre devenait maintenant un vaste camp retranché. Chaque ville ou village, chaque bois regorgeait de soldats et de matériel. Des chars d'assaut de toutes dimensions roulaient jour et nuit pour bientôt disparaître sous un camouflage savant. Le programme de travail des commandos, si dur habituellement, avait diminué, en intensité et en violence. L'emploi du temps, en dehors des séances de culture physique, consistait surtout en causeries sur les premiers soins aux blessés, les lois de la guerre et une étude de plus en plus approfondie des armes ennemies. Chaque jour amenait la distribution d'un nouveau matériel et l'inspection de l'équipement qui serait porté lors du débarquement. Bref, tout signalait que le grand jour approchait. Souvent, nous nous déplacions la nuit pour nous glisser dans nos barges de débarquement avec toutes nos armes et munitions, et rentrions désappointés à notre base ! Chaque fois, ce n'était qu'un exercice ! Ce manège trompait l'ennemi et il est officiellement reconnu que le secret de l'heure « H » fut merveilleusement gardé.

Vers le commencement de mai, je pris part à une réunion secrète et, pour la première fois, j'apprenais, devant une carte d'état-major tronquée et sans nom, le rôle attribué au 4 Commando et en particulier à celui du bataillon français incorporé à ce commando.

Emotion intense, mes yeux venaient de reconnaître ces quatre kilomètres de côte, ce petit port, ce canal et ce fleuve sur le tronçon de la carte maquillée. Le colonel Dawson, devenu déjà un vieil ami et à côté duquel je devais plus tard vivre des heures souvent angoissantes, mais toujours magnifiques, me dit simplement : « Je vois que vous savez où nous débarquerons. » C'est ainsi que je devais garder ce secret pendant trois semaines.

Vers la seconde quizaine de mai, l'ordre arrivait de quitter Bexhill, équipés, armés, avec tout le matériel de débarquement. Le soir de notre départ, une inspection infiniment précise, en tenue de combat, fut faite de tout le matériel : armes, stocks de munitions, mortiers, lance-flammes, etc., et le lendemain, au petit jour, un long train emmenait vers une destination inconnue le commando entier, beaux athlètes calmes et souriants.

Combien de cette magnifique unité ne devaient plus revenir !

CHAPITRE III

MISSION DU 4 COMMANDO FRANCO-BRITANNIQUE DANS LE DÉBARQUEMENT

Le train s'arrêta dans une gare où des camions attendaient. Notre destination finale ne devait être qu'un camp entouré de barbelés, gardé militairement et isolé de tous contacts avec l'extérieur. Nous venions d'être mis au secret. C'est ainsi que tout se passa pour des milliers d'hommes qui allaient être de l'heure « H ». Tout avait été prévu et réglé d'avance. Chaque compagnie était attendue à l'entrée du camp où elle recevait ses couvertures et ses paillasses et était conduite sous ses tentes. L'organisation était si parfaite que, le soir même de notre arrivée, la vie du camp était réglée dans ses moindres détails: nourriture saine et abondante, cinéma, tentes de travail, terrain de sport, cantines, librairie, etc.

Les hommes comprirent tout de suite que le débarquement ne serait pas pour le lendemain. Tout un bataillon auxiliaire formé de cuisiniers et hommes de corvée inaptes au service armé, au secret comme nous, s'occupait de la marche du camp, empressés et attentifs à nos moindres désirs.

Au camp, notre programme était simple : sports, culture physique, repos, sommeil et étude approfondie de notre rôle dans l'opération. Jamais camaraderie ne fut aussi complète entre tous ces hommes qui savaient quelle page d'histoire leurs efforts conjugués allaient écrire dans la souffrance et dans la mort. Couchés, le torse nu face au soleil, nous passions de longues heures à méditer en reposant nos corps. On parlait peu, mais l'émotion marquait de grandeur ces visages français à la pensée de la libération toute proche de notre patrie. Je ne crois pas qu'il soit venu à l'idée d'un seul homme que l'opération pouvait échouer. D'ailleurs, le mot d'ordre était s'accrocher, rester ou mourir. C'était bien le retour définitif pour nous sur notre sol après cinq ans d'absence.

Prêts, nous l'étions. Chaque commando connaissait sa tâche personnelle, étudiée en détail avec son chef de section. Le travail de la section venait s'ajuster dans la compagnie et les compagnies formaient un tout homogène et solide avec le poste de commandement.

La première brigade de commandos, sous le commandement du brigadier Lord Lovat, D.S.O., M.C., de vieille noblesse écossaise, Pair à la Chambre des Lords, comprenait les commandos 3, 4, 6 et 45 R.M. (Royal Marines) Commando. Le 4 Commando était désigné dans le débarquement pour une action indépendante du reste de sa brigade. Le choix du 4 Commando, le premier de tous à débarquer avec la mission la plus dure, avait été dicté par la présence des Français dans cette unité. Lord Lovat, qui connaissait et aimait les Français, avait eu la noble idée de leur accorder le bonheur et l'honneur d'être les premiers à fouler le sol de France. De plus, la prise de contact avec la population serait plus aisée et plus profitable. Le reste de la brigade devait suivre une heure après, en exploitant notre tête de pont, et se porter avec nous vers notre second objectif.

La mission du 4 Commando était de débarquer aux premières heures du jour, le 6 juin, à cinq cents mètres à l'ouest de Riva-Ouistreham, au lieudit La Brèche, à la hauteur du chemin qui mène de la mer vers Colleville-sur-l'Orne, appelé depuis Colleville-Montgomery. Notre premier objectif était de prendre d'assaut la ville de Ouistreham, nous emparer du port et sauvegarder intacte l'écluse à l'embouchure du canal de l'Orne. Pour arriver à nos fins, il fallait réduire tout le système de fortifications de la plage en le prenant à revers. Ce point extrêmement fortifié, s'étendant de la plage de Riva au port de Ouistreham, comprenait, outre deux batteries de quatre canons de 6 pouces chaque, un réseau de barbelés, du béton armé, des blockhaus, chevaux de frise, fossés antichars, lance-flammes et quelques passages minés; des canons de 20 mm et de nombreux nids de mitrailleuses bien disposés couvraient et défendaient ces points forts, ainsi que les deux batteries de canons de gros calibre qui faisaient face à la mer. Le casino de Riva [1], à lui seul, était une véritable forteresse.

Le second objectif de notre mission était de nettoyer ces positions, les laisser à l'infanterie britannique, couvrir dans la même journée, en direction sud-sud-est, avec le reste de la brigade, une distance de douze kilomètres en profondeur, afin de faire jonction avec la 6e Division Aéroportée qui devait être lâchée dans la nuit du 5 au 6. L'objectif de la 6e Division Aéroportée était de s'emparer à tout prix de deux têtes de pont à l'est de l'Orne; celles de Bénouville, sur le canal, et Ranville, sur l'Orne. Notre brigade devait donc faire jonction avec les aéroportés à l'est du canal et de la rivière Orne, fortifier leur mainmise sur les ponts, les renforcer et établir une ligne défensive le long de Merville, Gonneville et Bréville. Ainsi l'ennemi, privé de ces deux ponts et tenu en échec par la 1re Brigade de commandos, se verrait dans l'impossibilité d'envoyer des renforts à l'ouest de l'Orne où le gros du débarquement allait s'effectuer.

La 6e Division Aéroportée, la 1re Brigade et, plus tard, la 4e Brigade de commandos devenaient, à l'est de l'Orne, le pivot sur lequel la grosse masse des forces alliées allait s'appuyer pour le débordement à l'ouest.

Le 4 Commando disposait pour sa mission de sept petites compagnies d'assaut, dites troops [2], trois françaises et quatre britan-

1. La place où se trouve le casino porte, depuis 1946, le nom de « Place du 4 Commando ».

2. Les troops, dans un commando, sont l'équivalent d'une compagnie réduite d'infanterie, et possèdent un effectif variant de cinq à six officiers et environ soixante-dix hommes.

niques. Si on ajoute le poste de commandement et les transmissions, la force numérique de ce commando atteignait environ six cents officiers et hommes.

Le jour de notre départ du camp, Lord Lovat réunit toute la brigade autour de lui et nous annonça l'attaque pour le lendemain à l'aube. Le débarquement se ferait avec le béret vert. Il finit son petit discours avec ces mots français: «Demain, on les aura.»

DEUX BRIGADES DE COMMANDOS POUR UNIFIER LES CINQ TÊTES DE PONT DU 6 JUIN 1944

6 juin 1944 à 3 h 30 : les premières barges des 4 126 bateaux de débarquement appuyés par 1 213 navires de guerre survolés par 10 743 sorties aériennes — un total de quarante-sept convois armés par 96 000 marins — sont mises à l'eau au large du Calvados et du Cotentin où trois divisions aéroportées larguent 23 500 parachutistes. C'est enfin le Débarquement:

156 205 hommes, pour commencer, rien qu'au seul 6 juin. Ils seront 557 000 dans trois semaines. Et 1 450 000 le 25 juillet.

Pour l'heure, en cette aube ventée lourde d'angoisses et d'exaltations, seules cinq divisions d'infanterie ont charge de mener l'assaut initial, décisif, sur quelque quatre-vingt-cinq kilomètres de front, de Saint-Martin de Varreville à l'ouest jusqu'à Ouistreham à l'est. Deux divisions américaines sur les plages codées UTAH *et* OMAHA. *Trois divisions anglo-canadiennes sur les plages codées* GOLD, JUNO, SWORD.

Chaque division établit sa propre tête de pont. Chaque tête de pont laisse donc, à sa droite et à sa gauche, un certain espace de terrain, qu'il conviendra, à son tour, de conquérir. Cette tâche ingrate de «lissage» est confiée aux deux unités de commandos engagées dans l'opération Overlord :

à l'ouest la 4th Special Service Brigade, à l'est la 1st Special Service Brigade.

Dans quelques jours, les états-majors découvriront, au contact des populations françaises, l'effroi premier que provoque le sigle de chacune de ces Brigades : 1st SS Brigade, 4th SS Brigade.

Aussi, une nouvelle dénomination leur sera-t-elle donnée, aux connotations moins effrayantes : 1st Commando Brigade, 4th Commando Brigade.

Chacune de ces brigades est commandée par un officier ayant rang de général: pour la 1st Special Service Brigade (qui, dans cet ouvrage nous concernera presque totalement), Lord Lovat le 6 juin, puis Derek Mills-Roberts; pour la 4st Special Service Brigade, que Kieffer évoquera dans ces pages également, Jumbo W. Leicester.

Chaque brigade est composée de quatre unités fondamentales appelées commandos et portant un numéro. La 4e Brigade, issue de la Royal Marine, est formée des 41, 46, 47, 48 Royal Marine Commandos. Le 1re Brigade est mixte; avec trois unités issues de l'Armée — les 3, 4, 6 Commandos — et une quatrième venue de la Marine, le 45 Royal Marine Commando.

Les bérets verts français appartiennent au 4 Commando en tant que troops. *En effet, chaque commando est structuré en six ou sept troops, elles-mêmes réparties en sections et sub-sections. On ne parle jamais de «compagnie» dans les commandos.*

Chaque troop comporte, en principe, trois officiers et soixante hommes. Total par commando : un chiffre «plancher» de vingt-quatre officiers et quatre cent quarante autres rangs. Cinq ou six de ces troops (selon que le commando provient de la Marine ou de l'Armée) sont des fighting troops *; la sixième (ou la septième, selon) est la Support Troop — troop qui a en charge les armes lourdes : deux Vickers et deux mortiers par troop.*

Dans les Royal Marine Commandos, chaque troop est désignée par une lettre: A troop, B troop, X troop, Y troop, Z troop. Ces désignations proviennent des traditions de la marine où chaque portion du navire est ainsi codée, de la proue à la poupe : A, B, X, Y (exemple : dans la marine française, secteurs Oscar, Zero, Papa*)*

Dans les commandos de l'Armée, les troops portent un numéro: ici, on rencontrera fréquemment les troops 1 et 8 auxquelles il faut ajouter la K-Gun troop, servant les mitrailleuses, encore secrètes jusqu'à l'aube du

6 juin, qui bien que légères ont un débit aussi puissant qu'une mitrailleuse lourde.

LES FRANÇAIS DU 4 COMMANDO

Trois des sept troops du 4 Commando sont françaises: la troop 1, enseigne de vaisseau Guy Vourc'h, blessé le 6 juin, commandement passant au Warrant Officer Hubert Faure; la troop 8, officier des équipages Alexandre Lofi; la K-Gun section (troop 9), enseigne de vaisseau P. Amaury. Administrativement, elles sont issues du 10th Inter-Allied Commando (Belges, Hollandais, Norvégiens, Polonais, Allemands anti-nazis réfugiés en Grande-Bretagne) dont le contingent français n'est autre que le Ier Bataillon de fusiliers marins commando, commandant Kieffer. Ces trois sous-unités du 4 Commando sont entrées dans l'Histoire et dans la légende sous le nom, purement symbolique, des «177 bérets verts du commandant Kieffer».

S'ils constituent la seule participation française terrestre *au Débarquement, il est juste pourtant de rappeler les participations françaises représentées :*

— par les S.A.S. largués en Bretagne, dans la nuit du 5 au 6 juin: le 4e Bataillon, colonel Bourgoin secondé par le commandant Puech-Samson, dans la forêt de Duault et près de Malestroit ;

— par les 12 Boston de l'Escadrille Lorraine étendant un rideau de fumée protecteur entre les forces américaines débarquant à Utah et l'ennemi ;

— par les Forces Navales Françaises Libres avec, en particulier, l'intervention du Georges Leygue *et du* Montcalm *devant Omaha, et du torpilleur de la France Libre,* La Combattante *devant Courseulles. Sur ce torpilleur, sort, au matin du 6 juin, le matelot fusilier Daniel Denereaz, au moment même où son frère, le fusilier marin A. Denereaz débarque dans les rangs des Bérets Verts du commandant Kieffer...*

MISSIONS DES HUIT COMMANDOS DU 6 JUIN

De l'est à l'ouest, les commandos de la 4th Special Service Brigade ont mission :
— *pour le* 47 Royal Marine Commando, *débarqué, avec la 50ᵉ D.I. britannique sur* GOLD *: s'emparer de Port-en-Bessin, et assurer la jonction avec les Américains d'Omaha Beach ;*
— *pour le* 48 Royal Marine Commando, *débarqué avec la 3ᵉ D.I. canadienne sur* JUNO, *réduire le point fort de Langrune ;*
— *pour le* 46 Royal Marine Commando, *en position d'attente devant Saint-Aubin, « soit se lancer à l'assaut de la batterie de Houlgate, soit se lancer à l'assaut de la batterie du Mont Canisy, selon l'évolution de la journée » ; toutes missions qui seront finalement annulées, au profit de la réduction du point fort de Luc-sur-Mer le 7 juin ;*
— *pour le* 41 Royal Marine Commando, *débarqué avec la 3ᵉ D.I. britannique, s'emparer de points forts à Lion-sur-Mer.*

Les commandos de la 1st Special Service Brigade *ont mission :*
— *pour le* 45 Royal Marine Commando, *captain M.C. Ries, débarqué avec l'aile gauche de la 3ᵉ D.I. ; aller à la rencontre de la zone de largage de la 6th Airborne, rive droite de l'Orne, de pousser jusqu'à Franceville et d'ouvrir la route de Cabourg ;*
— *pour le* 3 Commando, *lieutenant-colonel Peter Young, renforcer les positions des parachutistes sur la rive droite de l'Orne, au Bas de Ranville ;*
— *pour le* 6 Commando, *lieutenant-colonel Mills-Roberts, de s'emparer de la hauteur de Bréville, rive droite de l'Orne et de s'assurer de Merville ;*
— *pour le* 4 Commando, *lieutenant-colonel Dawson, débarqué à l'aile gauche de la 3ᵉ D.I., s'emparer de Ouistreham et y détruire la batterie.*

POSITIONS DES COMMANDOS DANS LE DISPOSITIF D'ASSAUT DES PLAGES

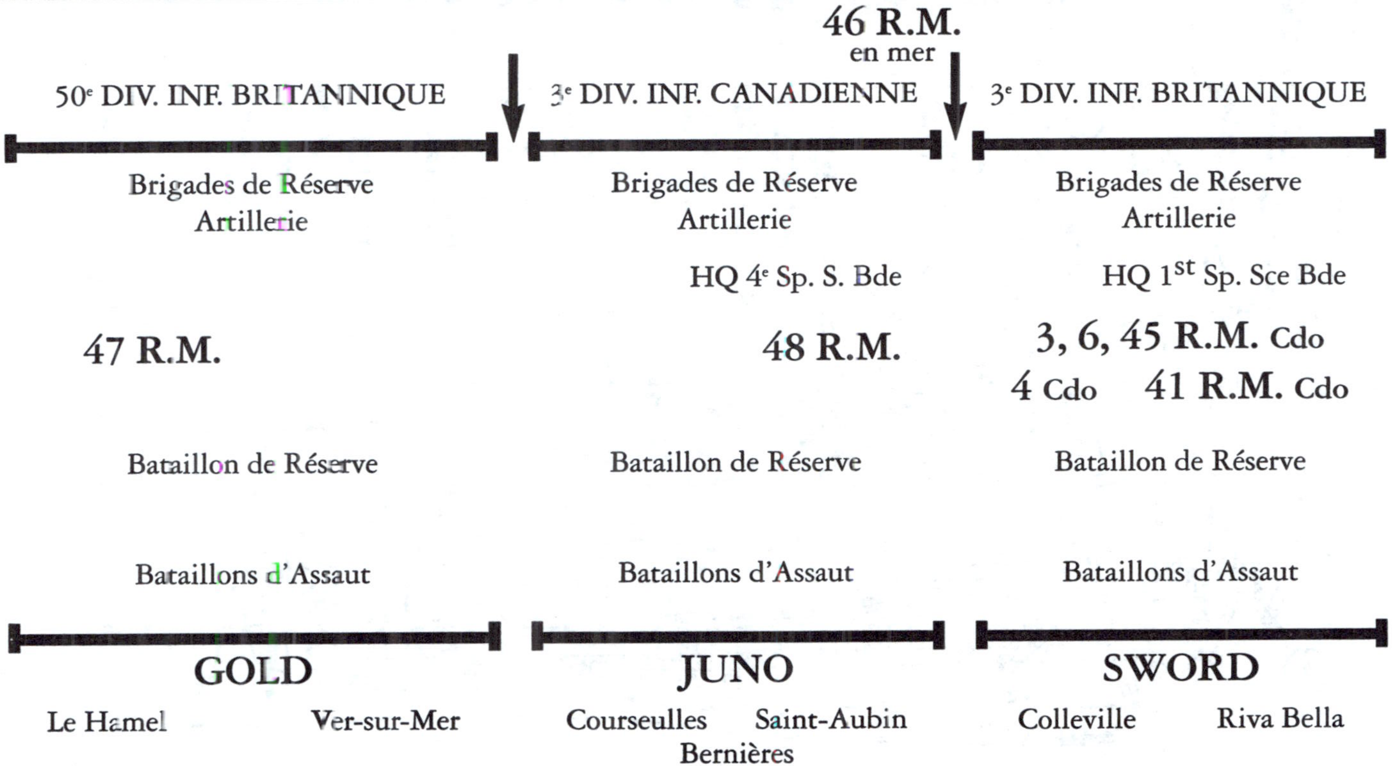

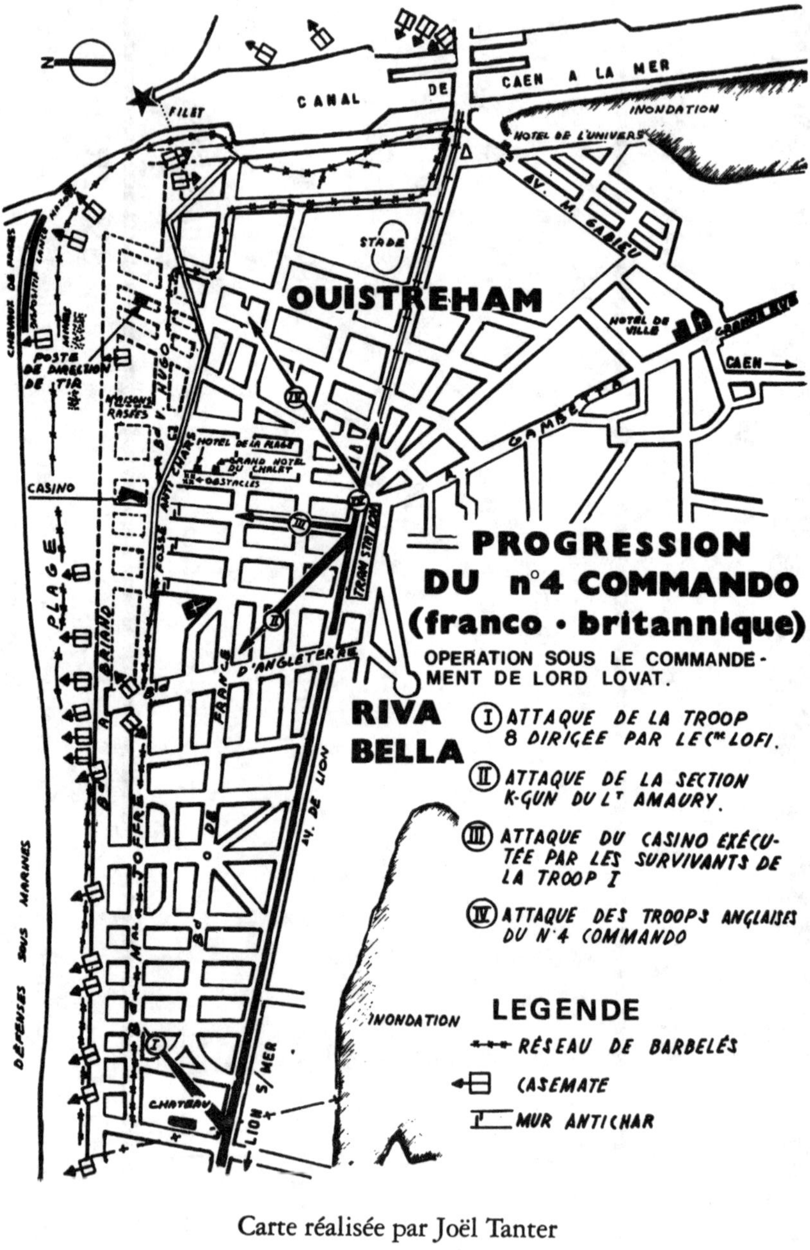

Carte réalisée par Joël Tanter
pour son ouvrage *Caen, une ville trop loin* (Corlet).

CHAPITRE IV

JOUR J

Le départ eut lieu de Warsash, à l'embouchure de la rivière Hamble, dans l'après-midi du lundi 5 juin, tandis que le phono du bord jouait des airs français en notre honneur. Il était 17 h. 30. Le bataillon des commandos français était réparti sur deux L.C.I.S. (barges de débarquement de troupes pouvant contenir environ cent vingt officiers et hommes).

Notre L.C.I.S. rentra presque immédiatement dans la passe de Cowes. Le rideau venait d'être levé sur la plus grande épopée de l'histoire. Une scène gigantesque et grave, un décor d'une puissance grandiose ! Partout des navires et bâtiments qui avaient sillonné les sept mers et s'étaient donné rendez-vous ici groupés pour le grand Jour de la grande « Cause ». Ils étaient de toutes sortes et de tous tonnages, les paquebots de luxe de l'Atlantique et du Pacifique qui avaient connu des croisières illuminées de soleil, les malles-postes de la Manche qui battaient pavillons de France, de Belgique et des Pays-Bas, cargos mixtes et bateaux de pêche et même quelques vieux vapeurs à palettes. Un peu partout aussi, des bâtiments légers à silhouette inédite, sortis des chantiers américains à la chaîne. Plus en retrait, vers la terre, déjà chargés de troupes et représentant une douzaine de types différents, des bâtiments d'assaut aux caractéristiques nouvelles et uniques, bâtis seulement pour la tâche spéciale qui leur était assignée. Des bâtiments et navires partout, partout aussi loin que la visibilité le permettait. Rentrés dans l'anonymat, ils avaient remplacé à leur proue, par des lettres et des chiffres, leurs noms suggestifs et souvent historiques et poétiques.

De longues lignes grises et brisées passaient à travers cette forêt de cheminées, de mâts et d'antennes. C'était la flotte : cuirassés, croiseurs, frégates, corvettes et monitors, immobiles et habillés de leur camouflage de combat. Seuls, les torpilleurs et contre-torpilleurs, chiens bergers alertes, bondissaient en zigzaguant autour de l'immense troupeau.

Au-dessus, le bourdonnement continu et monotone des avions qui passaient sans relâche.

Le soleil se couchait bientôt derrière l'île de Wight dans un ciel de pourpre, le vent fraîchit, la mer devint houleuse. Cap droit devant, des dragueurs, pareils à des bassets, roulant entre les creux de la houle, se dépêchaient vers leurs lieux de « pêche aux mines ».

Je descendis voir mes hommes, dont un certain nombre commençaient à avoir le mal de mer. C'était contrariant, car ils ne pourraient pas profiter de quelques bonnes heures de repos avant la grande tâche qui nous attendait au petit jour.

Après quelques moments passés à revoir les derniers détails, je m'enroulai dans ma couverture, en répétant la prière de Sir J. Astley avant la bataille de Newbury :

« *Lord, I shall be verie busie this day ; I may forget thee, but doe not thou forget me.* »

« Seigneur, je serai très pris ce jour. Je peux Vous oublier, mais Vous, ne m'oubliez pas. »

Je m'endormis presque immédiatement après.

Vers 4 h. 30 du matin, le branle-bas était donné, accompagné d'un copieux petit déjeuner offert par la Marine britannique. Le café fumant semblait meilleur que d'habitude. Les derniers préparatifs étaient maintenant achevés ; mon P.C. et la troop Guy Vourc'h occupaient leurs postes de débarquement ; couchés sur le pont, rucksac au dos, nous étions parés pour la Grande Fête. Soudain, à la même et précise seconde, dans un bruit d'enfer que venait de précéder le roulement de l'écho qui ne devait plus cesser, des milliers de pièces ouvraient le feu. Certaines grosses unités, qu'on ne pouvait distinguer, tiraient à quinze kilomètres ; cependant, la masse sombre du cuirassé *Warspite*, zébrée par l'éclair des départs, se détachait nettement derrière nous. Nous étions encore à huit kilomètres de la côte.

Les torpilleurs avançaient maintenant vers la côte à faible allure, roulant, tanguant, leurs pièces tirant sans arrêt au-dessus de nos têtes. Le ciel était rouge. Un contre-torpilleur passa à grande allure en piquant vers la côte, toutes pièces muettes. Soudain, nous le vîmes virer à angle droit, vomissant un écran de fumée, et disparaître, parallèle à la baie de Seine, couvrant ainsi notre extrême gauche de toute indiscrétion de la part des batteries du Havre. Nous n'étions plus qu'à un mille de la côte. Les bateaux lance-fusées avaient rejoint nos arrières et toutes leurs rangées de tuyaux d'orgue sifflaient sans arrêt des départs de bombes qui montaient à la verticale dans une traînée jaune ; nous ne devions pas être loin du but, les bateaux-fusées étant notre dernier soutien d'artillerie avant l'assaut. La 6ᵉ Division Aéroportée avait déjà été parachutée ou déposée en planeurs, et l'ennemi comprenait qu'il ne s'agissait pas cette fois d'un simple raid. La réponse arrivait maintenant, sévère ; leurs batteries de mortiers et leurs armes automatiques tiraient sans relâche.

Leurs tirs n'étaient pas dirigés sur les grosses unités alliées qui bombardaient la côte, mais plutôt contre la 1ʳᵉ flottille d'assaut qui s'approchait. Jusqu'ici, les coups tombaient court. Nos deux barges de débarquement avançaient comme à l'exercice, cap droit sur la côte. Les Britanniques du 4 Commando étaient dans les « L.C.A. » (barges d'assaut), flanquant notre gauche. On n'apercevait pas la côte, obscurcie par un épais nuage de fumée, mais le contact était parfait sur l'eau entre les barges. Celles des Anglais, plus petites, dansaient sur les vagues courtes. A sept cents mètres, à bâbord, un torpilleur polonais avait sauté sur une mine et sombrait par l'avant. Nous devions être très près de la côte, les obus ennemis nous encadraient sans arrêt. Etions-nous bien devant notre objectif ? Ma montre marquait 7 h. 25. Les deux barges où se trouvaient les commandos français naviguaient à la même hauteur, à cinquante mètres l'une de l'autre.

Soudain, à travers une déchirure dans la fumée, les défenses sous-marines, poteaux et chevaux de frise entremêlés de barbelés, surgirent sur notre avant. Nous étions au but. Un heurt, nos barges venaient de toucher. A ce moment précis, la terre et la mer semblaient soulevées dans un grondement de tonnerre : bombes de mortiers, sifflements d'obus, jappements agaçants de mitrailleuses, tout semblait concentré sur nous. En un éclair, les passerelles sont jetées à terre. Coiffé du béret vert, un premier groupe se rue sur la plage, mais, quelques secondes avant la ruée du second groupe, un obus de 75 mm. emportait les passerelles de la barge dans un déchirement de bois et de métal. Pas une seconde d'hésitation, il fallait débarrasser la barge, atteindre la plage coûte que coûte et vite. La vitesse devenait le facteur principal. Les commandos sautaient de l'avant dans deux mètres d'eau, avec leur paquetage de trente-cinq kilos en plus de leurs armes, et gagnaient pied en quelques brasses. La seconde barge, plus heureuse, avait pu déverser à terre toutes ses troupes au moyen de ses passerelles.

La question primordiale était : « Etions-nous devant notre point de débarquement ? » Oui. Les murs démolis de la colonie de vacances où nous devions nous regrouper pour l'assaut, une fois la plage traversée, étaient droit devant nous. Gloire à la Marine britannique, car trois cents mètres à droite ou à gauche, nous tombions sur des points forts. Au pas de gymnastique, l'arme à la main, mortiers et munitions au dos, sans tirer un seul coup, les cent cinquante mètres de plage étaient traversés, les barbelés cisaillés. Un passage supposé miné était forcé et franchi. Canons, mitrailleuses et mortiers ennemis avaient eu beau jeu avec leur tir d'enfilade ! Les pertes étaient énormes, mais nous étions maintenant accrochés aux murs de la vieille colonie de vacances. Le colonel Dawson, blessé à la jambe en traversant la plage, était atteint de nouveau à la tête ; je n'oublierai jamais sa silhouette mince drapée dans une couverture avec sa mèche blonde couverte de sang, allant d'une troop à l'autre. Les sections se regroupaient, tandis que quelques-unes de nos mitrailleuses, terrées à une dizaine de mètres en avant, débitaient à une cadence réglée. On semblait ne plus entendre les armes de l'ennemi, tant la chanson des nôtres était douce à nos cœurs. Après un rapide regroupement par section et troop, le bilan approximatif des pertes françaises durant les quinze minutes de traversée de la plage s'avérait sérieux. Sur treize officiers dans le bataillon, quatre étaient blessés, dont trois, hors de combat, appartenaient à la même compagnie. Le lieutenant Pinelli, le plus ancien de mes officiers, avait les deux jambes atteintes. Le capitaine Guy Vourc'h, commandant l'une des troops, était également blessé. Parmi les officiers mariniers, la casse avait été sérieuse aussi ; le populaire « Pépé » Dumenoir, qui, pour pouvoir rejoindre les commandos, avait abandonné ses galons de second maître que je lui avais redonnés quelques mois après, était resté le ventre ouvert sur la plage de la Brèche ; il avait demandé aux brancardiers de le transporter de la plage sur la terre ferme et, les yeux fixés vers le Sud, vers Paris, il mourut sans une plainte sur le sol de France. Malgré un éclat d'obus à la cuisse, je gardais mon commandement pour l'assaut. Il manquait environ trente hommes, blessés ou tués, restés sur la plage ; il n'était pas question de s'en occuper. L'assaut devait être donné immédiatement. La seconde vague qui allait suivre se chargerait des blessés. Les Alliés étaient les maîtres de l'air et, jusqu'ici, aucun avion ennemi n'avait paru.

Tout en gardant le commandement des opérations pour les trois troops françaises, je décidais de porter l'assaut avec la troop qui n'avait plus d'officier. Le maître principal Faure la commandait. Il était 8 h. 15. Plus ou moins abrités contre les obus de mortiers qui tombaient sans arrêt, nous étions prêts pour l'attaque de Riva et de Ouistreham. La tâche avait été scindée et l'objectif divisé en secteurs bien nets. Chaque troop porterait l'assaut sur un objectif proportionné à son nombre et à son armement. Elle était également dotée du matériel nécessaire, échelles d'assaut ou lance-flammes, pour surmonter les obstacles qui pourraient arrêter son élan. Les compagnies attaqueraient indépendamment dans leur secteur propre en s'assurant seulement que la liaison fût bien établie avec la compagnie voisine qui la flanquait ; où se terminait la ligne de front d'une troop, celle de l'autre devait commencer.

Les bâtiments détruits que nous occupions en bordure de la plage étaient à hauteur de la grand-route où passe le tramway, et qui sépare la ville et toutes ses villas d'avec la campagne. En suivant donc cette ligne de tramway jusqu'au bout de la ville, l'ennemi, qui occupait les fortifications de la plage, la ville et ses maisons, se verrait totalement coupé de toute communication avec l'intérieur des terres. De l'autre côté, c'était la mer ; il devait mourir ou se rendre.

Nos unités navales avaient allongé le tir de leurs canons pour nous permettre d'attaquer et elles avaient créé un rideau de fer dans la campagne, derrière la ville.

Il était 8 h. 20 quand une troop française, commandée par l'officier des équipages Lofi, Lorrain solide et toujours jovial, s'engagea au pas de course dans la grand-rue. Elle était suivie immédiatement par une seconde, celle des mitrailleuses dites « K guns » [1] et commandée par le lieutenant Amaury, puis la troisième troop française, commandée par le maître principal Faure. Je renforçais, comme déjà dit, cette dernière troop, qui n'avait plus d'officiers, avec le personnel de mon P.C. Les quatre troops britanniques du 4 Commando s'engagèrent une à une derrière nous vers leurs objectifs respectifs. La progression, bien menée, par bonds et en utilisant tout le couvert possible, amena la troop Lofi à la hauteur de son secteur d'attaque. Là, elle abandonna la ligne du tramway pour se rabattre sur la gauche, vers le nord, en direction des villas et de la plage, et pour engager l'ennemi abrité dans ses retranchements. Pendant ce temps, la troop suivante, devenue tête de colonne de tout le commando, continuait la progression pour opérer de la même façon que la première, avec laquelle elle établissait la liaison au moment de lancer son assaut. Il en fut ainsi tour à tour des sept troops du commando. L'avantage de cette tactique était de permettre à chaque troop d'aborder successivement son

1. Mitrailleuses secrètes, courtes et assez légères, ayant un débit aussi puissant qu'une mitrailleuse lourde ; mises en action pour la première fois au moment du débarquement du 6 juin.

secteur en étant assurée de la protection de ses arrières, couverts par les colonnes qui la suivaient. Cette manœuvre permettait aussi, tout en évitant les pertes sérieuses d'un assaut d'ensemble, de garder la possibilité d'utiliser en renfort, sur un autre point de secteur plus résistant, toute troop qui aurait, entre temps, liquidé son objectif propre. A la cadence de chaque dix minutes, un nouvel assaut était ainsi lancé ; bientôt, le combat devenait général et le 4 Commando tout entier était aux prises avec l'ennemi. La plage et la ville se trouvaient maintenant isolées. Nous apprenions par radiotéléphonie que le reste de la brigade des commandos, quarante minutes après l'heure « H », avait pris pied à terre et faisait face à toutes possibilités de contre-attaque allemande venant de l'intérieur.

Il serait trop long de décrire ici l'action particulière de chacune de nos troops et les actes individuels de courage. Sur certains points, l'ennemi faiblissait et, sur d'autres, la bataille faisait rage. Cependant, la troop Amaury, qui avait pour mission de couvrir du feu de ses armes automatiques l'assaut des deux autres troops françaises qui l'encadraient à droite et à gauche, subissait bientôt une perte énorme. Le sous-lieutenant Hubert, l'un des deux plus jeunes officiers du bataillon, belle graine d'une illustre famille de soldats, était tué d'une balle en pleine tête par un « sniper » (tireur d'élite) alors que, couché derrière sa « K gun », calme et précis, il menait un feu dévastateur contre le casino. La troop du capitaine Vourc'h, blessé sur la plage, renforcée de mon poste de commandement, réussissait, en nettoyant maison par maison, à traverser la ville en descendant la rue perpendiculaire à la mer. Nous nous trouvions face à un mur antichars et à environ cent mètres de l'ouvrage fortifié du casino. Nos pertes étaient sérieuses. Entre autres notre « toubib », le capitaine-médecin Lion, garçon d'un grand charme et d'un dévouement sans limite, était tué dans la cour de la dernière maison qui faisait face au casino. Il avait rampé jusqu'à un blessé pour lui porter secours ; allongé près de lui, sa seringue à la main, il se souleva légèrement pour pouvoir plus facilement le piquer, quand il fut atteint mortellement. Toute la résistance ennemie semblait s'être concentrée dans le casino, son réseau de défense et le belvédère sur notre droite. Une dizaine d'habitants sortaient de leurs abris, sentant les maisons de la ville dégagées. Un vétéran de la dernière guerre, Marcel Lefèvre, nous donna des renseignements sur la manière d'atteindre le belvédère et d'éviter les mines. Je fis regrouper la troop à l'abri du mur antichars.

Deux canons de 20 mm. tiraient sans arrêt sur nous du toit bétonné du casino, tandis que des tireurs d'élite nous harcelaient du belvédère. Deux tentatives de mise en batterie de notre arme antichars « Piat » contre les canons du casino furent malheureuses et ses servants blessés.

La radiotéléphonie venait de nous apprendre que six chars Centaure, armés de canons, avaient réussi à débarquer en soutien. C'eût été un suicide inutile de partir à l'assaut du casino avec la compagnie réduite de moitié et sans appui d'artillerie.

Tandis que les commandos, abrités tant bien que mal, continuaient un feu nourri sur le casino, accompagné de mon fidèle « batman » Devager, je refaisais en sens inverse le chemin parcouru pour ramener un char. Il était 9 h. 25 quand le Centaure arriva devant l'obstacle où se trouvaient les commandos. Passant sur un mur adjacent qu'il écrasa, le char vint s'installer face au casino et, à vue, ouvrit le feu. Les deux premiers obus portèrent en plein sur la coupole du casino et les canons ennemis se turent immédiatement, mais leurs armes automatiques continuaient à tirer. C'est à ce moment que, debout sur le char pour guider son tir, je reçus ma seconde blessure à l'avant-bras. Immobilisé à cent cinquante mètres du casino, le Centaure envoyait encore une douzaine de coups. Sans donner à l'adversaire le temps de réagir, nous partîmes de suite à l'assaut du casino, la section Faure attaquant sur la gauche et celle de Lanternier sur la droite. Le belvédère arrêta la section de droite avec un feu meurtrier. Le char s'avança alors dans cette direction et le réduisit au silence avec quatre obus. L'assaut déferla à travers fossés antichars et barbelés, et le nettoyage à l'arme blanche et à la grenade des nids de résistance du système fortifié du casino brisa petit à petit l'opposition ennemie. Les Allemands commencèrent à se rendre et les premiers prisonniers sortirent de leurs abris.

Les résultats des diverses attaques m'arrivaient par agents de liaison et par radio. Les nouvelles étaient bonnes ; ailleurs, les points forts tombaient et de nouveaux prisonniers étaient poussés sans cesse vers la plage.

A 11 h 20, le feu diminua d'intensité et devint sporadique. Quelques moments plus tard, l'ordre arriva pour tout le commando de se rassembler au sud de la ville et de procéder à un appel pour connaître nos pertes. Elles étaient sérieuses, aussi bien dans les troops britanniques que françaises, mais le Commando 4 formait quand même un tout homogène. Je n'oublierai jamais le mot de l'abbé de Naurois que je revis à l'appel après le combat de Riva-Bella : « Commandant, ces hommes ont des gueules superbes. » Lui aussi, ce brave René de Naurois, fatigué, épuisé et ayant dépassé ses possibilités physiques, avait une gueule superbe.

Vers midi, alors que quelques prisonniers étaient amenés, sept bombardiers allemands attaquaient à la bombe. Trois étaient abattus par la flotte anglaise.

Nous venions d'annihiler notre premier objectif : les batteries de canons ennemis de gros calibre capturées, les points forts de la côte s'étendant de Riva à l'embouchure du canal de l'Orne nettoyés, Ouistreham libéré, l'écluse du canal intacte et les rares civils restés dans la ville délivrés. Les pertes ennemies étaient énormes.

A l'écart d'un groupe de commandos qui fumaient une cigarette avec quelques civils, j'entendis la réflexion suivante entre deux jeunes loustics : « Dis donc, t'as vu ça ? Ils sont au poil, les Anglais ; ils ont tout prévu et amené des types qui parlent le français aussi bien que nous. » Leur joie fut débordante quand je leur dis que nous formions un bataillon français avec nos camarades anglais.

A 12 h. 40, nous retournions vers notre lieu de regroupement, non loin de l'emplacement de la colonie de vacances, pour refaire notre approvisionnement en munitions et reprendre nos rucksacs ; personne ne pensait à toucher aux rations de bouche.

Il fallait, sans perdre une minute, gagner le plus vite possible les deux ponts du canal de l'Orne tenus par les parachutistes qui nous attendaient. C'était notre second objectif. Nous partîmes donc en direction de Colleville, direction sud-est, nous enfonçant maintenant vers l'intérieur, les Anglais du 4 Commando en avant-garde et les Français fermant cette fois la colonne. Nous avancions sans opposition sérieuse, à l'exception des mines, qu'il fallait surveiller sur la bordure du chemin, et des tireurs d'élite camouflés et toujours actifs. Saint-Aubin d'Arquenay, abandonné et complètement détruit par nos bombardements aériens et navals, est traversé.

Encore un tireur d'élite allemand camouflé et le lieutenant Amaury a le bras fracassé par une balle.

Hubert tué à Riva, il ne reste plus aucun officier à la troop des « K guns ». Je la rattache à mon P.C. avec le maître Saerens, commandant une des sections, et le second maître Coste en charge de la seconde. Connaissant la qualité des hommes qui composaient cette troop, tels Olivier, Demonet, Rossey, Piriou, je me sentis tranquille.

Les troops françaises avaient à ce moment-là quarante-cinq pour cent de blessés et les tués suivants : capitaine-médecin Lion, sous-lieutenant Hubert, second maître Dumenoir et les commandos Lemoigne, Le Bas, Renault, Rollin, et, dans les quinze jours qui suivirent, le bataillon devait enregistrer la perte de quatorze nouveaux tués : Allard, Croizer, Flescher, Fourer, Gersel, Gourong, Laot, Letang, Monceau, Neven, Péters, Rousseau, Ruppe et Vinat.

Bientôt, c'est l'entrée du village de Bénouville [1] ; plus bas, le pont était tenu par les parachutistes de la 6e Division Aéroportée, et c'est là que nous fîmes jonction. L'ennemi n'avait pas encore été nettoyé de la région du pont. Des tireurs d'élite, accrochés aux alentours, ainsi que le tir de l'artillerie ennemie, rendaient malsain le passage de l'ouvrage. Il était cependant intact et, pour le traverser, il fallut ouvrir un tir de fumigènes sur le côté sud et sur le pont lui-même. Au pas de course et dans une fumée intense, le pont fut franchi au prix de trois blessés seulement.

Nous poussâmes toujours de l'avant pour atteindre bientôt Ecarde sur la grand-route de Cabourg. Il était alors 19 h. 15. Après une conférence avec Lord Lovat, commandant de la brigade, il fut décidé que les troupes du 4 Commando avanceraient encore

---

1. La place principale de cette commune porte, depuis 1946, le nom de « Place du 4 Commando ».

de deux kilomètres vers l'est, prendraient le village d'Amfreville, au nord de Le Plain, et s'y établiraient solidement, avant la nuit, en position défensive, prêtes à repousser toute contre-attaque. Nous arrivâmes vers 20 heures dans Le Plain-Amfreville qui fut pris sans difficulté. Après toute une journée de combats, il fallait tout de suite se mettre au travail et préparer notre position défensive.

Vraiment, nous comprenions alors que la tâche qui nous avait été confiée nécessitait cet entraînement spécial et l'endurance acquise à l'école des commandos. Aucun des nombreux blessés légers n'avait accepté d'être évacué.

A la tombée de la nuit, les dispositions étaient prises : tranchées creusées, obstacles dressés, nids de mitrailleuses bien disposés et camouflés, pièges tendus, les armes antichars Piat en batterie. Entre temps, la liaison avait été établie sur notre gauche avec le 3 Commando de notre brigade et à droite, vers le sud, avec un groupe de parachutistes de la 6e Division et le 6 Commando. Nos flancs étaient donc couverts et notre petite ligne de front continue et sans trous. Nous continuâmes à travailler jusqu'à 23 heures pour consolider la position et attendre avec confiance la contre-attaque inévitable du petit jour. La nuit fut dure. Bien qu'aucune attaque sérieuse ne fût déclenchée par l'ennemi, celui-ci s'infiltra cependant en petit nombre jusqu'au village et nous fûmes toute la nuit sous son tir, d'ailleurs fort imprécis. L'ordre était de ne point répondre pour ne pas dévoiler l'emplacement de nos armes automatiques et garder l'effet de surprise en cas de contre-attaque au matin.

LA CHARNIÈRE DE LA TÊTE DE PONT DE L'ORNE OU LA « DRÔLE DE GUERRE » : TRANCHÉES ET PATROUILLES FAÇON 14-18

Bien situer l'action du 4 Commando, entre la 3ᵉ D.I. à sa droite, la 6th Airborne à sa gauche, est essentiel pour suivre le récit du commandant Philippe Kieffer, en l'intégrant à l'environnement militaire. Ne l'oublions pas : l'objectif espéré pour le soir même du 6 juin, c'est Caen. Et c'est aussi Cabourg, pour l'obstacle protecteur qui serait alors offert par l'estuaire de la Dives.

Quand le 4 Commando bondit de ses barges, les parachutistes de la 6th Airborne occupent déjà le pont névralgique qui entrera dans l'Histoire sous le nom de Pegasus Bridge. Ils tiennent aussi le village de Ranville, une portion des bois de Touffréville. Ils ont détruit les ponts de Troarn, Bures, Robehomme sur la Dives et celui de Varaville sur la Divette. Ils ont enfin neutralisé la batterie de Merville.

La 3ᵉ D.I., quant à elle, a été entravée par la marée montante, les désordres sur la plage, le manque de motorisés ; elle a été ensanglantée, au sortir de Colleville et d'Hermanville, par les pertes subies sous les ensembles fortifiés qui truffent les contre-pentes s'élevant vers le seuil de Caen. Elle sera enfin perturbée dans ses espérances par la contre-offensive de la 21ᵉ Panzer dans l'après-midi, devant Biéville. Elle sera obligée de stabi-

liser son front — pas moins de trente-trois jours ! — devant les bois de Lébisey.

Entre ces deux grandes unités s'infiltre l'itinéraire imposé au 4 Commando, par l'arrière-pays, jusqu'à Saint-Aubin d'Arquenay d'abord, jusqu'au canal de l'Orne ensuite pour y donner la main aux parachutistes.

Jonction accomplie, le 4 Commando montera jusqu'à la crête d'Amfreville qui surveille le site de l'Orne et l'interdit, tandis qu'une de ses unités voisines, le 45 Royal Marine Commando fera une incursion malheureuse jusqu'à Franceville avant d'accomplir demi-tour jusque sous Sallenelles.

Ce que les Britanniques vont appeler la « phoney war » — la drôle de guerre, par dérision pour la même expression de l'automne 1939 — s'installe dans un paysage de marécages infesté de moustiques par millions, bois, buissons, halliers, chemins creux. On y creusera soixante-douze jours durant cagnas, retranchements, trous individuels, parapets. Lassantes patrouilles, mines, balles perdues, rappelleront aux « Anciens de 14 » (il en est encore !) quelques souvenirs. Une vie risquée, morne, s'écoule jusqu'au 17 août tandis que la décision prend forme à l'ouest du front de Normandie.

Les deux brigades de commandos sont alors placées sous commandement du major-général Richard N. Gale, commandant la 6th Airborne : cette division, qui deviendra légendaire et imprégnera cinq décennies le souvenir des Normands, englobera, à partir du 13 août également, brigade belge et brigade hollandaise.

La « tête de pont de l'Orne » s'étend en arc-de-cercle, selon les abords sud de Sallenelles, les hauteurs du bourg (confiées à la 4 Commando Brigade), Amfreville et son site (fief de la 1st Special Service Brigade), la crête de l'Arbre Martin (1st Canadian Parachute Battalion), le site flou du bois de Bavent-Hérouvillette tenu par la 6th Airlanding Brigade, le tout fréquemment remanié avec des relèves d'autant plus nécessaires que les vivres n'arrivent pas toujours à l'heure, que les soins de toilette si chers aux Britanniques sont rares, que les muscles s'ankylosent, que la dysenterie éclaircit les rangs.

C'est la volonté bien arrêtée de Montgomery que d'ancrer ainsi le flanc gauche de la tête de pont alliée. Afin de constituer une charnière — le mot entrera dans l'Histoire et aura le don, à travers les communiqués entendus grâce aux postes à galène, d'irriter les Caennais au fond de leurs caves — autour de laquelle les armées pivoteront afin d'occuper leur lodging area *: l'espace Seine-Loire jusqu'au seuil de Bourgogne, rendez-vous avec le futur débarquement de Provence, et tremplin vers l'Allemagne.*

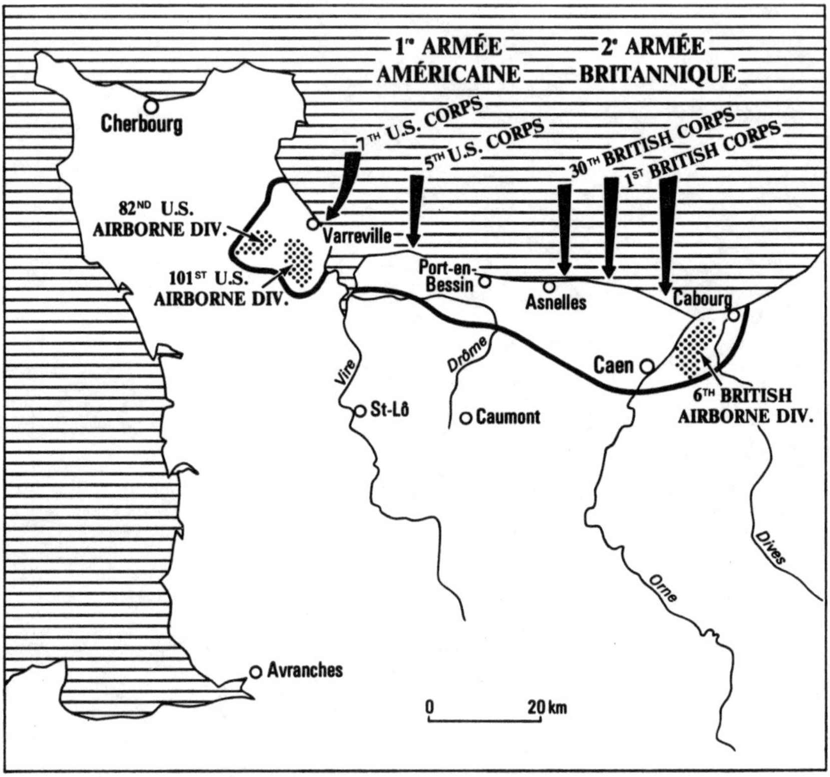

Atteindre la Dives à Cabourg
pour le soir du 6 juin est une ambition
confiée à la 4th Special Service Brigade.
Mais l'objectif ne sera atteint que… le 22 août.

ORGANIGRAMME DU N° 4 COMMANDO — 6 JUIN 1944

PREMIÈRE BRIGADE SPÉCIALE
QG : général de Brigade Lord Lovat

- N° 3 Commando
- N° 4 Commando — QG : colonel R.W.P. DAWSON
  - Effectifs britanniques : 465 hommes
    - QG : major MENDAY
    - Services administratifs
    - Service médical
    - Renseignements
    - Transmissions
    - Transports
  - Effectifs français : 177 hommes (1er BFMC)
    - QG : commandant KIEFFER
    - Services administratifs
    - Service médical
    - Renseignements
    - Transmissions
    - Transports
  - Troop A
  - Troop B
  - Troop C (Parachutistes)
  - Troop D (Mortiers)
  - Troop E
  - Troop F
  - Troop 1 — 65 hommes
  - Troop 2 — 68 hommes
  - Section mitrailleuses — 24 hommes
- N° 6 Commando
- 45e RM Commando

Effectifs par troop : 50/70 hommes

- QG : capitaine
  Transmissions + agent de liaison
  Infirmier
  - Section 1
    Effectifs : 30 h.
    Chef de section : lieutenant
    Agent de liaison
  - Section 2
    - demi-section
    - demi-section
      sergent
      caporal
      12 hommes

1. fusil mitrailleur Bren par section.
1 P.I.A.T. (Projectile Infantry Anti-Tank) et 1 lance-flammes par troop.

Extrait de *Le Commando du 6 Juin*, par Raymond La Sierra (Presses de la Cité), avec l'autorisation de l'éditeur.

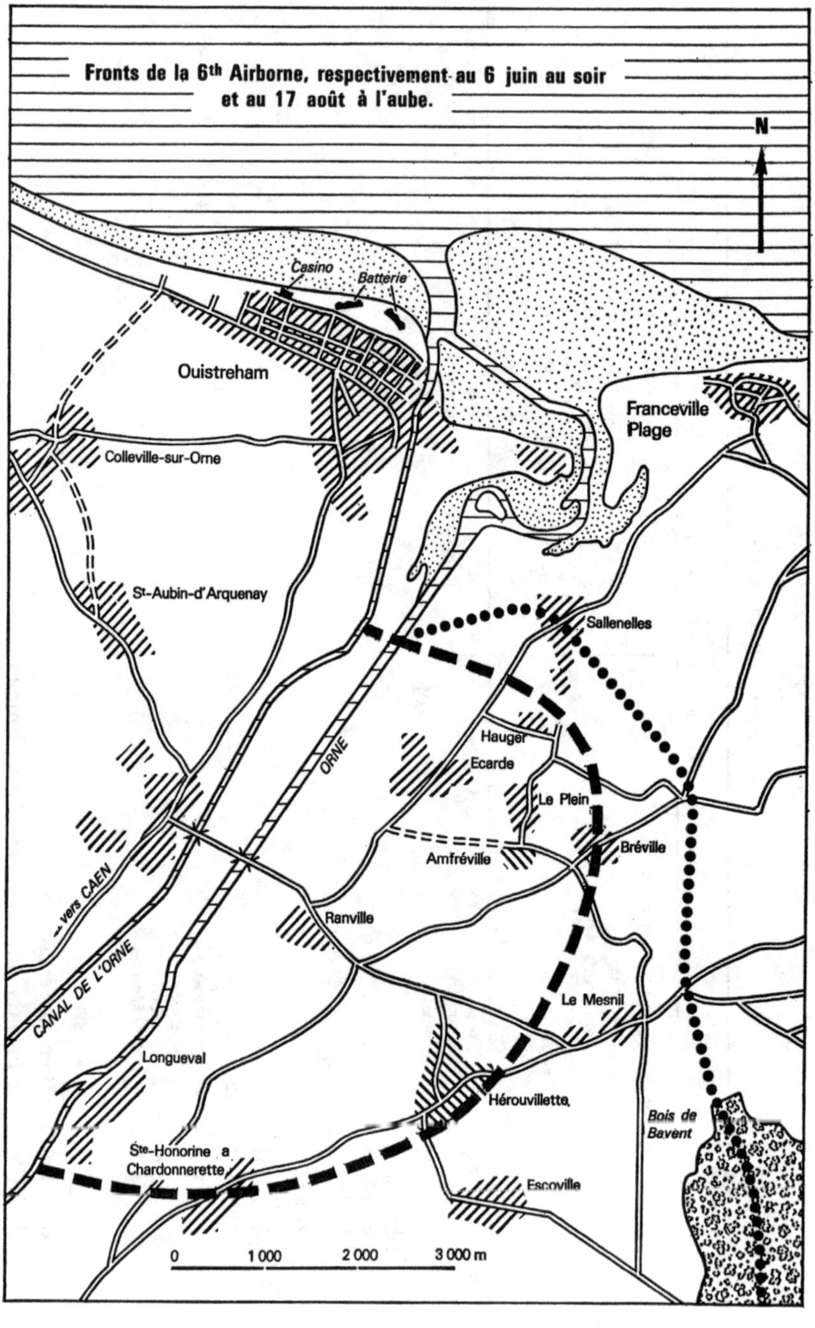

Carte extraite de *Opération Paddle*,
par Eddy Florentin (Presses de la Cité).

CHAPITRE V

LA TÊTE DE PONT A L'EST DE L'ORNE

7 juin 1944.

A l'aube de ce deuxième jour, aucune contre-attaque en force... Nous n'avons cependant aucune idée de l'importance de l'armement de l'ennemi qui se trouve en face de nous et à deux cents mètres tout au plus. L'inconnu est un handicap terrible dans la guerre. Il nous arrive des rafales de mitrailleuses et les balles claquent un peu partout. Il faut à tout prix commencer à organiser des patrouilles ; nos agents de liaison se dépensent pour tenir le contact sur nos flancs, tandis que le bataillon tout entier, ou plutôt ce qu'il en reste, se tient terré, paré à toutes éventualités. La plupart de nos postes de radio, mouillés au moment du débarquement et durement traités durant toute l'attaque, sont réparés, donnant maintenant les meilleurs résultats. Nos transmissions, la veille, avaient laissé beaucoup à désirer.

En faisant le point, il ressort que, quarante-huit heures après notre départ d'Angleterre, nous sommes à quatorze kilomètres à l'intérieur des terres et que la brigade des commandos a atteint tous ses objectifs, à l'exception du village de Salenelles, très fortifié, contre lequel le 45 R.M. Commando s'est heurté. Le passage du canal à Bénouville et celui de l'Orne à Ranville sont solidement tenus ; notre tête de pont à l'est de l'Orne est fortement établie. Des Jeeps s'affairent, venant de la plage jusqu'à la ligne de combat, déchargeant ravitaillement et munitions. Mais la grande question est pour nous : « Que se passe-t-il ailleurs ? » En fin d'après-midi, juste avant la tombée de la nuit, par un ciel pur, nous assistons à un spectacle d'une puissante grandeur qui fortifie notre foi et nous fait comprendre que nous tenons l'initiative. Un ronflement de moteurs, faible d'abord, venant du nord en direction de la mer, se transforme bientôt en un grondement sauvage et, derrière nous, partout dans le ciel, surgissent des transports géants, chacun abritant sa couvée de planeurs. La seconde moitié de la 6e Division Aéroportée vient prendre place, avec son matériel splendide, à côté de ses frères d'armes parachutés ou déposés la veille. Quelques timides panaches en blanc et en noir de la D.C.A. allemande souillent de temps en temps le ciel, sans succès. Les planeurs sont lâchés, un à un, et disparaissent à nos yeux derrière les haies où un herbage hospitalier les recueille. Quoi qu'il puisse arriver cette seconde nuit, nous savons que du renfort est prêt de l'autre côté de l'Orne.

8 juin 1944.

Vers deux heures du matin, un message laconique nous vient du P.C. de la brigade : « Chars d'assaut signalés sur votre droite, dans le sud, à environ deux kilomètres » Nous n'avons encore aucune artillerie, les quelques canons antichars de 37 mm. de la 6e Division Aéroportée, arrivés en planeurs, gardent l'Orne derrière nous. Cependant, nos guetteurs ne signalent aucun bruit de moteurs ou de chenilles raclant les routes. Une patrouille part dans la nuit, en éclaireurs, direction Bréville. Ils poussent prudemment en bordure de la grand-route à une centaine de mètres au-delà de nos avant-postes. Tout semble calme et nous en profitons pour installer et camoufler nos quatre tubes portatifs Piat, seules armes antichars que nous possédons : deux de chaque côté de la route, à hauteurs différentes. La consigne est de se laisser dépasser par les chars ennemis d'environ soixante mètres et d'ouvrir le feu. Une section est prélevée et gardée en réserve pour contre-attaquer les premiers éléments d'infanterie ennemis qui suivraient indubitablement les chars.

A la pointe du jour, un char à l'allure timide sort sa tourelle comme une tortue sa tête et disparaît à nouveau dans un bruissement de branches derrière le mamelon de Bréville. Le silence impressionnant de gens qui se guettent continue pendant plusieurs minutes, puis le même manège se répète. Un moment plus tard, un bruit de chenilles qui s'éloigne nous fait comprendre que les deux chars, isolés et inquiets, redoutent une surprise. On ne devait plus les revoir. Nous apprenons ce même soir, au Quartier Général de la 6e Division Aéroportée dont nous faisons partie, que toutes les forces motorisées allemandes ont reçu l'ordre de se concentrer dans le sud de Caen. En effet, la ville de Bayeux est occupée par les Alliés, nos chars d'assaut débarquent sans arrêt tout le long de la côte à l'ouest de l'Orne et représentent déjà une force inquiétante pour l'ennemi.

Les services de l'Intelligence britannique nous donnent en même temps un aperçu général de la situation des divisions motorisées allemandes sur le front de l'Ouest. Les chars que nous avons aperçus au cours de la journée appartiennent au 21 Panzer, qui se trouvait dans le secteur de Caen au moment du débarquement. Le commandement allemand avait donné, en outre, l'ordre aux divisions motorisées suivantes de rejoindre le front de Normandie avec toute la célérité possible : le 12 SS Panzer qui se trouvait à Evreux, le 17 SS Panzer Grenadier au sud de la Loire, le 116 Panzer au nord de la Seine, le 2 Panzer dans la région d'Amiens, le 11 Panzer à Bordeaux, le 1 SS Panzer sur la frontière belge, le 2 SS Panzer région de Toulouse, le 9 Panzer région d'Avignon et la Division Panzer Lehr qui se trouvait à Chartres. Ces neuf divisions motorisées avaient donc reçu, dans les quarante-huit heures qui suivirent le débarquement en Normandie, l'ordre de rejoindre le nouveau front par tous les moyens possibles et immédiats pour être en état d'écraser les forces alliées avant que le débarquement de nos forces motorisées soit terminé à Arromanches et déployé.

Ce même matin, le 6 Commando reçoit l'ordre de la brigade de dégager Bréville en s'appuyant sur le 1er Bataillon français qui se trouve sur sa gauche. L'attaque, qui débute par des infiltrations d'avant-postes, devient extrêmement violente dans le milieu de l'après-midi. Dans Bréville en flammes, c'est le combat sans merci à la grenade et à la mitraillette se terminant souvent aussi par le farouche corps à corps où jouent le poignard et la baïonnette. Le cimetière de Bréville, labouré trois jours auparavant par les canons de gros calibres de la flotte, sa vieille église en ruine, ressemblent en cette fin de jour d'été à un tableau du Jugement dernier. Dans un coin, le corps plié sur le mur bas, les yeux sans couleur, un uniforme vert a encore ses doigts exsangues cramponnés au fusil du commando qui l'a embroché. Son adversaire, géant blond en kaki, atteint mortellement aussi d'une balle dans le dos, est encore debout, la main crispée sur son arme, son corps de géant en équilibre contre une grande stèle de marbre, un pied dans une tombe défoncée.

Notre ligne de front passe maintenant dans Bréville nettoyée, où il ne reste plus une seule maison intacte.

9 et 10 juin 1944.

Durant chaque heure de ces quatre journées qui suivirent le débarquement, notre vie, par la tension continuelle d'un front vital à tenir coûte que coûte en face d'un adversaire pouvant disposer de réserves, devient une rude leçon d'endurance. La situation est simple : tenir sans aucune défaillance ; inutile et impossible de passer à l'attaque, aucun renfort n'est prévu pour nous. Tous les efforts du débarquement sont portés vers le débordement à l'ouest et nous devons faire échouer, avec l'effectif réduit des deux brigades de commandos et de la 6e Division Aéroportée, toute tentative ennemie pour s'emparer des ponts de l'Orne. Il en existe maintenant quatre, de Ouistreham à Colombelles. Pour comble de malheur, le mauvais temps empêche le débarquement du ravitaillement. Munitions et vivres nous sont parachutés pendant trois ou quatre jours. Dans la matinée du 10 juin, après un violent tir de mortiers, une attaque, forte de deux bataillons allemands, est lancée contre les positions de notre brigade. L'ennemi réussit à s'infiltrer à travers notre flanc gauche.

Plusieurs contre-attaques d'une vigueur extrême sont menées pendant trois heures avant de réussir à rétablir la situation. Dans l'après-midi, une autre attaque ennemie prend forme. Repoussée avec des pertes sérieuses, elle est renouvelée à trois reprises jusqu'à la tombée de la nuit.

Au cours de ces contre-attaques allemandes, Guy de Montlaur, maréchal des logis aux Dragons, volontaire aux commandos et devenu, pour les besoins de la cause, second maître fusilier marin, fin cavalier et tout aussi bon commando, défendait, avec une section de la troop Vourc'h, un des coins les plus violemment contre-attaqués par les Allemands. Il venait d'avoir hors de combat, coup sur coup, le tireur d'une de ses mitrailleuses Bren et le servant qui l'avait remplacé. Un Allemand, couché dans les herbes à quelque cent mètres en face de sa section, s'était soulevé à deux reprises et avait touché tour à tour ses deux mitrailleurs. Montlaur, indigné d'une telle impudence, s'avance en rampant près de la mitrailleuse visée, et, se mettant d'un bond debout près de son arme automatique, son fusil à la main, s'offrit ainsi comme troisième cible au tireur d'élite allemand.

A peine celui-ci s'était-il soulevé pour ajuster sa troisième victime, Montlaur, calme et précis, le recouchait d'une balle à la tête. C'est aussi au cours d'une de ces contre-attaques que le beau et intrépide Laot trouva la mort dans un combat à la baïonnette, isolé et seul contre trois Allemands à la fois. Il en avait descendu deux avant de tomber. Quand son corps fut ramené le soir, les jolies filles d'Amfreville et de Bréville pleuraient...

En fin de compte, non seulement nous n'avons pas perdu un pouce de terrain, mais nous réussiront à établir un poste d'observation à cent mètres en avant de nos positions. La bataille pour la hauteur de Le Plain se trouve définitivement gagnée.

Dans la soirée du même jour, ma blessure à la jambe, mal soignée durant ces combats incessants des quatre premiers jours, s'était infectée sérieusement, et le toubib ordonna mon évacuation. Je ne pus obtenir un sursis et Lord Lovat dut intervenir pour me donner l'ordre de partir. C'est avec des larmes de rage que je passai mon commandement et le fanion du bataillon que je portais sous ma vareuse à mon officier en second, l'officier des équipages Lofi. Le 11 juin au matin, j'étais dans un hôpital du sud de l'Angleterre en bonnes mains. Des injections de pénicilline à haute dose commencèrent immédiatement pendant la traversée et, grâce aux soins magnifiques que je reçus, je pouvais être opéré trois jours après mon arrivée en Angleterre, et, le 13 juillet, mes blessures presque fermées, je rejoignais mon bataillon.

Durant mon court séjour à l'hôpital, je reçus des lettres émouvantes de divers commandos britanniques et français, qui continuaient le combat en Normandie ou qui se trouvaient blessés, comme moi, dans les hôpitaux en Angleterre [1].

Je retrouvai bientôt, et avec quelle joie, tous mes braves gars, très fatigués mais le moral inébranlable. L'officier des équipages Lofi, avec l'initiative propre aux commandos, avait montré pendant mon absence toute sa valeur et s'était fait une solide réputation près des Britanniques. Le petit renfort, que j'avais demandé à l'amiral pendant mon séjour à l'hôpital pour boucher nos trous, était arrivé entre temps, sous le commandement du capitaine de Willers, qui avait secondé Lofi d'une façon très efficace avec sa connaissance parfaite de la langue anglaise. Le surlendemain de mon retour, 15 juillet, j'étais informé par le Quartier Général de la brigade d'avoir à me présenter, « Spit and Polish » (astiqué), dans les carrières d'Hérouvillette, pour recevoir, des mains mêmes du maréchal Montgomery, l'Immediate Military Cross que m'avait décernée Sa Majesté britannique.

10 juin au 26 juillet 1944.

Nous savons, par nos services de renseignements et les prisonniers, que les troupes qui sont en face de notre secteur sont en nombre cinq fois supérieur. Afin de tenir le Boche en haleine et

1. Voir Appendice I.

lui faire croire à notre esprit offensif, nous organisons, chaque nuit, des patrouilles, profondes quelquefois de deux kilomètres dans ses lignes. Les hommes préfèrent cent fois tomber dans ces randonnées de nuit que de figurer parmi les cinq ou six tués ou blessés que nous comptons chaque jour par l'effet de l'artillerie adverse, ou parfois des bombardiers légers, qui nous rendent une courte visite à la chute du jour.

Dans la brigade, les patrouilles de nuit deviennent une sorte de compétition pour le commando.

Spécialiste du combat dans l'obscurité, dès le crépuscule, il trouve un développement extraordinaire de tous ses sens. L'Allemand, au contraire, craint la nuit et déteste se battre contre ces hommes au visage maquillé de noir qui arrivent toujours par où ils ne sont pas attendus.

Ces sortes d'expéditions rappellent aussi au commando sa raison d'être. Il a peur d'être considéré comme un vulgaire fantassin.

Il devient de plus en plus difficile de satisfaire les plaintes de ceux qu'un autre devoir retient.

Voici ce brave Chouteau, puis les épaules carrées de Boulanger. « Commandant, voici trois fois que mon tour de patrouille est renvoyé. Le Rigoleur a été blessé ce midi et je suis désigné pour prendre cette nuit sa Bren dans une sous-section de réserve pour contre-attaque. Encore une nuit de fichue, les Boches ne viennent plus et il faut aller les chercher. » Suivaient : Le Morvan, Moguerou, Yves Vourc'h, frère du capitaine, Folliot, le mangeur de verres, Zivohlava, ex-légionnaire devenu Gauthier au commando, Paillet, etc... Tous réclament leur tour de patrouille.

Il faut tout de suite, devant d'aussi justes plaintes, établir un roulement extrêmement strict, pour satisfaire chacun. Tout le long de la ligne de front de la brigade, chaque unité a son propre secteur de patrouille, sa chasse gardée. Voici l'histoire, et elles sont quotidiennes, d'une patrouille britannique du 4 Commando anglo-français :

Le lieutenant Littlejohn, du 4 Commando, et un sergent sont partis à la tombée du jour. Ils rendent visite à la grande ferme du Buisson. Elle est composée de trois bâtisses encore debout et pas trop maltraitées. On aperçoit la ferme durant le jour entre les deux lignes et, bien qu'elle soit à toucher les lignes allemandes, elle reste inoccupée ; c'est la maison hantée du secteur. Le plus grand calme y règne le jour, mais aussitôt l'obscurité venue, des choses extraordinaires et mystérieuses s'y passent. Elle est visitée presque tous les soirs, et chaque visite provoque une nouvelle surprise.

Une fois, c'est un repas non terminé, ou, souvent, une musette abandonnée avec son contenu. Une carte dépliée, ou un sketch [1] du terrain laissé pour confondre l'adversaire. Un Allemand tué est resté en travers de la porte plus de six jours. On retrouvait chaque soir cette sentinelle refroidie que les Allemands ne venaient pas enterrer. En fin de compte, il fut mis en terre par les nôtres, qui commençaient à trouver que leurs visites du soir à la grande ferme du Buisson étaient gâchées par l'odeur fétide que ce corps en putréfaction dégageait, et aussi parce qu'ils finissaient par se sentir espionnés par la présence muette de cet uniforme ennemi.

Armés de quatre grenades « mills », du revolver et du poignard, le lieutenant Littlejohn et son sergent sont bientôt dans le secteur extra-dangereux, glissant comme des couleuvres autour des bâtisses, ils dépassent la ferme en direction des avant-postes ennemis. Le terrain est difficile et ils rampent collés au sol. Il faut aller très lentement, le Boche est là quelque part, car aucune fusée ne monte encore dans le ciel. Les commandos photographient dans leur mémoire les distances et les positions exactes des lignes d'avant-postes ennemis, établis le long de la route de Gonneville à Longuemarre, et cherchent le meilleur endroit par où ils vont pouvoir pénétrer vers les arrières ennemis. La ligne, hélas! est continue et la nuit est déjà avancée ; ils décident donc de rester cachés dans un fossé, à trente mètres des postes ennemis, pour mieux observer et pouvoir s'infiltrer la nuit suivante. La nuit du second jour venue, leur décision est prise. Ils ont choisi un passage propice entre deux postes et commencent alors à ramper le long de la route vers le point repéré. La grand-route traversée, le lieutenant Littlejohn lève légèrement la tête dans l'obscurité pour observer. Le canon d'un fusil se trouve brusquement entre ses deux yeux. Le

1. Croquis.

coup part, mais le lieutenant Littlejohn a eu le temps de soulever le canon du fusil ; la balle passe à lui frôler le crâne, mais sa grenade est déjà lancée.

Il bondit vers le fossé de la route pour chercher un abri contre le crépitement des mitrailleuses et des fusées qui montent dans le ciel. Touché sérieusement à la jambe par trois balles de mitrailleuse, le lieutenant Littlejohn réussit cependant péniblement à regagner, sur le ventre, le fossé protecteur. Son sergent tombe, criblé de balles, quelques mètres plus loin. Couché dans son trou, le lieutenant Littlejohn fait son pansement et observe un moment. Une fois le calme revenu, il essaie une nouvelle sortie pour finir d'accomplir sa mission. C'est le bon moment : l'adversaire, persuadé de l'anéantissement de la patrouille, sera moins vigilant. Hélas ! il est touché sérieusement et perd beaucoup de sang. Sa jambe morte l'empêche de bouger et il reste étendu dans son fossé, face aux étoiles. Environ deux heures plus tard, une patrouille arrive prudemment des lignes ennemies pour se rendre compte des résultats de l'accrochage. Débouchant sur le lieutenant Littlejohn, étendu dans le fossé, un des soldats allemands, surpris, décharge son fusil à une distance de deux mètres et le manque. Le lieutenant Littlejohn fait le mort, n'ayant pas la force de remuer. La patrouille s'empare de son revolver, de ses grenades et munitions et l'un des soldats allemands s'assure alors de sa mort en retournant son corps d'un coup de pied après l'avoir piqué à la face de sa baïonnette.

Malgré ses atroces souffrances, le lieutenant Littlejohn ne bouge pas et continue à faire le mort. Les Allemands disparaissent, le laissant dans le fossé. Suivant la stricte coutume des commandos, il ne portait aucune pièce d'identité ou papiers d'aucune sorte.

Le lieutenant Littlejohn, après leur départ, se trouve de plus en plus faible et n'espère qu'en une intervention rapide de nos lignes pour le dégager. Mais voici, à la pointe du jour, deux pilleurs ennemis ; le lieutenant Littlejohn ferme les yeux et respire à peine. Les deux Allemands le traînent en dehors du fossé, sur la route, et le délestent de ses brodequins et de sa vareuse, prennent sa boussole, ses jumelles et sa montre et le laissent à moitié nu. Il se laisse faire. Bientôt, les deux pillards retournent vers leurs lignes en emportant leur butin. Dans l'état d'affaiblissement où il se trouve, le lieutenant Littlejohn perd une journée tout entière à franchir les six mètres que représente la largeur de la route. De temps à autre, s'aidant de la jambe valide, il avance sur le dos, de quelques centimètres seulement toutes les heures, afin de ne pas attirer l'attention sur le supposé cadavre que l'ennemi a sorti du fossé et laissé sur la route. Peut-être l'observe-t-on ? Cette tactique d'avance imperceptible a porté ses fruits ; à la chute du jour, il est sur l'autre bord de la route, sans avoir déployé un gros effort physique, ce qui lui a permis de reprendre un peu de force. Il se laisse glisser en contre-bas et commence péniblement, au début de cette troisième nuit, à couvrir les quinze cents mètres qui le séparent de nos lignes. Vers quatre heures du matin, il est enfin ramassé à une centaine de mètres en avant de nos lignes, épuisé et ayant perdu connaissance. Quelques heures plus tard, il était à même de faire son rapport et de donner un croquis des postes ennemis indiquant le passage possible à travers les lignes allemandes.

Chaque jour, l'ennemi se terre de plus en plus, et, comme nous n'arrivons plus à rencontrer ses patrouilles dans nos randonnées nocturnes, on organise quelques jours plus tard une petite mise en scène qui, nous l'espérons, servira d'appât au Boche. Le 3 Commando, qui possède en nombre suffisant des armes allemandes, est tout désigné pour jouer le premier acte de la comédie.

Au début de la soirée, un petit groupe de commandos, ayant le rôle de patrouille ennemie, armés d'armes automatiques et de grenades allemandes, s'installe entre les lignes dans des trous individuels creusés à cet effet la nuit précédente. La brigade entière est au courant du piège et les ordres de tir sont stricts ; aussi, le plus grand silence règne-t-il tout le long du front de la brigade. Vers minuit, soudain, un feu bien nourri est ouvert en direction de nos lignes : c'est le crépitement d'armes automatiques allemandes. Les commandos, dans leur rôle d'ennemis, simulent un danger imminent et tirent dans la direction de nos lignes. Bien entendu, leur tir est mauvais et nous entendons les balles passer au-dessus de nos lignes. Au bout d'un moment, la riposte part de notre ligne de front avec, cette fois, la cadence moins sèche de la mitrailleuse anglaise. On dirait à s'y méprendre un vrai accrochage. La direction et la précision du tir ouvert de nos lignes sont également mauvaises. Les armes allemandes maniées par la fausse patrouille se taisent un moment et des grenades éclatent avec la détonation familière aux « grenades à manche ». Des cris en allemand partent des trous occupés entre les lignes par nos commandos, les pseudo-ennemis, qui demandent du secours.

Les Boches vont-ils tomber dans le panneau et sortir pour porter secours à ceux qui sont supposés être leurs camarades et qui sont attaqués ? On attend avec impatience le moment où les armes automatiques allemandes vont être retournées contre les vrais ennemis qui viendront porter secours. Hélas ! rien. Piège éventé ou non, les ordres de l'adversaire doivent être sévères : rester sur la défensive. Ecœurés devant un tel manque d'enthousiasme, l'équipe des faux ennemis tourne cette fois ses armes contre les lignes allemandes et les mitraillent pendant dix bonnes minutes. Le même silence règne. Pas de riposte ; décidément, ils ne sont pas agressifs. Le rideau est tiré sur le seul acte de la comédie et les acteurs reviennent dans nos lignes.

Devant la ferme résolution de l'ennemi de ne pas sortir de ses positions, nous groupons des équipes de tireurs d'élite qui partent chaque jour en chasse par paires. Ils restent des heures entières camouflés à deux ou trois cents mètres avec leurs fusils surmontés de la lunette télescopique, le camouflage de l'homme et du fusil atteint le degré de l'art. Malheur à l'imprudent qui s'oublie à montrer la plus petite partie de sa personne ! Aussitôt le gibier touché, le chasseur change immédiatement de position et disparaît pour aller se camoufler ailleurs. A partir de ce moment-là, il devient évident que l'ennemi n'a plus aucune initiative et tout le terrain entre ses lignes et les nôtres est indiscutablement notre propriété.

Une autre nuit, une de nos patrouilles pénètre inaperçue en arrière des lignes ennemies. Elle vient faire des prisonniers. Elle arrose copieusement de grenades l'avant-poste derrière lequel elle se trouve. L'ennemi est stupéfié en se sentant attaqué dans le dos, et aucun d'entre eux n'ose tirer pour ne pas dévoiler sa position et aussi de peur peut-être de toucher des camarades allemands. Une confusion complète règne, les soldats affolés vont s'embrocher aux baïonnettes noircies des commandos qui leur crient en allemand, dans l'obscurité, de se diriger vers eux. Un soldat ennemi se trouve nez à nez avec un des commandos, le sergent Scherer, Alsacien, qui parle l'allemand couramment, et lui demande ce qui se passe. Celui-ci lui répond qu'une partie de la ligne est encerclée, mais de le suivre vers un passage qu'il connaît. Il suit comme un mouton le reste de la patrouille qui le ramène, avec trois autres prisonniers, dans nos lignes.

*
* *

On s'organise. Certains éléments de tranchée sont devenus des travaux d'art où le bois et la terre, voire la pierre, mettent à l'abri des éclats et permettent de récupérer quelques heures de sommeil.

C'est à cette date que le bataillon découvrit l'existence, à quelques kilomètres en arrière de nos lignes, d'une grande Française qui, bien vite, devint populaire au bataillon. Mme Vion, directrice de la maternité de Benouville, qui avait aidé les parachutistes anglais dans la nuit du 5 au 6 juin, apprenant l'existence du bataillon français, nous étendit une invitation sans limite dans le château qu'occupait la maternité, à quelque cent mètres du pont Pégasus. Les hommes et officiers, par groupes de deux ou trois, à tour de rôle, descendaient chaque jour au château pour profiter d'un bain chaud. Mme Vion, personnage notoire de la Résistance normande, reçut plus tard, pour son travail plein de risques qui avait précédé le Débarquement, et spécialement pour son aide magnifique aux parachutistes dans la nuit du 5 au 6 juin, la Croix de Guerre.

Depuis le début de notre campagne, le 1er Bataillon de fusiliers marins n'a jamais laissé un prisonnier aux mains des Allemands. Les patrouilles ramènent toujours leurs blessés. Un soir, cependant, deux commandos qui s'étaient avancés à six mètres face à un abri allemand, sont repérés et un violent tir de barrage ennemi les blesse tous deux. L'un, atteint d'une balle qui lui a traversé la main, réussit en rampant à regagner nos lignes ; l'autre, sérieusement touché au ventre, malgré une tentative de retour, est manquant. A la nouvelle de sa disparition, environ une demi-heure après, une section entière attaque l'élément de tranchée ennemie devant lequel le commando blessé est resté. Chez l'ennemi, nous faisons des morts, mais nous devons nous retirer sans emporter notre blessé. Ce sera le seul prisonnier que nous laisserons entre les mains allemandes pendant nos onze mois de combats. Nous apprenons que son corps a été retrouvé plus tard, pendu dans le bois de Bavent. Bien que blessé, il a été exécuté, sans doute pour avoir refusé de parler. Durant toute cette période, notre ténacité à contenir la pression allemande vers l'Orne et le canal porte ses fruits. Le 1er Corps d'Armée britannique, avec ses divisions blindées et tout son matériel, passe les ponts et, à travers l'étroit corridor compris entre l'Orne et la ligne de front tenue par les Aéroportés et les Commandos, courant de Franceville à Troarn, dégage Caen le 9 juillet et commence la poussée vers le sud-est le 18 juillet.

Etablis et isolés dans la tête de pont de l'Orne vingt-quatre heures après le débarquement, avec des effectifs réduits à 50 %, sans jamais un moment de repos et combattant un ennemi au moins cinq fois supérieur en nombre, la récompense de ces six semaines de féroces combats arrive le 22 juillet sous la forme du message suivant:

Sir Bernard Montgomery, K.C.B., D.S.O.,
commandant en chef du 21e Groupe d'Armée,
au
général de division R.N. Gale,
D.S.O., O.B.E., M.C.,
commandant la 6e Division Aéroportée
et les 1re et 4e Brigades de commandos,

Officiers et soldats de la 6e Division Aéroportée et commandos des brigades S.S., vous tous avez dû sentir une immense fierté le 18 juillet, quand cette attaque mémorable qui allait jaillir vers la pleine campagne en direction du sud-est de Caen a été lancée, appuyée sur vous à travers la tête de pont tenue par vous.

Les troupes sous votre commandement ont capturé et établi cette tête de pont le Jour « J » — 6 juin — et l'ont tenue avec une ténacité héroïque à partir de ce moment.

Vos troupes ont dû souvent se demander pourquoi tant de sacrifices étaient nécessaires pour obtenir et tenir cette tête de pont. Maintenant, ils en connaissent la raison ; et ainsi la cause des Alliés tout entière récolte la moisson qui a été si libéralement semée par vos troupes. Beau travail. J'envoie mes félicitations au général Gale et à tous les officiers et soldats sous son commandement.

B. MONTGOMERY.

Réponse du Général Gale, D.S.O., O.B.E., M.C.

Mon cher général,

Vous avez confié à la 6ᵉ Division Aéroportée et à la 1ʳᵉ Brigade des commandos sous mon commandement, la mission de saisir les passages de la rivière Orne et du canal de Caen, et de créer une large tête de pont solidement assise à l'est de la rivière et du canal.

Je parle au nom de tous les officiers et soldats sous mon commandement, quand je dis que nous avons été tous extrêmement fiers d'avoir été choisis et considérés comme capables de jouer un pareil rôle dans cette bataille. Beaucoup ont donné leur vie, et un très grand nombre leur sang, dans une entreprise de cette envergure ; mais jamais, à aucun moment, un seul d'entre nous n'a eu le plus léger doute dans notre complète capacité à remplir entièrement la tâche qui nous avait été assignée.

Nous considérons comme un vrai stimulant pour l'avenir de vous voir nous envoyer, comme vous venez de le faire, en un message émanant personnellement de vous, vos félicitations pour les succès obtenus dans l'accomplissement de cette délicate mission.

Au nom de tous ceux de la 6ᵉ Division Aéroportée et des deux splendides brigades de commandos qui ont souffert et combattu avec nous dans une union pleine et entière, je vous adresse mon plus grand merci.

Sincèrement vôtre.

Richard N. GALE (Général).

27 juillet au 16 août 1944.

Les combats au sud-est de Caen deviennent de plus en plus violents et l'ennemi en face de nous perd de jour en jour son allant. Notre brigade de commandos reçoit l'ordre de se porter dans le bois de Bavent et de harceler l'ennemi sans arrêt. En pleine nuit, nous remettons nos positions à des troupes fraîches qui viennent d'arriver sur le continent et, le matin, nous atteignons le bois de Bavent. Le souvenir de cette période d'environ vingt jours, dans ce bois infesté de mines, reste pour nous l'époque la plus pénible de notre campagne. Nous recevons un jour la visite du commandant Gilles, chef de la Résistance à Caen, accompagné de « Janine » (devenue depuis Mme Gilles) et de Mme Vion, toutes deux résistantes notoires, et de deux ou trois autres officiers de la Résistance. Ils ont insisté près du général commandant la brigade pour obtenir la permission de rendre visite sur la ligne du front au bataillon français. Je n'oublierai jamais leur apparition à mon P.C., un des résistants traînant derrière lui un jeune veau qui nous était offert pour améliorer notre ordinaire de « bully beef ». Du coup, notre fameux « chef » Galton veut bien abandonner sa mitrailleuse pour la journée et se refaire la main : quel jour de ripaille !

A toute heure du jour et de la nuit, nous sommes soumis à un violent bombardement ; l'ennemi reste introuvable derrière ses mines, et nos pertes sont, chaque jour, sensibles. L'effectif de la troop Lofi tombe à vingt-sept officiers et hommes. Un midi, l'officier des équipages Bagot, commandant une section de cette troop, me fait savoir qu'il vient d'être blessé par tir de mortier et qu'il serait heureux de me voir. J'accours pour trouver Bagot étendu sur une civière, prêt à être évacué vers un hôpital de l'arrière. Il a la mâchoire cassée par un éclat et veut s'excuser près de moi de nous fausser compagnie à un moment où sa section est déjà tellement réduite. Grand cœur !

Peu de temps avant la percée vers la Seine, les canons ennemis, installés sur les hauteurs derrière Bavent, deviennent extrêmement actifs, les coups tombent sans discontinuer sur nos lignes avancées. Afin de diminuer nos risques, nous avançons de cent cinquante mètres sous bois. Nos avant-postes sont souvent à trente ou quarante mètres seulement de l'Allemand, et les coups tombent maintenant derrière nous. Nous sentons nettement le décrochage qui commence. De nuit, nous faisons des sondages profonds dans le bois pour chercher le passage non miné qui nous conduira en dehors de ce maudit bois vers le village de Bavent. Un beau matin du 16 août, en colonne par un, tout le 4 Commando anglo-français pousse dans le bois épais, entre les bandes blanches qui marquent le passage non miné. Malheur à qui s'en écarte ! Enfin, nous entrons dans le village de Bavent, vidé de ses habitants et abandonné de l'adversaire, sans tirer un coup de fusil...

QUART DE TOUR À GAUCHE : LA SEINE POUR AMBITION

Réorientation générale de la stratégie jusqu'alors envisagée pour la campagne de Normandie, maintenant que la victoire est potentiellement acquise avec l'encerclement de la 7ᵉ Armée allemande dans la poche de Falaise.

De spectaculaires événements militaires s'étaient en effet produits au centre et à l'ouest du front pendant que la 6th Airborne s'armait de... patience, se morfondant dans ses retranchements. Les Américains, après avoir occupé le Cotentin, ont percé à Avranches et pivoté vers Le Mans et Alençon pour enserrer l'armée allemande entre Argentan et Nonant-le-Pin, tandis que, simultanément, au nord, les divisions canadiennes, venant de Caen, libéré le 9 juillet, abordent le site de Falaise, le 16 août.

Tout a changé.

Jusqu'alors tendues en direction de l'Est, vers le goulot formé par le rapprochement des cours de la Loire et de la Seine, sans vouloir franchir la Seine avant D+120 (donc le 6 octobre), les armées alliées peuvent désormais s'offrir le risque qu'elles avaient d'abord écarté : pivoter d'un quart de tour à gauche, cap au nord, et se porter sur une Seine qu'on pourra peut-être même franchir plus tôt que prévu.

L'opération, préparée de longue date, à toute éventualité, porte le code de PADDLE *: pagaie. Symbole : il va falloir traverser sud-nord un peigne de* *rivières s'écoulant ouest-est. La Dives, la Touques, l'Orbiquet, la Calonne, la Morelle, la Risle surtout. Pour finalement border le fleuve.*

Jour J : 17 août, 0 h 30.

Le 21e Groupe d'Armées britannique, général Montgomery, composé de la 1e Armée canadienne (entité administrative, ainsi désignée par diplomatie pour le gouvernement canadien, mais composé d'unités belges, hollandaises, françaises, écossaises, anglaises, canadiennes, polonaises) et de la 2e Armée britannique, oriente donc son regard sur le Pays de Caux, la Picardie, voire la Belgique et l'estuaire de l'Escaut tout particulièrement : bref, les terres où sont implantées les bases de VI, ces bombes volantes que les Allemands ont hâtivement lancées sur Londres à la mi-juin dans l'espoir de contrarier le Débarquement.

Aussi, l'épuisante «tête de pont de l'Orne» éclate-t-elle. Parachutistes et commandos sortent de leurs trous. Et, sensation nouvelle, marchent, au grand jour, à travers un Pays d'Auge fleurant bon toutes les senteurs de l'été.

A la gauche du front allié, la 6th Airborne, major-général Richard Gale, a segmenté la tâche :

— la Brigade belge, *colonel Piron, suivra la Côte Fleurie, pour libérer Sallenelles, Franceville, Cabourg, Deauville, Trouville, Villerville, Honfleur au bord de l'estuaire ;*

— la 6th Airlanding Brigade *suivra le même itinéraire par les routes parallèles de l'intérieur pour converger sur Honfleur ;*

— la brigade hollandaise *se portera sur Varaville, et Périers, dont le pont vient d'être détruit devant la 1st Special Service Brigade, traversera Pont-l'Evêque dont la libération est confiée à l'Escadron belge et aux parachutistes de la Pegasus Division ;*

— la 1re Brigade de commandos, *et donc « nos » bérets verts, empruntera le même itinéraire par Bavent, Grangues, Beaumont-en-Auge, Pont-l'Evêque, pour s'établir à Beuzeville et Saint-Maclou ;*

— la 4e Brigade de commandos *occupera — enfin ! — un objectif du 6 juin : Troarn en ruines, passera la Dives, poussera jusque sur les hauteurs dominant Dozulé, pour finalement arrêter sa marche à Beuzeville et Saint-Maclou.*

L'aspect des combats change : cette fois, les Allemands ne cherchent plus à gagner du terrain, mais du temps. Fossés d'eau, collines, carrefours deviennent, pour l'ennemi, autant de points de retardement tandis que les navettes sur la Seine transbordent les unités en retraite. Chaque escarmouche supplémentaire représente d'autant un surplus de navettes, donc un peu plus d'hommes sauvés.

Si la 6th Airborne, alors mise au repos, avant d'être rapatriée en Angleterre, en a fini avec son abord de Seine, en revanche, à sa droite, la 49th West Riding Division et la 51st Highlanders portent leurs ambitions respectivement sur Lillebonne et Mauny tandis qu'à leur droite, les trois divisions canadiennes visent le fleuve d'Elbeuf à Pont-de-l'Arche ; à droite, la 43th Wessex franchit la Seine à Vernon, le jour même où la division Leclerc déferle dans Paris en délire.

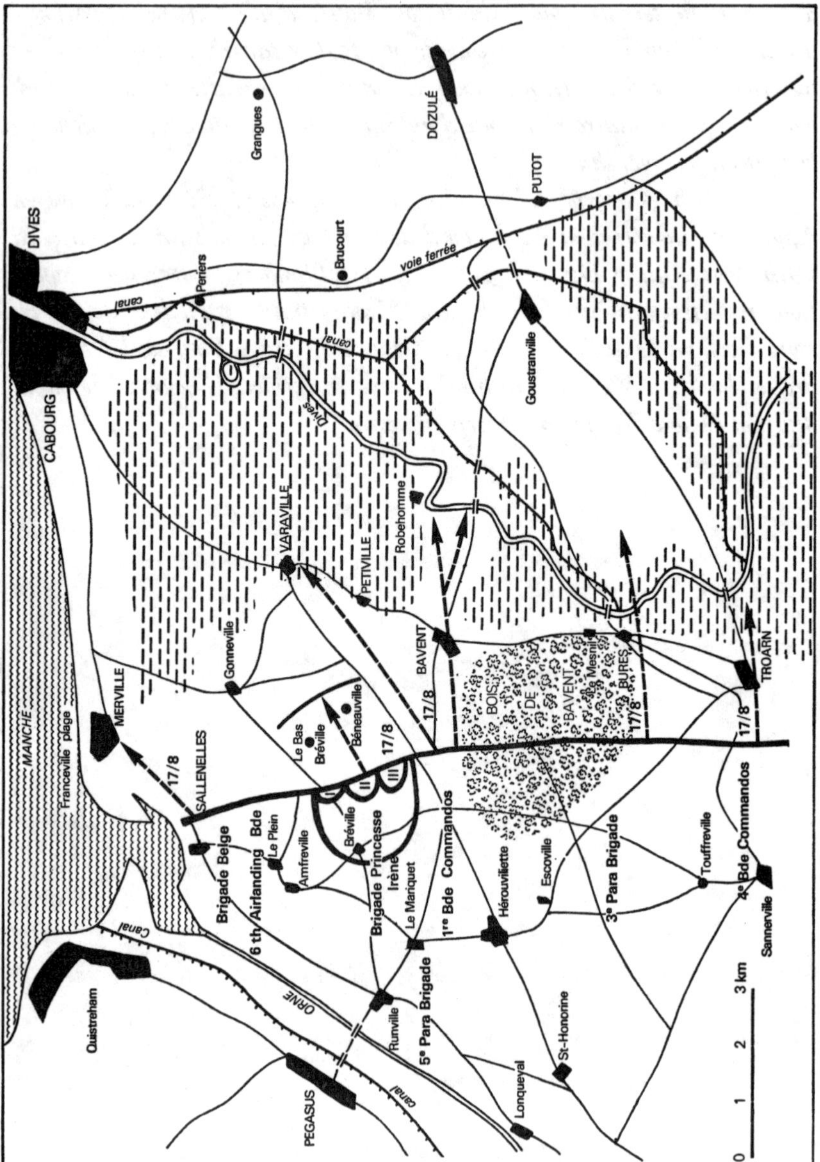

Le 17 août 1944, le front de la 6th Airborne domine la dépression de la Dives, artificiellement inondée. Noter la position de la 1re Brigade de commandos, devant Bavent. Carte extraite de *Opération Paddle*, par Eddy Florentin (Presses de la Cité).

L'amiral d'Argenlieu, chef des F. N. F. L. en Grande-Bretagne, en compagnie de Philippe Kieffer le 10 mai 1941, au camp de Bexhill. (Tous droits réservés)

Le commandant Kieffer, à la tête de ses hommes, à Londres, en 1941. (Photo Roger-Viollet)

Défilé des marins F. F. L. devant le général de Gaulle, à Londres, le 14 juillet 1941. (Photo Roger-Viollet)

Londres. Le café français, avec l'Appel de De Gaulle collé au mur. (Photo Roger-Viollet)

Le 5 juin, au camp de Titchefield, le piper personnel de Lord Lovat, Bill Millin, joue un air de cornemuse au milieu d'un groupe de commandos. Les Français, pour la plupart d'origine bretonne, se sentent un pincement au coeur en écoutant cette musique mélancolique qui monte du fond des âges. (Photo I. W. M.)

Au camp d'embarquement, Lord Lovat, en pull-over blanc et gilet de daim, réunit une dernière fois les commandos de la brigade. (Photo I. W. M.)

Les commandos s'apprêtent à se diriger vers Warsash. (Photo I. W. M.)

La L. C. I. (s) de J. Berry, qui transporte la troop 8 du lieutenant Lofi, remonte la rivière Hamble pour rejoindre les deux L. C. I. du 4 Commando. (Photo I. W. M.)

6 juin 1944. Une barge, dans un chenal balisé à gauche par des piquets en bois, s'apprête à aborder. (Photo Imapress)

Sur une barge, échouée sur la plage, deux marins se préparent à descendre les rampes de débarquement. (Photo Imapress)

Les hommes du 3 Commando pénètrent dans Colleville. (Photo I. W. M.)

Après avoir traversé le pont de l'Orne, des commandos ont chargé leur matériel sur une charrette tirée par un cheval, pour accélérer leur avance sur Amfreville. (Photo I. W. M.)

Les hommes du 4 Commando progressent vers Amfreville. De chaque côté de la route, quelques commandos exténués se sont laissés tomber dans l'herbe. (Photo I. W. M.)

Les commandos français de la troop 6 à Saint-Annaland, sur l'île de Tholen, aux Pays-Bas, en mai 1945. (Tous droits réservés)

Les commandos français dans la Ruhr, en juin 1945. (Tous droits réservés)

Les commandos français défilent sur les Champs-Elysées, après la remise des décorations, en avril 1945. (Tous droits réservés)

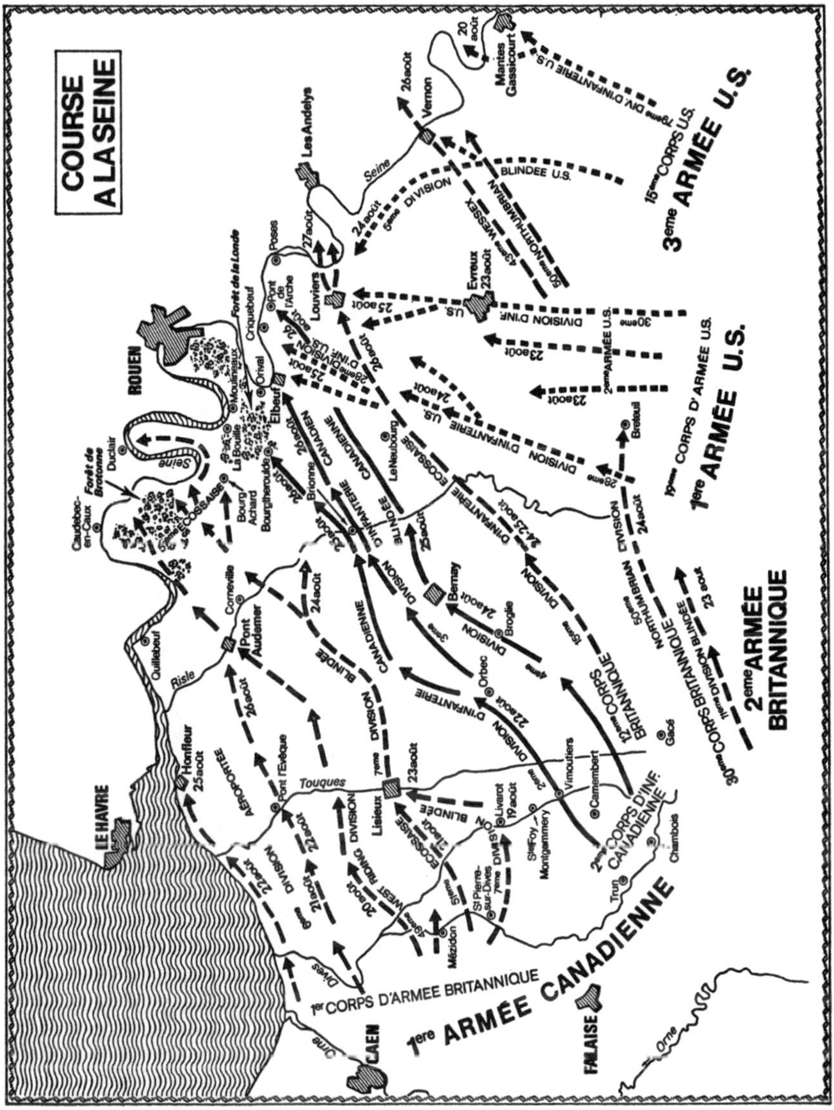

Dans la dernière décade d'août, le Front allié, jusqu'alors tendu vers l'est, pivote plein nord. La 1re Brigade de commandos progresse dans les rangs de la 6e Division Aéroportée, de la Dives à la Risle.
Carte extraite de *La Rückmarsch*, par Eddy Florentin (Presses de la Cité).

CHAPITRE VI

LA PERCÉE ET LA POURSUITE

16 août au 11 septembre 1944.

Qu'il fait bon de passer à l'offensive de nouveau ! La poursuite commence, le moral est haut ; l'ennemi, désorganisé, est en retraite. Certes, nous allons avoir encore des combats, certains d'une âpreté exceptionnelle, tel celui de la ferme de l'Epine. Il nous faut aller vite et nous n'avons pas de transports pouvant porter le commando tout entier ; pour le moment, le contact avec l'ennemi est perdu. Nous suivons notre ordre d'avance aussi rapidement que possible avec marches forcées, les réserves de munitions et de ravitaillement suivant de près dans nos jeeps. De temps à autre, nous cueillons sur notre passage des débris lamentables de l'armée allemande traînant sur les routes, les pieds en sang. Les ponts, sur notre route, sont coupés et nous passons les cours d'eau comme au vieux temps de l'entraînement. De jour et de nuit, l'avance se poursuit avec seulement quelques heures de repos de temps en temps. Enfin, le 20 août, vers 17 heures, le contact est rétabli avec l'ennemi à environ cinq cents mètres de la ferme de l'Epine. Les renseignements recueillis sont fort imprécis quant à sa position, sa force numérique et son armement. Il semble disposé à opposer, en cet endroit, une certaine résistance. En dépit de la longue marche de la journée, il est décidé de donner quelques heures de repos aux hommes et de préparer un plan d'attaque. A 22 heures, les objectifs et les parcours de l'avance de nuit sont transmis aux différentes troops du commando pour un assaut possible avant le jour avec effet de surprise. Au cours de cette lente progression en pleine nuit noire, il nous faut traverser des obstacles de toutes sortes dans le plus grand silence. Nous n'arrivons pas à communiquer avec les autres troops par radio. Cependant, notre grande expérience des marches de nuit à la boussole ne nous laisse aucun doute sur la bonne direction suivie par les autres troops qui vont, elles aussi, vers leurs objectifs respectifs. Dans un silence où la terre elle-même semble cesser de respirer au contact de nos pas feutrés, nous avançons... Aucun coup de feu ailleurs. Tout va bien. Mon P.C. marche cette fois avec la troop Lofi. Nous progressons, forts d'un peu moins de soixante hommes et officiers, pour donner l'assaut à notre objectif. De temps en temps, le gros de la troop s'arrête et l'on détache deux fins limiers pour éclairer notre marche. Vers 1 heure du matin, deux de ces éclaireurs, partis en avant et absents assez longtemps, rentrent avec des nouvelles stupéfiantes : ils ont pénétré en rampant dans les lignes ennemies, les Allemands semblaient tous assoupis, hormis deux ou trois guetteurs. Leur compte rendu confirme que ceux-ci disposent de deux mortiers de trois pouces et qu'ils sont environ une centaine. L'attaque est décidée tout de suite, après un message lancé aux autres troops du commando. Aucune objection n'étant faite à notre message, nous présumons leur accord. La nuit d'été est chaude. Les hommes, le corps confondu avec la terre et enveloppés de nuit, sont là, quelque part, prêts.

A l'heure « H », deux heures trente minutes, nous pénétrons, à notre grande surprise, dans des tranchées abandonnées et encore chaudes du corps boche qui a laissé son odeur fétide de musc dans la paille. Nous trouvons des armes, des équipements et trois mortiers de trois pouces en batterie avec un stock considérable de munitions.

Que s'est-il passé pendant les quatre-vingt-dix minutes entre le retour de nos éclaireurs et notre entrée dans la position ennemie ? Un nouvel ordre de retraite précipitée provoqué par la découverte de l'avance de nos autres troops ?

Avant de prendre une nouvelle décision, il est urgent de reprendre contact avec le reste du commando sur nos flancs. Des éclaireurs sont dépêchés dans la nuit, tandis que les mortiers abandonnés sont examinés et se trouvent être en parfait état de fonctionnement ; seuls, les appareils de visée manquent. Bientôt, des coups de feu, accompagnés d'éclatements de grenades, se font entendre à cinq ou six cents mètres sur notre gauche. Le mamelon sur lequel nous venons de nous installer à la place des Allemands est sur la lisière d'un chemin vicinal. Devant nous, rien ne bouge. Alors, sans attendre le retour des éclaireurs, laissant une section en réserve sur la position, l'autre section de la troop, l'officier commandant en tête, se porte en avant colonne par un, dans le fossé en bordure de la route qui descend dans la vallée. Il fait déjà moins noir. Soudain, un jappement, sommation gutturale en langue allemande, frappe le silence. La réponse jaillit brutale dans l'éclatement successif de deux grenades lancées par Lofi en tête de la colonne. Aussitôt, une mitrailleuse lourde allemande, à trente mètres, ouvre le feu et débite sans arrêt le long de la route. Les corps collés à la terre, la colonne rampe en marche arrière dans le fossé, un à un, sans répondre. Notre section de réserve, qui est restée sur la position, a déjà installé ses « K guns » prêts à ouvrir le feu contre la mitrailleuse lourde allemande dont elle a repéré l'emplacement. Sans autre mal qu'un blessé léger, la colonne a pu rejoindre la section laissée en réserve sur le mamelon de l'Epine. Les mortiers de trois pouces capturés sont rapidement pointés, sans appareil de visée, dans la direction d'où vient le tir de la mitrailleuse allemande, et toutes les bombes entassées sont prêtes. L'ordre d'ouvrir le feu est donné. Au jugé, puisque sans appareils de visée, les départ commencent, puis quelques corrections sont faites par l'observation des points de chute et bientôt, sans arrêt, les bombes montent presque perpendiculairement, pour retomber à quelque quatre cents mètres devant nous. Un arrosage copieux de l'emplacement de la mitrailleuse boche et des alentours va continuer pendant vingt minutes. Les « K guns », abrités, strient l'aube de longues couleuvres d'or en fusion, se taisent, puis recommencent, après avoir changé de position, à débiter leur chanson sur la note de trois perforantes pour une traceuse.

Pendant ce temps, une section d'attaque a progressé légèrement sur le flanc de la position ennemie. Baïonnette au canon, ils attendent la fin du tir. Un court silence et, dans le jour qui pointe, de l'herbage frais de rosée, semblant sortir de la terre avec des hurlements sauvages, la section Chausse fonce pour l'attaque. Gardant parfaitement les distances, comme à l'exercice, ils déferlent dans la vallée. Toute la fatigue de ces deux dernières nuits sans sommeil semble se transformer en une rage de vengeance. On tua beaucoup dans ce matin d'été, au bas de la ferme de l'Epine. De rares prisonniers commencent à monter. Ils sont, pour la plupart, blessés. Certes, ils ont soutenu avec courage un combat désespéré. Différer l'avance et aider à la retraite du gros de leur division, ils l'ont fait de leur mieux et, maintenant, ils vont d'eux-mêmes, indifférents, s'asseoir sous les pommiers, uniformes en lambeaux, visages noirs de fumée ou rouges de sang.

— Je désire voir votre chef, hurle, en anglais, une voix à l'accent germanique, je veux parler à votre chef.

Dans le coude de la route montent de la vallée trois uniformes verts : deux blessés légers soutiennent un lieutenant allemand. La jambe droite ballante, l'os déchiqueté, les mains rouges de sang et comprimant son ventre où il est aussi atteint, il continue à hurler. Je m'approche :

— Que voulez-vous ?

Je m'exprime en anglais. Il répond dans la même langue :

— Je veux voir l'officier qui commande.

— C'est moi !

— Vous êtes Anglais ?

— Non, Français.

— Je ne veux pas me rendre à un Français.

— Je n'y puis rien. Vous êtes mon prisonnier.

— Jamais !

J'arrête d'un geste le dialogue et fais signe à un commando de l'amener vers l'endroit où se trouvent les blessés et de dire à l'infirmier de s'occuper de lui immédiatement.

Il s'en va en criant :

— Je ne veux pas qu'un Français me touche. Je n'ai pas besoin de soins.

Je m'éloigne pour donner des ordres.

Quelques moments après, le combat ayant pris fin, je reviens vers l'arrière pour interroger les prisonniers. Adossé à un pommier, les yeux chavirés, la figure blanche, le lieutenant allemand récite non sans peine, dans son délire douloureux, des vers d'abord incompréhensibles, en allemand, puis en anglais, et ensuite un passage de Rollinat dont je me souviens fort bien :

Quand votre heure est marquée au cadran clandestin
Adieu, parents, amis ! Croulons dans les ténèbres !
C'est le dernier impôt que l'on doit au destin
Qui tasse notre cendre avec ses pieds funèbres.
Nous sommes fugitifs comme un flot sur la mer ;
Nous sortons du néant pour y tomber encore,
Et l'infini nous lorgne avec un rire amer
En songeant au fini que sans cesse il dévore.

Je fais signe à l'infirmier de lui panser ses blessures. Celle du ventre a été faite, impossible de s'y méprendre, par une balle de Colt 45 à bout portant qui, je l'ai su plus tard, lui avait été tirée par le lieutenant Chausse qui commandait l'attaque. Au moment où Chausse débouchait sur les mitrailleuses lourdes, à la tête de sa section, atteint déjà à la jambe, le lieutenant allemand surgit nez à nez avec lui. Chausse lui déchargea son Colt dans le ventre, sans s'arrêter, entraînant avec lui dans son élan toute la section vers le carnage du bois de l'Epine.

Le lendemain, l'avance continue.

C'est alors le passage-surprise, pendant la nuit, de la rivière Touques, la prise de Pont-l'Evêque en flammes, que les Allemands viennent d'incendier. Nous délivrons à temps de nombreux prisonniers alliés blessés, dont un capitaine des commandos britanniques, Brian Hilton-Jones, grièvement blessé dans une maison en feu. Nous le sauvons de justesse.

La poursuite, avec le reste de la brigade, durant une nuit

d'encre, par le terrain le plus accidenté que nous ayons jamais rencontré durant cette campagne, nous amène vers les dix heures du matin, le 25 août, au village de Saint-Maclou, où les derniers éléments en retraite ont préparé hâtivement une défense. Nous sommes, à ce moment, supérieurs en nombre et l'effet ne se fait pas longtemps attendre. Saint-Maclou est libéré vers quatorze heures. Le soir même, nous faisons la connaissance de M. et Mme Turquet qui nous reçoivent, Français et Britanniques, dans leur château de Saint-Maclou, avec une générosité sans pareille,« au calvados ». Quelques jours après, quelquefois timidement canonnés par de l'artillerie qui se trouve de l'autre côté de la Seine, nous aidons à la libération des villes de la côte et de l'intérieur : Deauville, Trouville, Honfleur, Pont-Audemer, etc. Notre tâche est pour le moment achevée. La campagne de France se termine pour nous à la Seine. Les troupes motorisées anglaises foncent à fond de train en direction de la Belgique. Parti de la plage, à l'embouchure de l'Orne, le bataillon de fusiliers marins commandos, avec ses camarades britanniques du 4 Commando, pendant quatre-vingt-trois jours, a parcouru, en se battant sans arrêt et sans repos, avec un minimum de sommeil, les cent vingt kilomètres qui séparent l'Orne de la Seine. La radio a annoncé, entre-temps, la libération de Paris. Paris libéré ! Nos souffrances physiques disparaissent, c'est enfin la récompense de cinq années de lutte et de sacrifices.

Pendant quelques jours, nous restons au repos dans la campagne de l'Eure. Le 5 septembre, les ordres arrivent de rejoindre l'Angleterre pour une détente de trois semaines, prendre des renforts, nous rééquiper et être prêts.

Ainsi, nous quittons la Normandie libérée où beaucoup des nôtres sont maintenant couchés, reposant dans la terre de France.

Sur la plage, maintenant indifférente, vous pourrez voir, enfoncées dans le sable, les carcasses des esquifs qui amenèrent les commandos à l'aube du 6 juin, et, non loin, de la pierre et un peu de marbre sur lequel un ciseau normand a gravé une croix de Lorraine et ces lignes :

À LA GLOIRE
des troupes de LEURS MAJESTÉS BRITANNIQUES

LE ROI ET LA REINE
et en mémoire des premiers ALLIÉS tombés le 6 juin 1944,
dont la dépouille sacrée a reposé en cet endroit
FIRST BRITISH GRAVES
Sur cette plage, à l'aube du 6 juin 1944, les troupes du
Maréchal MONTGOMERY et le COMMANDO FRANÇAIS
du CAPITAINE KIEFFER mirent les premiers
le pied sur la terre de FRANCE.

Avec un courage et une ténacité admirables, au prix de lourds et sanglants sacrifices, ils s'accrochèrent au sol et permirent ainsi la LIBÉRATION de tout un continent.

Ce marbre a été apposé en hommage de gratitude et de pieuse reconnaissance par la population de COLLEVILLE pour GLORIFIER et IMMORTALISER tous ceux qui, répondant à l'espoir sacré de tout un peuple, ont quitté FAMILLE et PATRIE pour chasser l'oppresseur allemand.

C'est pour rappeler aux générations futures les exploits de ces HÉROS SUBLIMES personnifiés par un CHEF VALEUREUX que COLLEVILLE a voulu unir à son nom celui du MARÉCHAL MONTGOMERY.

Colleville, 6 juin 1945.

LE NOUVEAU DÉBARQUEMENT DU 4 COMMANDO EN TÊTE : LES COMMANDOS FRANÇAIS

Anvers tombe, docks intacts, aux mains de la 11ᵉ D.B. britannique, le 4 septembre après-midi, alors que l'immense front allié jouxte la frontière allemande ou la dépasse devant Aix-la-Chapelle, pour courir le long du Luxembourg entièrement libéré, jusqu'à bientôt franchir la Moselle, Verdun pris. Au sud, les armées franco-américaines, débarquées en Provence, courent à la rencontre des armées débarquées en Normandie : jonction opérée le 12 septembre à Nod-sur-Seine. Alors, le front sera continu : du fond de l'estuaire de l'Escaut jusqu'aux crêtes franco-italiennes au-dessus de Menton.

Mais la prise d'Anvers ne résoud aucun espoir logistique : le port est engoncé au fond d'un estuaire long de plus de cent trente kilomètres. Ravitailler le front impose alors de n'utiliser que les ports d'Arromanches et de Cherbourg, bien loin : à six cents et huit cents kilomètres. Alors qu'Anvers pourrait absorber soixante mille tonnes par jour sur des quais long de trente-cinq kilomètres. Ce, à cent kilomètres seulement du front.

Les « portes d'entrée » du port, constituées au nord par l'île de Walcheren et la presqu'île Sud Beveland, au sud par le site du canal Léopold jusqu'à Breskens sont maintenant verrouillées par deux divisions allemandes protégées par de puissantes batteries côtières. Montgomery, en effet, tout à son exaltation de l'opération d'Arnhem (17-25 septembre) a « tout simplement » négligé de nettoyer la côte.

Reste à rattraper le temps perdu : le prix en sera élevé.

La tâche d'ouvrir la porte sud est confiée à la 1re Armée canadienne, général Crérar : l'aile gauche, appuyée à la mer, jusqu'à Zeebruge, est tenue par le 2e Corps canadien (les vétérans des combats pour Falaise) jusqu'à l'ouest d'Anvers ; l'aile droite, 1er Corps britannique (les combattants de la Bataille de Normandie) est orientée sur la frontière hollandaise et le cours inférieur de la Meuse. C'est l'heure où, à droite, la IIe Armée britannique ambitionne la Ruhr.

Trois tentatives pour franchir le canal Léopold, qui ceinture le site de l'entrée sud des Bouches de l'Escaut (la Scheldt), se sont soldées par autant d'échecs. Le terrain, tout de canaux et de polders, est impraticable aux blindés.

Echec encore que la tentative de tourner la défense ennemie par le nord, en franchissant le canal Albert d'abord, le canal Turnhout ensuite. Finalement, le nettoyage de ce que les communiqués ont appelé, deux mois durant, la « poche de Breskens », s'achève le 2 novembre : douze mille sept cents Allemands prisonniers au prix de deux mille Canadiens hors de combat.

Reste à traverser ce véritable bras de mer qu'est l'Escaut Occidental.

Et à poser pied sur l'île de Walcheren, où le Bomber Command a largué neuf mille tonnes de bombes pour détruire les digues et inonder, avec l'accord douloureux du gouvernement hollandais libre, les terres des polders.

L'opération est confiée à la 4e Brigade de commandos, dans laquelle est désormais intégré le 4 Commando.

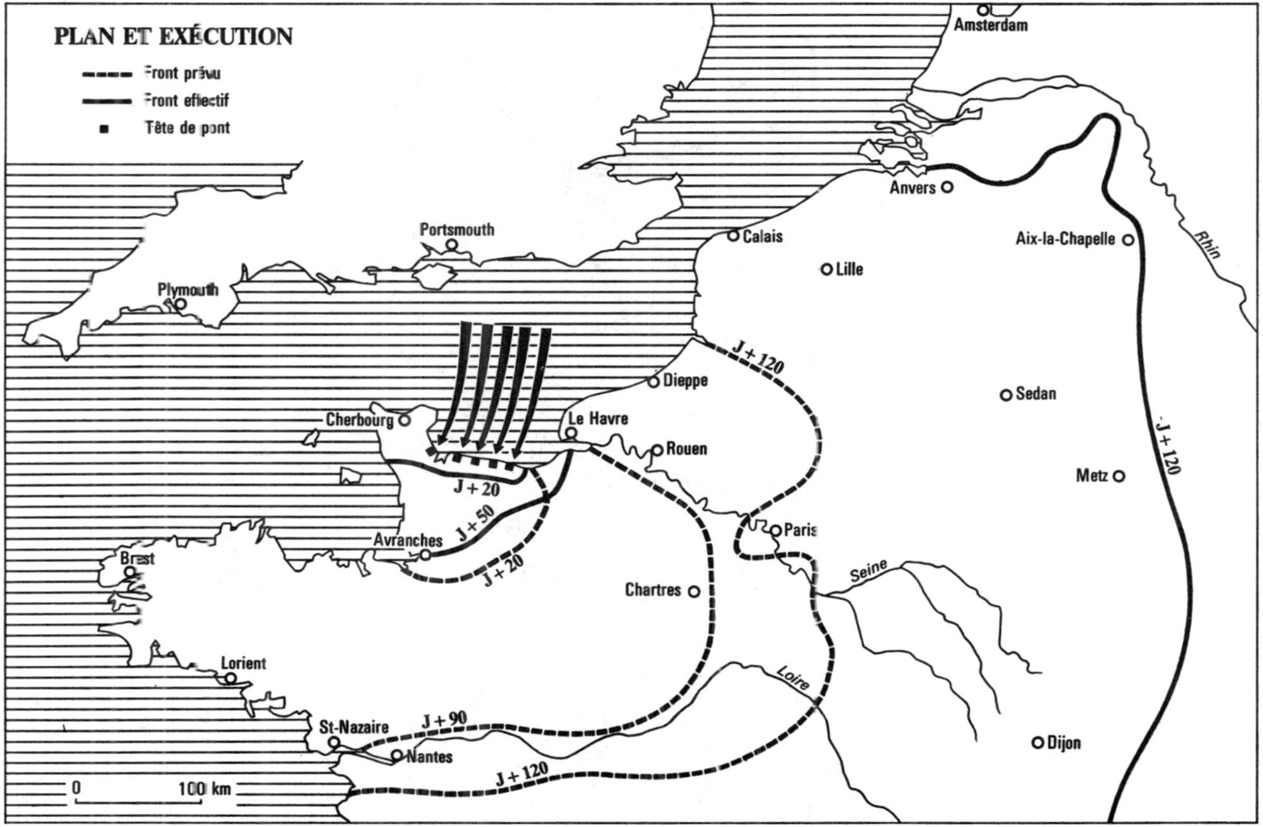
PLAN ET EXÉCUTION
Front prévu
Front effectif
Tête de pont
Amsterdam
Anvers
Calais
Lille
Aix-la-Chapelle
Rhin
Portsmouth
Plymouth
J + 120
Dieppe
Sedan
Cherbourg
Le Havre
Rouen
Metz
J + 20
J + 50
Avranches
Paris
Brest
J + 20
Seine
Chartres
Lorient
Loire
St-Nazaire
J + 90
Nantes
Dijon
J + 120
0
100 km

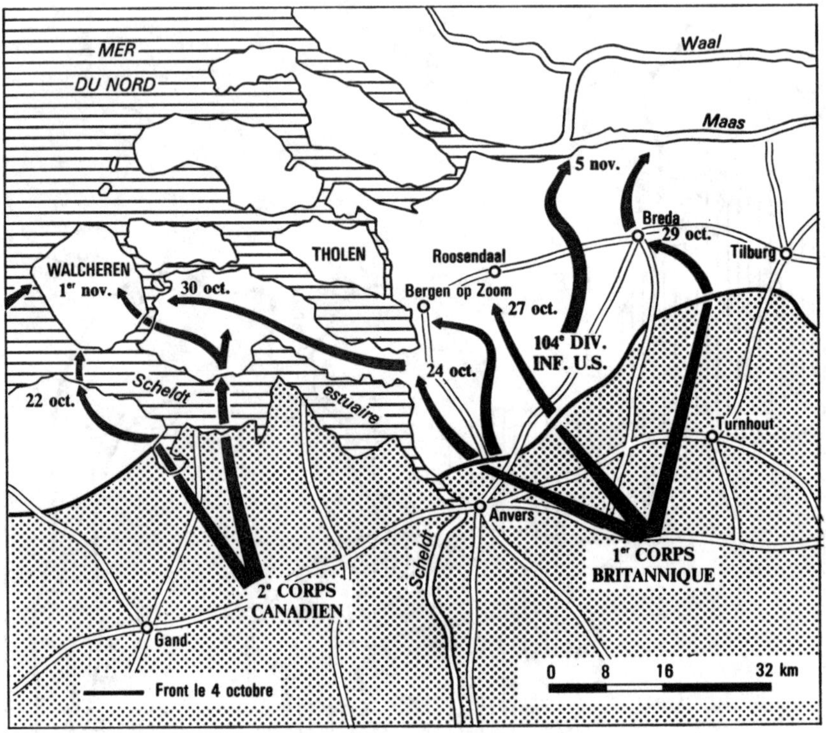

L'entrée de Montgomery à Anvers
le 4 septembre 44 ne résoud aucun
problème logistique : l'estuaire de l'Escaut
est aux mains des Allemands.

CHAPITRE VII

RETOUR AU COMBAT
LA NOUVELLE MISSION
DU 4 COMMANDO ANGLO-FRANÇAIS

Notre transport glisse lentement vers l'Est. Ostende, but de notre voyage, n'est maintenant pas loin. En ce matin d'octobre, derrière le rideau de tulle tissé de brume, les toits mutilés des hôtels de la plage de Middlekerke prennent forme. La mer est calme. Officiers et hommes du bataillon sont pour la plupart accoudés aux bastingages de tribord. On parle peu, mais l'émotion met du rêve dans les regards. Comment ne pas songer à cet autre matin, vieux de quatre mois tout au plus, matin inoubliable qui fait frissonner, heure sacrée et unique, bénie et maudite.

Cette traversée de la Manche sera cette fois sans histoire. A l'exception des poches de résistance de Dunkerque, Lorient, La Rochelle, Royan et la Pointe de Grave, la France est maintenant presque totalement libérée et le retour au combat va se faire confortablement et dans un port ami.

La bataille s'est avancée profondément vers l'Est, laissant bien loin derrière l'enfer de la plage de feu et de fer de Riva, mais cependant combien proche et vif est le souvenir qui se lit dans les

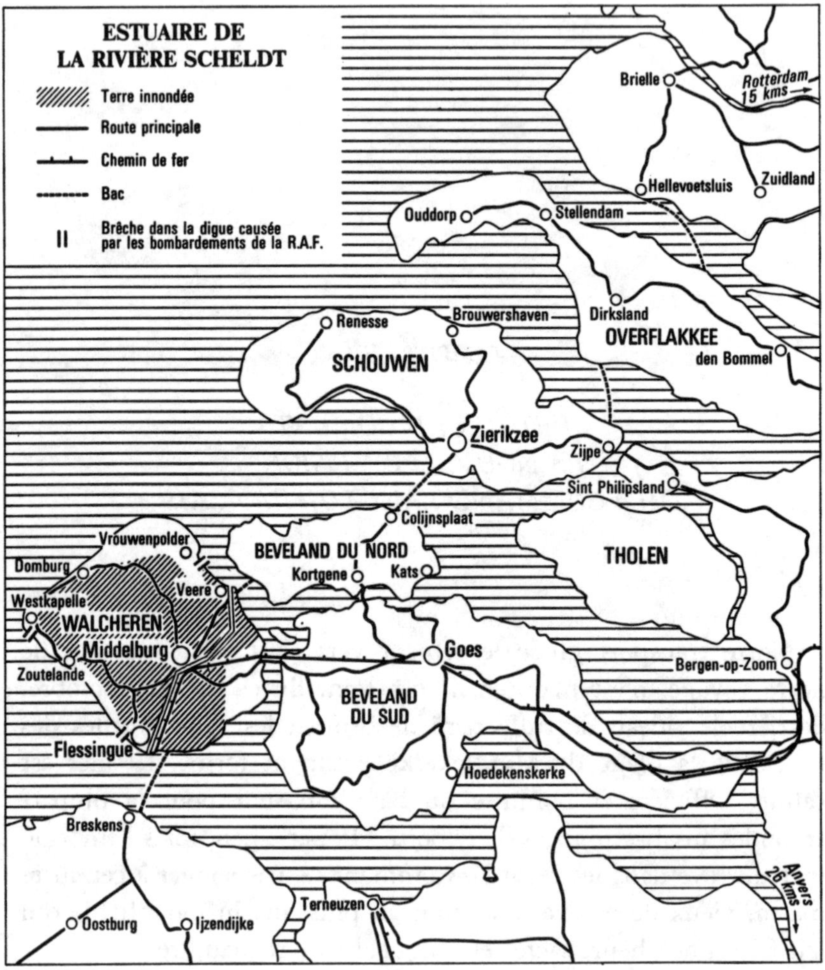
ESTUAIRE DE
LA RIVIÈRE SCHELDT
Terre innondée
Route principale
Chemin de fer
Bac
Brêche dans la digue causée par les bombardements de la R.A.F.
Brielle
Rotterdam 15 kms
Hellevoetsluis
Zuidland
Ouddorp
Stellendam
Dirksland
OVERFLAKKEE
den Bommel
Renesse
Brouwershaven
SCHOUWEN
Zierikzee
Zijpe
Sint Philipsland
Colijnsplaat
THOLEN
Vrouwenpolder
Domburg
BEVELAND DU NORD
Kortgene
Kats
Veere
Westkapelle
WALCHEREN
Middelburg
Goes
Bergen-op-Zoom
Zoutelande
BEVELAND DU SUD
Flessingue
Hoedekenskerke
Breskens
Anvers 26 kms
Terneuzen
Oostburg
Ijzendijke

yeux songeurs des commandos qui reviennent. Chacun pense aux camarades couchés pour toujours en terre normande.

Que s'est-il passé depuis la percée vers la Seine et la déroute qui suivit ? Les blindés alliés ont avancé nuit et jour, durant les trois semaines de septembre que le 1er Bataillon de fusiliers marins commandos vient de passer en Angleterre. Ces quelques jours à notre base anglaise, loin de la bataille, ont été mis à profit. Une réserve ardente et bien entraînée a servi à boucher nos trous, et les anciens commandos reposés sont en pleine forme. Un matériel neuf remplace les armes et équipements fatigués.

Middlekerke disparaît sur notre arrière tandis que, d'un ton égal et calme, le lieutenant Chausse achève de donner quelques détails sur son raid de l'hiver 1943 dans ces parages : par une nuit d'encre, un doris chargé de six commandos français, allant faire un raid sur cette même côte belge, narguait la Kriegsmarine et passait à quelques encablures d'un de leurs chalutiers armés.

Voici le branle-bas du débarquement. Notre bâtiment rentre dans la passe, poursuivi par les cris aigus des goélands voraces qui font de l'acrobatie aérienne au-dessus de notre sillage.

Ostende à peine délivrée, le port est déjà en plein travail. Certes, la guerre continue de plus belle et les ports de l'Est, au fur et à mesure de leur libération, sont tout de suite tant bien que mal exploités. Devant l'arrêt de nos blindés, trop loin de leurs bases et privés d'essence, l'ennemi a repris confiance et organise une sérieuse ligne de défense.

Les ports français libérés se trouvent déjà trop éloignés de la bataille. Des dizaines de milliers de camions les quittent chaque jour, chargés de matériel et de ravitaillement, mais ne suffisent pas à répondre aux besoins de la plus grande armée de l'histoire. Il faut cependant trouver le moyen d'exploiter notre avance stupéfiante.

Les commandos, lestement, le havresac au dos, l'arme à la main, se rangent par troops sur le quai. Une longue file de camions nous attend. Où allons-nous ? On sent la question sur toutes les lèvres. Le départ est organisé, les mitrailleuses antiaériennes sont montées sur jeeps et camions. Le convoi s'ébranle, nous commençons notre seconde campagne, celle du nord de la Belgique et de Hollande.

Le 4 Commando franco-britannique, cette fois, fait partie de la 4e Brigade de commandos, sous le haut commandement de la Première Armée Canadienne.

Nous traversons Ostende, et le convoi s'engage le long de la côte. Chaque mètre carré de dunes est miné, et les fortifications du mur de l'Atlantique se suivent sans interruption. Le béton armé et les coupoles blindées n'ont été d'aucune utilité, l'avance foudroyante est venue de l'intérieur. Seuls, les canons ont été sabotés par l'ennemi au moment de sa fuite vers le Nord-Est, mais les défenses côtières sont intactes.

Nous faisons bientôt halte à Le Coq (Den Han), ravissante station balnéaire belge à quelques kilomètres de Blakenberke qui a été occupé il y a seulement dix jours. C'est le but de notre voyage. L'ordre est donné de débarquer avec armes et bagages. On entend le canon en direction de Breskens. La poche de résistance ennemie, qui a pour centre Breskens, tient toujours solidement, le dos appuyé à la mer, et soutenue par les canons des fortifications puissantes de l'île de Walcheren. La résistance ennemie dans cette poche n'est que lentement grignotée par les Alliés et continue à être un obstacle gênant. Le port d'Anvers, déjà libéré, ne peut être exploité avant que la ceinture de Breskens soit réduite. Ceci nous permettra alors de nous installer sur la côte pour faire face à l'île de Walcheren qui, avec sa formidable artillerie, interdit le passage du chenal qui conduit dans le port d'Anvers.

Le bataillon français est conduit vers deux des grands hôtels de la plage et s'installe. Les bérets verts pullulent dans la petite ville d'eaux. Les Belges se dépensent avec un sourire reconnaissant et font tout pour nous plaire.

Mon nouveau batman, Archieri, astiqué et impeccable, m'apporte un message du général, invitant à une conférence tous les officiers anglais et français de la brigade.

Nous prenons contact pour la première fois avec le général commandant la 4e Brigade, le général de Royal Marines, B.-W. Leicester, D.S.O., appelé familièrement « Jumbo » [1]. C'est

1. Très courant dans la langue anglaise pour indiquer « solide gaillard ».

un colosse à moustaches rouges. La conférence dure à peine dix minutes.

« Messieurs, nous dit le général, nous venons de recevoir l'ordre d'accomplir une mission extrêmement difficile. Il m'est particulièrement agréable de vous annoncer cette bonne nouvelle, et je m'adresse surtout au 4 Commando anglo-français qui vient de rejoindre cette brigade, il y a à peine huit jours. Les trois autres commandos formant la brigade, les R.M. 41, 47 et 48, connaissent l'histoire du 4 Commando anglo-français et doivent comprendre que, dans l'opération qui vient d'être confiée à la 4e Brigade de commandos, le 4 Commando, nouveau venu dans cette brigade, aura le privilège de porter les premiers coups à l'ennemi dans l'opération que nous allons entreprendre. Il nous est donné quinze jours pour préparer les plans de notre attaque et assembler le matériel qui nous est nécessaire.

« Dès demain, le programme doit porter sur deux points : tirs à outrance avec toutes les armes portatives et une pratique rigide de culture physique et du sport. Toutes les troops doivent être d'ici quinze jours dans une forme combative exceptionnelle.

« De plus, des équipes doivent être formées, immédiatement après cette conférence, pour procéder à l'évacuation de toute la partie de la ville située au nord de la ligne du tramway. Cette partie de la ville, une fois évacuée, doit être isolée et entourée de barbelés et l'entrée rigoureusement interdite aux civils et à toutes autres troupes de passage dans Le Coq. La brigade tout entière sera au secret et répartie dans les villas à l'intérieur du périmètre des barbelés. Les détails du logement des troupes doivent être de suite arrêtés entre les divers commandants des quatre commandos formant la brigade. Demain, à neuf heures, nouvelle conférence pour les commandants de troops du 4 Commando. »

Le 4 octobre 1944, quelques jours avant notre arrivée en Belgique, les journaux anglais avaient annoncé : « La Royal Air Force coule une île. » Ils écrivaient en substance :

« Des bombardiers lourds viennent de forcer à la bombe une brèche dans la muraille des digues près de Westkapelle, dans l'île de Walcheren. Des torrents d'eau de mer s'engouffrent dans cette ouverture et une formidable inondation roule jusqu'au centre de l'île. »

Nous avions lu la nouvelle. Aussi, plusieurs d'entre nous, qui avions étudié la carte de la côte ouest de l'Europe, pensions que l'île de Walcheren pourrait bien être d'un intérêt particulier dans cette bataille de la Hollande où nous étions engagés.

Le lendemain, nous allions en avoir la preuve.

A cette seconde réunion du général, les grandes lignes du plan de la mission qui nous est confiée sont développées. Un débarquement dans l'île de Walcheren, comprenant l'élément surprise, doit se faire d'ici le 1er novembre. Nous sommes déjà le 14 octobre. La brigade doit anéantir le plus rapidement possible l'ennemi qui occupe l'île et détruire les nombreuses batteries qui se trouvent au sud, à l'ouest et au nord de Walcheren et défendent l'embouchure de la rivière Scheldt. Le but de cette opération est d'ouvrir ainsi le passage du chenal qui mène vers Anvers et permettre à nos navires, après le dragage des mines, d'utiliser le port pour ravitailler l'armée américaine et préparer l'invasion finale de l'Allemagne. Le port d'Anvers, nous dit le général, est en parfait état et peut être utilisé immédiatement après le dragage des mines.

Le général fait ressortir l'intérêt énorme que représente cette opération et ajoute :

« La réputation des commandos va se jouer une nouvelle fois ; le Haut Commandement tient à ce que cette opération réussisse coûte que coûte, et nous avons été choisis. Je compte donc sur vous tous, commandos de la 4e Brigade, pour permettre aux premiers navires alliés d'entrer dans le port d'Anvers quinze jours après que l'opération aura été déclenchée. Les détails du plan vont vous être distribués et vous pourrez voir que c'est la plus alléchante des opérations qu'un commando puisse souhaiter. »

La situation avant l'attaque est la suivante. L'ennemi, comme il est dit plus haut, occupe toujours une toute petite poche sur le continent, dont Breskens est le centre. Le plan d'attaque sur Walcheren ne doit jouer qu'après que l'ennemi aura été rejeté de cette poche à la mer ou après reddition. Le 22 octobre, la poche est liquidée, de nombreux ennemis sont capturés avec leur matériel et les plus courageux traversent dans des barques le chenal pour aller se réfugier dans Flessingue. L'attaque de Walcheren devient donc possible, mais ne peut être faite que par un débarquement. En effet, les Allemands ont fait sauter le pont qui relie South Beveland à Walcheren et la chaussée est effondrée. La division canadienne, qui avance dans South Beveland, a pour mission de nettoyer South Beveland et de harceler l'ennemi avec toute l'artillerie de la division au moment du débarquement. Le rôle de la brigade est d'opérer deux débarquements. La capture de Flessingue par le 4 Commando anglo-français, à l'aube du jour « J », doit être suivie, cinq heures plus tard, par un débarquement à Westkapelle du reste de la brigade, comprenant les R.M. 41, 47 et 48 Commandos, renforcé par une troop belge et une troop norvégienne. Il est bien entendu que le débarquement de Weskapelle n'aura pas lieu si le 4 Commando ne réussit pas au bout de quatre heures à s'emparer du port et de la partie basse de la ville.

Tout le plan d'attaque est basé sur l'étendue de l'inondation provoquée par la rupture des digues au moment des attaques des bombardiers de la Royal Air Force. En dehors de la toute première brèche ouverte, le 4 octobre, dans les digues de Westkapelle, la Royal Air Force a à nouveau taillé à la bombe d'autres ouvertures dans les digues situées au nord-ouest de la ville, à l'est du port de Flessingue et une troisième au nord de la ville de Veere. L'inondation fait rage déjà sur toute l'étendue de l'île et, avant la fin du mois d'octobre, il ne reste plus hors de l'eau que la large bande des hautes dunes tout autour de la côte ouest et nord et le territoire entourant la ville de Nieuwland au sud-ouest de la chaussée conduisant à South Beveland. L'eau a également envahi la ville de Middelburg et une partie de Flessingue.

Durant la préparation de notre offensive, on pouvait se demander si cette violente inondation et sa propagation intensive dans l'île n'allait pas faire le jeu de l'ennemi en limitant le choix de nos possibilités de progression aux seules étendues des dunes émergeantes où se trouvent les fortifications. Les batteries ennemies, construites dans ces hautes dunes, pourraient alors facilement concentrer toute la puissance de leur tir sur ces seuls passages possibles. Cette crainte ne fut pas justifiée. L'isolement, l'absence totale de courrier, l'inactivité, dus au manque de barges et à la destruction d'une grande partie du système de transmissions, contribuèrent à saper le moral ennemi et furent autant d'atouts dans notre jeu. Après leur capture, les prisonniers, et en particulier les officiers supérieurs, ne cessaient de répéter d'un ton désespéré : « Cette eau ! sans cette eau horrible, vous ne nous auriez jamais eus. » Ils avaient oublié que nous devions porter l'attaque à travers cette même eau et transporter nos « impedimenta » dans des situations extrêmement dures.

Dans le plan d'attaque, la ville de Flessingue est divisée en plusieurs secteurs, qui reçoivent chacun un nom de code. Les édifices principaux sont groupés dans le secteur dénommé Seaford. Venant de terre, il est absolument impossible d'atteindre le secteur de Seaford sans passer par l'un ou l'autre des deux secteurs Dover et Bexhill. Le seul coin de plage propre à un débarquement est la petite station balnéaire qui se trouve devant l'Hôtel Britannia, centre de résistance extrêmement fortifié et bien défendu.

Partant devant l'Hôtel Britannia, une longue promenade surélevée, construite en ciment et flanquée de blockhaus ennemis, conduit vers la ville. Même si un débarquement réussissait sur ce point le plus fortifié de l'île, il deviendrait impossible de l'exploiter, car nous aurions le désavantage marqué de surgir sur cette étroite bande de terrain sur lequel est bâtie la promenade, avec la mer dans notre dos et l'inondation en face de nous. La seule progression possible vers la ville ne pourrait alors se faire que le long de la route qui longe la mer, passage étroit et balayé par le feu d'un grand nombre de points forts qui y sont construits.

Au sud-est de cette plage où se trouve l'hôtel Britannia, un mur énorme et d'une hauteur exceptionnelle se dresse de la mer et suit le rivage tout au long jusqu'à l'entrée du « Wester of Koopsmanhaven ». Il ne pouvait donc pas être question, à cause de cet obstacle, d'opérer un débarquement avec des barges d'assaut sur cette partie de la ville. Le mur se prolonge, à l'est de l'entrée du port de Wester of Koopsmanhaven, jusqu'au coin du promontoire où est situé l'Oranje Molen, « Moulin du Pays d'Orange », dressé sur un monticule à une centaine de mètres du rivage, avec ses ailes noires déployées et offrant un point de repère admirable. Au pied du moulin, en continuant vers l'est, une digue de pierre en pente inclinée commence et fait le tour entier du promontoire, appelé du nom de Moulin d'Orange. Plus loin, c'est la petite anse du Ooster of Dokhaven, vestige d'un petit port des époques lointaines.

Dans la préparation et le choix de notre débarquement, il semble que c'est le seul endroit propice vers lequel nous devons diriger notre flottille de barges d'assaut. Nous demandons sans arrêt des photographies à nos amis de la Royal Air Force. C'est ainsi qu'après chaque sortie nous apprenons à connaître la baie de notre choix, petit coin dans le grand champ de bataille où va se jouer l'ouverture du port d'Anvers, le ravitaillement des armées américaines et la traversée du Rhin.

Nous découvrons, dans les photos, que le fond de l'anse est bordé d'une simple banquette de terre. De chaque côté de l'entrée, des brise-lames chargés de chevaux de frise s'avancent vers la mer. A l'ouest, ces obstacles surmontés de barbelés rejoignent la digue de pierre, tandis que, vers l'est, elles semblent s'enfoncer vers la terre dans un cafouillis d'obstacles de toutes sortes. Toujours à l'est de l'anse du Ooster of Dokhaven, la digue de pierre s'étend sans interruption jusqu'à la pointe du môle et l'entrée du port de Flessingue. Presque à la pointe du môle, il existe une autre petite brèche où s'était fait le débarquement des troupes allemandes évacuées de la poche de Breskens au début d'octobre, mais ce point non plus ne nous convient pas, car les troupes d'assaut seront bien trop exposées pour couvrir la distance trop longue de la pointe du môle jusqu'au cœur de la ville. Il n'est pas question non plus de débarquer à l'est de l'entrée du port, car nous serons sur le mauvais côté du canal de Walcheren et en plein dans l'inondation.

Toutes ces considérations désignent donc nettement l'anse du Ooster of Dokhaven comme le centre du débarquement.

Nous découvrons, dans les photos aériennes, que tout le périmètre de la baie est couvert d'obstacles sous-marins et barré par des triples rangées de barbelés. Il est donc évident que la première vague d'assaut n'arrivera pas à pénétrer tout de suite jusqu'au fond de l'anse à travers tous les obstacles repérés sur les photos. Il faut donc étudier la possibilité de débarquer les toutes premières troupes d'assaut sur le promontoire du Moulin d'Orange. Plusieurs pilotes de la Police de Navigation de l'estuaire du Scheldt nous confirment que l'anse du Ooster of Dokhaven n'est en réalité qu'une grande cuvette de vase à marée basse. Malheureusement, le débarquement doit se faire au moment où la marée commence à baisser. Plusieurs pilotes et des civils de l'endroit sont interrogés sur la hauteur et l'angle de déclivité de la digue de pierre dans le voisinage du Moulin. L'opinion est partagée ; les uns disent qu'elle peut être escaladée, d'autres parlent d'impossibilité. Pour comble de malheur, les photos rapportées par l'aviation, à la verticale ou à l'oblique, semblent toutes être prises sous un faux angle, et nous resterons dans le doute, jusqu'au moment du débarquement, sur la difficulté de l'escalade que nous devons affronter.

L'anse du Ooster of Dokhaven est cependant choisie définitivement comme centre du débarquement pour le matériel et l'infanterie de réserve qui suivront les troupes d'assaut de commandos.

Trois jours avant le jour « J », nous apprenons par notre service de sécurité que l'inspecteur de police et chef de la Résistance dans la ville de Flessingue, qui s'était échappé trois semaines auparavant, était mis à notre disposition. Il nous apporte de précieux renseignements sur les forces ennemies dans l'île et confirme que les véhicules trouveront un terrain ferme au fond de l'anse de Dokhaven qui sert depuis longtemps de dépotoir à la ville.

Dès le début de la préparation du plan d'opération, il devient évident que les deux objectifs immédiats du 4 Commando seront les secteurs de Dover et Bexhill qui, s'ils sont atteints rapidement, permettront de couper toute communication entre la basse ville, où se trouvent les défenses côtières, et la haute ville, d'où viendraient les réserves ennemies. Le secteur de Dover couvre l'étroit passage entre la mer et le lac artificiel de Spui of Binnenboezem, tandis que le secteur de Bexhill appuie son flanc gauche sur l'autre extrémité de ce lac et s'étend jusqu'à l'intérieur du chantier naval, protégé sur sa droite par le bassin de la cale de lancement, au fond du port de Flessingue. Les photos aériennes montrent un grand paquebot en construction dans le chantier.

L'assaut sur Flessingue est considéré maintenant comme le point essentiel de toute l'opération de Walcheren. Les éléments à l'embouchure du Scheldt furent tout de suite reconnus, dès la naissance du plan d'opération, pour être l'ennemi n° 1. En effet, les côtés de l'île de Walcheren sont exposées à la grande furie des vents venant de la mer du Nord ; de plus, un très fort courant, provoqué par le flux brutal venant de l'embouchure du Scheldt, pousse sa folle course le long de la côte sud-ouest de l'île, se heurte aux marées de la pointe de Westkapelle et crée de gigantesques tourbillons d'eau. Les courants dans ces parages sont si violents que de larges morceaux de ciment et la ferraille des défenses de la plage sont arrachés et emportés par les coups de bélier des vagues. L'opinion de la Marine est qu'aucune barge de débarquement du type L.C.A. ne pourrait, à n'importe quelle période de l'année, affronter une telle aventure maritime à la pointe de Westkapelle. Les forces navales qui doivent appuyer le débarquement de Westkapelle auront à couvrir douze heures de traversée pour arriver d'Ostende à Westkapelle. Toutes ces considérations bien pesées, il est fort possible que le second débarquement sur Westkapelle ne puisse suivre celui de Flessingue. Dans ce cas, le reste de la brigade sera ramené par terre à Breskens pour passer à travers Flessingue le jour « J ».

Cinq régiments d'artillerie légère et deux de moyens calibres doivent nous donner l'appui de leur tir, avec l'intervention, en cas de besoin, d'un groupe d'artillerie lourde.

Nous voici donc à la veille de la bataille. Nos forces d'assaut se composent du 4 Commando anglo-français, environ cinq cent cinquante officiers et commandos. Nous avons en outre à nos ordres la petite force technique suivante qui doit nous suivre et débarquer immédiatement derrière nous :

— une section du génie ;
— une section de pionniers ;

— un escadron de « L.V.T. » [1], dénommés communément « crocodiles », chargés du transport de nos approvisionnements et munitions entre Breskens et Flessingue ;
— un petit groupe d'artilleurs-observateurs ;
— une section d'infirmiers et brancardiers canadiens ;
— un groupe de démolition.

Les troupes d'assaut du 4 Commando ont vingt barges d'assaut du type L.C.A. qui peuvent prendre chacune trente à trente-deux commandos. Les deux objectifs immédiats sont donc Bexhill, entre le bassin du chantier naval et le lac Spui of Binnenboezem, et Dover, entre ce même lac et la mer. Ces deux secteurs entre nos mains, la partie basse de la ville coupée de la haute ville, le secteur de Seaford pourrait être entièrement dominé et facilement nettoyé. Une brigade d'infanterie anglaise débarquerait plus tard dans l'anse de Dokhaven, dénommée Uncle Beach, pour passer à travers notre tête de pont de la basse ville et gagner le secteur de Bexhill d'où, appuyée sur les commandos tenant ce secteur, elle procéderait aux opérations de nettoyage de la haute ville. Le reste de la brigade, comprenant les R.M. 41, 47 et 48 Commando, soit environ quinze cents officiers et commandos, débarquerait, cinq heures après, à la pointe de Westkapelle pour attaquer la ville.

Les renseignements obtenus sur les troupes ennemies qui tenaient l'île de Walcheren sont vagues et incertains. En dehors des positions fortifiées, des grosses batteries qui s'échelonnent tout

1. Les « L.V.T. » ou « crocodiles » sont des engins amphibies ayant une vague ressemblance avec le char « Churchill », mais plus larges. Ces engins ont l'avant cuirassé et sont pourvus, tant à bâbord qu'à tribord, de nombreuses armes automatiques de toutes sortes, dont des mitrailleuses 13,2 mm. La capacité de transport de ces « crocodiles » est de 30 hommes avec tous leurs «impedimenta» ou une quantité de matériel et de munitions considérable. On racontait que ces engins n'avaient de grande valeur que pour autant que leurs chenilles fussent au-dessous de l'eau, mais, plus tard, quand nous nous en servîmes dans les dunes de sable ou dans la boue collante des digues, nous fûmes enthousiasmés de leur performance et de leur sûreté aussi efficaces dans l'eau que sur terre. Combien de nous se rappelleront toute leur vie de la traversée d'un bois profond recouvert de plus d'un mètre d'eau où ces « crocodiles » nageaient, leur nuque d'acier hors de l'eau, en bousculant les arbres et les écrasant.

le long de la côte et qui sont minutieusement repérées, nous n'avons aucun renseignement précis sur le nombre, la valeur et la dispersion des forces de l'infanterie ennemie dans l'île. Nous savons qu'une partie de la 70e Division d'Infanterie, responsable de la défense de Walcheren, a été expédiée sur le continent au moment de la bataille Breskens et que ses pertes ont été lourdes. Mais de combien est-elle réduite ? Nous apprenons aussi de notre service de renseignements qu'un régiment, le 89e de Forteresse, est dans l'île, réparti en groupes de combat. Des formations bâtardes de la 64e Division sont également signalées.

En comparant tout ce que nous apprenons, soit par le service de sécurité, soit par les civils qui se sont échappés de l'île, il paraît fort possible que le nombre d'ennemis tenant l'île de Walcheren s'élève à environ neuf mille officiers et hommes, dont un tiers se trouve dans Flessingue et ses environs immédiats. Nous allons donc faire le débarquement et porter l'attaque de la forteresse de Flessingue contre un ennemi cinq fois supérieur en nombre.

CHAPITRE VIII

L'ASSAUT DE LA FORTERESSE DE FLESSINGUE

Le mardi 31 octobre, après une inspection sévère des troops, de leurs armes et de leur matériel, le 4 Commando en entier quitte le périmètre ultra-secret des barbelés pour embarquer dans les camions qui vont l'emmener vers Breskens, notre port d'embarquement, pour la traversée du chenal et l'attaque de Flessingue. Dans une forme physique extraordinaire, les commandos quittent Den Han, l'hospitalière, la chanson aux lèvres et du gros raisin belge plein les musettes. Une grande étendue de la route que nous suivons est sous l'eau, et l'autre partie est couverte d'une boue gluante, et tous les petits villages ou bourgs que nous traversons sont rasés par la bataille de la poche de Breskens qui s'est terminée il y a à peine deux semaines. En approchant de Breskens, un déploiement spectaculaire des régiments d'artillerie, qui représentent notre base de feu, réconforte le cœur des commandos qui comprennent le soutien qu'ils recevront au moment de l'heure « H ». Enfin, voici Breskens, entièrement détruite, ville morte, où nous pénétrons en silence après avoir abandonné nos camions en dehors de la ville. Aucune rue n'est encore déblayée et les mines antipersonnelles pullulent. Le 4 Commando se divise par troops et s'installe dans les ruines pour casser la croûte et dormir quelques heures en attendant l'heure « H » à l'aube.

Le colonel Dawson, commandant le 4 Commando, me fait dire qu'il pousse jusqu'au port et me demande d'aller avec lui.

Une partie des quais est encore minée, mais une longue jetée en bois se trouve en parfait état, et toute la flottille des « L.C.A. » qui doit nous porter y est amarrée. Flessingue, de l'autre côté de l'eau, est bien visible, mais, en cette fin d'après-midi lourd et grisâtre, il n'est pas possible d'observer les points de repère sur lesquels nous comptons pour effectuer notre débarquement à l'endroit décidé. La forêt de grues dans le chantier naval se détache cependant sur le fond du ciel, en particulier une grue énorme qui domine nettement toutes les autres.

Rien ne bouge de l'autre côté de l'eau. De même, Breskens, malgré les six cents commandos qui logent dans ses décombres, semble dormir, épuisée d'avoir tant souffert. Cette illusion de sommeil se dissipe brusquement à la tombée de la nuit par une canonnade intense venant de la batterie W6 de la côte de Westkapelle. Nous en apprenons la cause : la flottille des « crocodiles », venant de Ternuzen pour nous rejoindre et charger son matériel pendant la nuit, bien qu'ayant couvert son parcours d'un écran de fumée et nagé le long de la côte, a été repérée.

Le tir des canons ennemis dirigé sur le port est excellent et dure assez longtemps pour causer des pertes au personnel naval. Providentiellement, aucune de nos barges d'assaut « L.C.A. » n'est touchée ; seul, un doris qui devait faire une reconnaissance est coulé. Toute la flottille est quand même obligée de se disperser rapidement et d'abandonner le quai le long duquel elle était amarrée. La chance nous sert encore cette fois : aucun obus ne tombe sur la ville. L'ennemi ignore toujours la présence de troupes dans Breskens, mais a maintenant la puce à l'oreille.

Il semble qu'il reste très peu d'espoir de bénéficier de l'élément surprise dans cette opération. La situation stratégique des armées alliées dévoile de plus en plus que l'ouverture de la navigation alliée vers le port d'Anvers est la préoccupation dominante du Commandement Suprême. De ce fait, l'attaque sur Walcheren doit en être le prélude essentiel. Le nettoyage de la poche de Breskens suggère notamment la direction d'où doit venir l'attaque contre l'île, et il est certain que la concentration des cinq régiments d'artillerie en arrière de Breskens et, plus tard dans l'après-midi, la venue des « crocodiles » dans le port ne sont pas passées inaperçues des Allemands. La seule chance d'avoir un semblant de surprise résidait maintenant dans la supposition par l'ennemi que l'attaque viendrait de South Beveland. De toute façon, dès que le barrage d'artillerie, qui dépassera en intensité tout ce que Flessingue à jamais eu à subir jusqu'à présent, s'abattra sur la ville, les batteries et les points forts, l'ennemi ne doutera plus que l'attaque va se déclencher. Nous gardons cependant l'espoir que, quand les Allemands, abrutis et secoués par cette infernale canonnade, réaliseront la situation, il sera trop tard et que nous aurons déjà pris pied à terre.

Au dernier moment, comme prévu, il est impossible aux bombardiers de la Royal Air Force de nous donner leur appui dans cette opération, les conditions atmosphériques n'étant pas favorables. Il est alors décidé que le barrage d'artillerie qui devait commencer après le bombardement aérien, sera avancé et s'ouvrira à l'heure « H » moins soixante minutes.

*
* *

Il fait froid et humide ; dans quelques instants, la nuit va venir. Le silence, qui a succédé au tir de la batterie W6 sur le port, s'est cristallisé en un camouflage mystérieux. Des commandos glissent entre les pans de murs calcinés des maisons de la ville morte et se rassemblent au crépuscule de cette veille de la Toussaint, pour entendre la messe sur l'emplacement de l'église rasée.

Voici notre brave aumônier, René de Naurois. Avant l'office, nous bavardons et il nous raconte son dernier ennui, dû à sa légendaire distraction : quelqu'un pourrait-il lui prêter une gamelle après la messe pour son thé, la sienne a disparu, ou peut-être même a-t-il oublié de la mettre dans son paquetage avant de quitter Le Coq. Au moment de s'éloigner, ses grands yeux bleus brillants de bonté dans son visage pâle de philosophe chrétien me regardent et il me dit avec un sourire triste :

— Ne croyez-vous pas, commandant, que nous aurons une casse encore plus forte qu'au moment du débarquement en Normandie ?

Nos yeux se fixent un court moment et il lit avec peine dans les miens la réponse à sa question.

De gros nuages bas roulent dans le ciel. L'aumônier, dans sa veste de parachutiste, avant de célébrer la messe, adresse maintenant ces courtes paroles aux commandos :

— Nous sommes tous ici ce soir comme nous serons tous dans quelques heures, coude à coude, chargeant l'ennemi. N'analysons pas le motif particulier qui amène chacun d'entre vous à cette messe avant l'assaut. Un grand nombre d'entre vous, certes, les premières heures d'une grande attaque passées, sont repris par leurs habitudes et leurs devoirs militaires quotidiens et négligent, plus tard, ces belles minutes de recueillement qui nous donnent la chance de nous sentir si près l'un de l'autre durant une office divin. Mais, voyez-vous, Dieu, dans son infinie bonté et sa grande miséricorde, ignorant vos faiblesses et pardonnant l'oubli, vous procure cette nouvelle chance de vous recueillir tous ensemble et de vous permettre de vous sentir forts. Chacun de vous, à sa façon, ceux qui connaissent la prière, ceux qui l'ont oubliée et ceux qui n'ont jamais eu la chance de l'apprendre, élevez simplement vos âmes, vos pensées nobles vers Celui qui est plus grand que tout, et vous aurez prié. Croisés de la Liberté, commandos volontaires, Dieu vous pardonne et je vous donne, en son nom, une absolution générale.

Un moment plus tard, dispersés par troops dans les ruines, les six cents hommes du 4 Commando, enveloppés dans leurs couvertures, dorment du sommeil des cœurs purs et généreux.

Le réveil a lieu à 2 heures, et le rassemblement se fait dans la rue principale de Breskens pour descendre au port vers les embarcations. Il fait très frais, mais la pluie a cessé et une brume, pareille à de la vapeur humide, limite la visibilité. Les gros nuages bas continuent à rouler dans le ciel. Nous descendons par troops vers le port en file indienne dans le plus grand silence.

A quelques mètres de la jetée d'embarquement, au fur et à mesure du défilé des hommes, chaque commando se penche tour à tour avant de s'engager sur la passerelle de bois menant à sa barge d'assaut.

Là, debout contre une pierre, une jambe humaine, sectionnée au mollet, le pied d'une blancheur éclatante, semblait vivre et nous regarder passer. La pluie fine de la veille a lavé toute souillure et le dessin net et propre des ongles fait songer aux membres épars des personnages de cire du musée de Mme Tussaud après un des bombardements de Londres.

Bouilly, batman du capitaine Vourc'h, se penche vers son inséparable camarade, Ropert, et lui murmure :

— Tu vois, mon vieux, pour moi, c'est bon signe et je suis sûr encore de ma veine cette fois-ci. Cependant, après la guerre, je n'aimerais pas beaucoup travailler dans une morgue...

Bouilly, tireur d'élite, devait, à la fin de la guerre, avoir à son actif dix-sept ennemis descendus, dûment homologués, sans compter les douteux. Le sort, quelques heures plus tard, devait le conduire au poste de secours du « toubib » où, avec un léger éclat au haut de l'épaule, il venait se faire panser avant de retourner au combat. Le poste de secours, installé dans un abri boche, regorgeait de blessés civils et militaires. Bouilly, s'adressant à notre infatigable infirmier-chef, Bouarfa, lui dit :

— Fais-moi un petit pansement à l'épaule rapidement, car je dois rejoindre tout de suite le capitaine Vourc'h.

Tandis que Bouilly attendait qu'on lui fît son pansement, le toubib anglais, baptisé affectueusement par les commandos français Doc Kenneky, le voyant inoccupé, lui dit :

— Que fais-tu là ? Tout le monde est occupé ici et je n'ai pas suffisamment de personnel. Rends toi utile et tiens-moi la jambe de cette civile qui vient d'être blessée.

Bouilly, négligemment, prend entre ses mains la jambe de la femme hollandaise couchée sur la table d'opération et se retourne vers l'infirmier-chef en lui tendant son épaule blessée. Il raconte les dernières nouvelles du combat, tandis que Bouarfa panse sa blessure. Puis, tout d'un coup, il s'aperçoit que le toubib vient de terminer l'amputation de la jambe qu'il tient encore entre ses mains. Il pousse un juron formidable :

— Bande de salauds ! Si vous croyez que je suis venu ici pour tenir des guibolles, vous vous trompez. Que voulez-vous que j'en fasse ? Au moins, celle de ce matin, à Breskens, avait bien plus de gueule !

Il repousse avec dégoût la jambe sur la banquette où l'opération vient d'avoir lieu, saisit son fusil en toute hâte et file en vitesse vers les maisons du secteur de Bexhill où sa compagnie se bat.

L'embarquement est terminé à 4 h 15. Quinze minutes plus tard, la première barge d'assaut passe l'entrée du port, cap vers Flessingue. A cet instant précis, le barrage d'artillerie, dans un roulement de tonnerre, éclate et la terre, derrière nous, se silhouette contre l'éclair mouvant des trois cents gueules de canons qui crachent du feu en hurlant. Le regard fixé avec anxiété sur Flessingue, nous entraînons nos yeux à l'obscurité pour deviner les coups de départ de l'artillerie allemande qui, sans aucun doute, va riposter. Mais rien, sinon les arrivées de nos obus et l'éclair de leurs éclatements courant comme des feux follets tout le long de la promenade de Flessingue. Par moments, les obus qui éclatent sur la plage propagent un feu d'artifice d'étincelles rouges qui retombent en cascades. Les canons ennemis ne répondent pas.

Les barges d'assaut croisent lentement dans le chenal en attendant l'heure « H » où nos canons doivent allonger leur tir vers l'intérieur de la ville. Tous les commandos, accroupis à l'intérieur de leurs barges, font confiance à la Royal Navy pour éviter les mines marines et les torpilles humaines signalées dans les parages. Bientôt, Flessingue s'illumine et les flammes claires, battant les premières fumées d'incendies, dessinent le littoral. Tout à coup, le Moulin d'Orange, ses bras noirs stoppés sur le fond rouge du brasier éloigné, jette son relief gigantesque et indique la route à nos barges d'assaut.

Le support et la couverture de notre artillerie nous précèdent de si près qu'une des trois premières barges, en avance sur l'heure « H » d'une minute, est touchée par un coup court qui la traverse au-dessus de la ligne de flottaison sans éclater. Il est 5 h 45. La première barge atterrit au moment précis où notre barrage d'artillerie est levé. C'est celle du capitaine anglais Rewcastle qui touche le bout de la jetée ouest du Ooster of Dokhaven, le long des chevaux de frise sous-marins cimentés dans le sable. Des obus de sérieux calibres, amorcés au haut des poteaux de la défense côtière, sont évités de justesse et la barge jette au pied de la digue les dix premiers commandos qui escaladent le mur et nettoient le premier point fort de ses occupants avant que l'ennemi ait pu tirer un seul coup de feu. La brèche pratiquée, ce groupe de commandos cisaille une ouverture dans la triple rangée de barbelés, puis déroule les bandes blanches qui indiqueront aux troupes d'assaut le passage salubre marqué à chaque bout par une lampe signalisatrice. A cet endroit, la digue, assez inclinée vers la mer, représente une escalade possible pour les commandos. La veine semble nous servir. En effet, les barges plates d'assaut peuvent abattre leur pont-levis au pied même de la digue et éviter ainsi aux commandos un débarquement mouillé qui, en général, est fort désagréable dans les combats de longue durée. Celui de Normandie s'était fait pour certains avec de l'eau jusqu'au cou.

A peine les deux premières barges, dans une manœuvre admirable, évitant les poteaux amorcés d'obus, ont-elles jeté à terre leur cargaison de bérets verts, qu'un canon de 20 mm., camouflé sur le promontoire de Brighton, ouvre un feu violent de petits obus traceurs. Voici les mitrailleuses qui crachent en enfilade, venant de la même direction, et nous entendons, accroupis dans notre barge, à quelques mètres de la digue que nous allons toucher, l'écrasement sourd des balles contre notre petite coque blindée.

Les chaînes grincent et nous nous élançons à travers le pont-levis à l'escalade de la digue. Des poteaux, à hauteur d'hommes, barrent la route ; ils sont passés en un clin d'œil et le flot de l'assaut s'engouffre dans le passage ouvert dans les barbelés. En débouchant à la tête de mon détachement de P.C. au haut de la digue, une scène comique nous attend. Agenouillés dans la boue tout autour de la position forte qu'ils occupaient quelques minutes auparavant, une trentaine de Boches, les mains croisées derrière la nuque, ressemblaient à de mauvais élèves punis en classe. Ce sont les premiers ennemis surpris par le faible détachement de commandos débarqués en tête. Ils n'ont pas eu le temps d'armer la pièce de 75 mm.

qui se trouve intacte dans la casemate. Ils comprennent fort bien que leur meilleur atout pour une vie sauve est de ne pas gêner notre action ; ils se sont agenouillés d'eux-mêmes.

Maintenant que l'ennemi est complètement réveillé et doit faire face à la réalité, les dernières barges qui arrivent pour le débarquement rencontrent un feu extrêmement nourri provenant du canon de 20 mm. et des mitrailleuses situées sur la jetée du secteur de Brighton. Une de ces barges, portant une section de la troop 4, les armes lourdes, dont deux mortiers de trois pouces, et les appareils de radio des observateurs d'artillerie, est touchée. Elle va s'éventrer sur les piques d'acier de la défense sous-marine, coulant dans trois pieds d'eau. L'équipe qui l'accompagne effectue le sauvetage sous un violent feu ennemi et, en dépit des pertes, réussit une demi-heure après à mettre le premier mortier en action. Il est 6 h 30, le jour pointe, les six troops d'assaut et la troop de mortiers sont à terre, progressant vers leurs objectifs.

A ce moment, Bougrain, mon radio, me dit :

— Commandant, on cherche l'aumônier ; prenez l'écouteur.

La voix du capitaine britannique Beckett passait du poste de commandement du colonel Dawson le message suivant :

« A tous, signalez de suite si l'aumônier français a été vu par une des troops, britannique ou française, et demandez-lui de regagner immédiatement le poste médical installé dans l'abri bétonné qui se trouve au pied du moulin. »

Je réalisai tout de suite que ce message était inquiétant, car l'aumônier, comme d'habitude, avait débarqué avec la section médicale à laquelle il était attaché ; était-il tombé au pied de la digue avant d'avoir pu franchir l'obstacle des poteaux qui barraient le passage ?

Les réponses au message arrivaient des troops les unes après les autres : « Pas vu l'aumônier. »

Je dépêchai Gouriou, l'un des deux agents de liaison attachés à mon P.C., vers le rivage à la recherche de l'aumônier. Un moment plus tard, Gouriou me rapportait de bonnes nouvelles. Il avait retrouvé l'aumônier et l'avait accompagné au poste médical, où il se trouvait maintenant.

Voilà ce qui s'était passé. La haute rangée des pieux lisses plantés au haut de la digue représentait certes une escalade particulièrement difficile pour le « padre », sous les rafales de mitrailleuses ennemies qui tiraient de la jetée de Brighton. Dans sa hâte à sauter cet obstacle avec leurs sacs médicaux et leurs civières, la section médicale n'avait pas eu la possibilité de prêter la main à l'aumônier qui était resté couché en retrait, refusant toute aide pour ne pas retarder leur passage. L'aumônier avait jugé possible d'effectuer tout seul l'escalade. Après coup, il se trouva que l'habileté et l'expérience de notre « padre », bien que secondées par une volonté de fer, n'arrivaient pas à bout de l'obstacle. Il s'était débarrassé de son équipement et avait attaqué l'obstacle à plusieurs reprises, mais sans succès. Il perdait peu à peu tout ce qui lui restait de force musculaire, mais sa volonté têtue de passer et rejoindre son poste restait inébranlable. C'est à ce moment que mon agent de liaison Gouriou le repéra. A la vue de Gouriou arrivant à son aide, comme mû par un ressort, il bondit une dernière fois sur l'obstacle et, avec un noble péché d'orgueil sur la conscience, ce brave René réussit d'un coup de rein à retomber de l'autre côté des poteaux. Il était à peu près knock-out, assis contre ce diable d'obstacle, le béret vert enfoncé sur les yeux, quand Gouriou l'aida à se relever. Il remplit cependant ses devoirs d'aumônier et d'infirmier jusqu'à la fin des combats de Flessingue, mais dut être évacué ensuite vers l'arrière et plus tard dirigé sur un hôpital en Grande-Bretagne, à la suite d'un « nervous break down » complet qui faillit lui coûter la vie.

La première section de la troop 1 du capitaine anglais Thornburn nettoie la jetée d'Oranje Molen et capture une casemate abritant un canon de 75 mm., s'établit en position défensive le long de l'Oranje Straat. La seconde section de cette troop s'élance vers l'arsenal Barracks, qui se trouve abandonné, et elle procède alors à l'assaut des petits nids de résistance le long de la côte, s'installant face au secteur de Brighton pour contre-battre le tir ennemi dirigé sur Oranje Molen et Uncle Beach.

Aussitôt débarquée, la troop 2 du capitaine anglais Wilson, obliquant sur la droite le long de la jetée d'Oranje Molen, tombe sur un canon de 50 mm. dans une casemate située au coin est de Uncle Beach. L'assaut est donné sans hésitation par la section 2, couverte par le feu de la section 1 ; la position est liquidée ; le canon, capturé intact, est retourné contre le secteur de Falmouth et soutient l'avance de la troop tout entière qui s'empare un à un de sept points fortifiés le long de la digue et en direction du secteur de Falmouth. Des prisonniers se rendent en grande quantité et environ deux cents sont immédiatement dirigés sur Uncle Beach, où l'équipe de démolition travaille pour permettre l'entrée des « crocodiles » qui doivent arriver de Breskens avec notre approvisionnement et notre matériel. Dans un dernier élan, et appuyée par le tir des deux canons enlevés à l'ennemi durant sa progression, la troop 2 atteint bientôt la première partie de son objectif et occupe entièrement les secteurs de Falmouth et de Troon, couvrant totalement le flanc droit d'Uncle Beach, noyau du débarquement ayant pour centre Oranje Molen.

Un peu avant midi, notre tête de pont, où sont installés le poste de commandement et la plage de ravitaillement d'Uncle Beach, est solidement constituée. Elle part de la jetée de l'arsenal Barracks, entièrement occupée par la troop 1, passe à travers Seaford et Troon pour aller rejoindre le port. Nos deux flancs sont donc entièrement protégés par l'obstacle naturel de l'eau et solidement tenus par les troops 1 et 2 qui ont entièrement accompli leur mission : établir et nettoyer notre tête de pont.

Les quatre autres troops du commando, comprenant les numéros 3, 4, 5 et 6, les deux premières anglaises et les deux dernières françaises, sont sous mon commandement pour l'assaut du reste de la ville. Aussitôt débarquées, elles ont reçu l'ordre de foncer chacune sur leur objectif respectif par le plus court chemin. Elles doivent éviter la dispersion de leurs forces dans d'inutiles combats de rues, avancer le plus rapidement possible vers l'objectif, et accepter les pertes fatales que peuvent leur infliger les tireurs d'élite embusqués sur leur parcours. Cette manœuvre est impérative, surtout en ce qui concerne la troop 6, qui doit couper dans le plus bref délai tout contact entre la haute ville et la basse ville par l'occupation dans le secteur de Bexhill de la ligne qui part du coin nord-est du lac Binnenboezem pour aller rejoindre, à travers les chantiers maritimes, la cale de lancement du port de Flessingue.

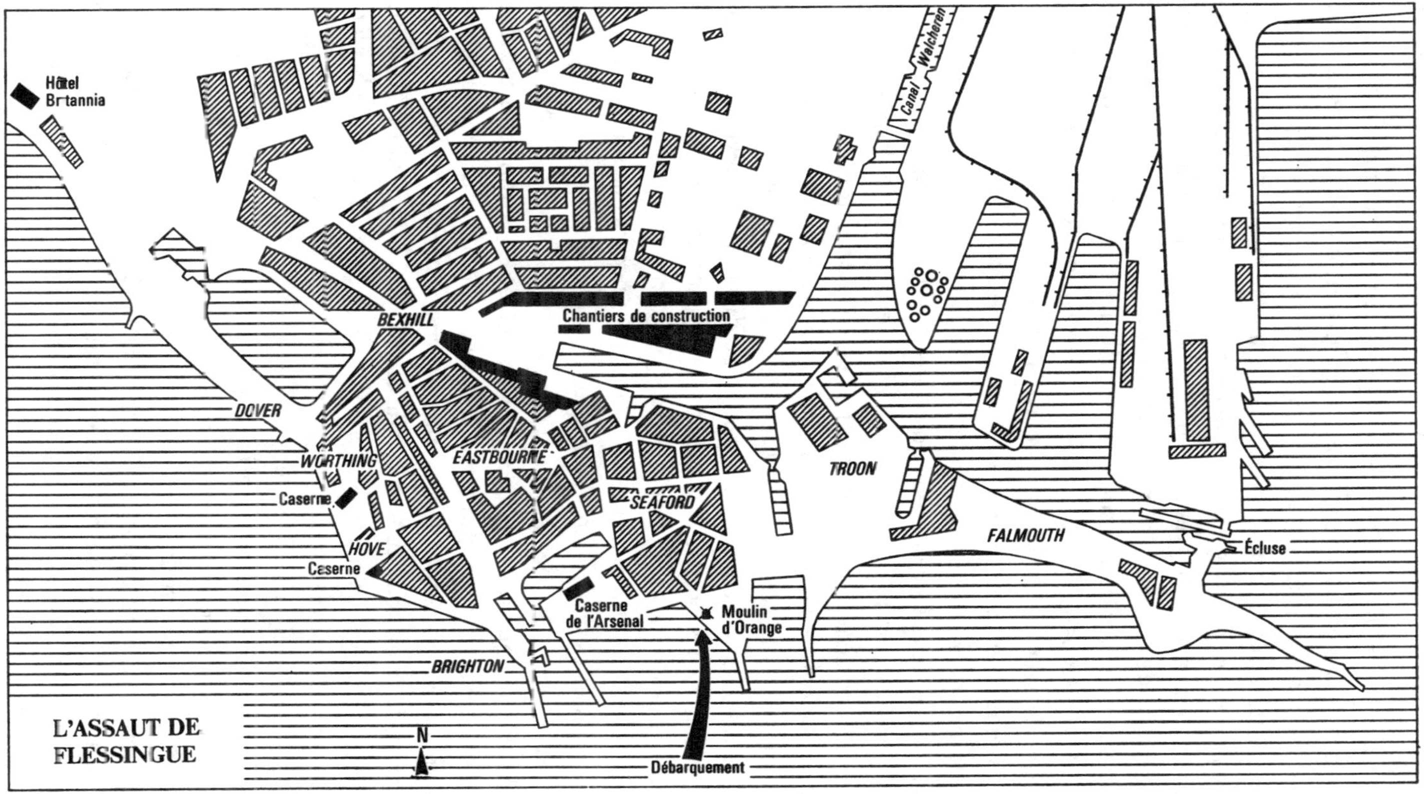
Hôtel
Britannia
Canal Walcheren
BEXHILL
Chantiers de construction
DOVER
WORTHING
EASTBOURNE
TROON
Caserne
SEAFORD
FALMOUTH
HOVE
Écluse
Caserne
Caserne
de l'Arsenal
Moulin
d'Orange
BRIGHTON
L'ASSAUT DE
FLESSINGUE
N
Débarquement

La troop 3 du major Weeb, Anglais, traverse au pas de course la tête de pont jusqu'à Seaford et, se rabattant à l'ouest, atteint bientôt Bellamy Park. Son avance pour l'attaque du secteur de Hove devient extrêmement difficile car l'ennemi, qui occupe toujours le promontoire de Brighton balaie de ses mitrailleuses Bellamy Park et rend sa traversée très malsaine. Une section de la troop 3, progressant de maison en maison, installe ses mitrailleuses dans les immeubles situés côté sud-est de Bellamy Park et contrebat de ses armes automatiques le feu de l'ennemi qui tire de Brighton. La seconde section de la troop traverse le parc au pas gymnastique également et commence sa progression vers le point fort des casernes de Hove. La résistance de Brighton l'a obligée à distraire la moitié de la force numérique dont elle dispose pour l'attaque de la position fortifiée de Hove. En effet, elle vient de disposer d'une section entière pour couvrir son flanc sur Brighton et elle se voit obligée d'échelonner des postes de contact entre ses deux sections pour prévenir toute infiltration ennemie. Elle donne cependant l'assaut avec la seule section dont elle dispose et enlève à l'ennemi une partie des positions qu'il occupe. Après de féroces combats de rues, l'ordre lui est donné de tenir les points conquis en attendant un renfort problématique. A midi, elle occupe la moitié de son objectif et tient l'ennemi en respect.

La troop 5, de l'O.E. Lofi, Français, dont l'objectif est Worthing, quitte la tête de pont de Seaford environ cinq minutes après la troop 3, en direction d'Eastbourne, où elle rencontre une opposition ennemie. Un combat corps à corps a lieu. L'ennemi laisse de nombreux tués et recule en direction de Bexhill. Au cours de cette attaque, un prisonnier informe le commandant de la troop qu'un nombre important d'Allemands tient les casernes et la position bétonnée de Worthing. Un nouveau prisonnier, capturé durant la progression, confirme les renseignements donnés par le premier. Une première attaque de la section 2 de la troop 5 est arrêtée par un violent feu de mitrailleuses et des tireurs d'élite ennemis camouflés dans presque toutes les maisons. Le lieutenant Chausse et le second-maître Messanot, de la 1re section, décident de pousser tous deux une reconnaissance rapide de la position forte de Worthing. Un moment après, ils sont attaqués à la grenade par un poste ennemi. Le lieutenant Chausse, légèrement touché, revient avec le second-maître Messanot et rend compte que l'ennemi est solidement retranché et bien supérieur en nombre. Je donne l'ordre à la troop 5 de tenir une liaison serrée avec la troop 3 qui est sur le flanc gauche, en essayant de progresser de maison en maison par petits paquets, sans toutefois donner l'assaut aux grosses positions avant de recevoir d'autres directives ou du renfort.

La troop 6, qui a la mission la plus importante dans cette opération, débarque au complet, ayant seulement perdu deux hommes. La troop 4, qui, dans le 4 Commando, est la troop des armes lourdes, mortiers et mitrailleuses, a pour mission de soutenir la troop 6 pendant son attaque sur Bexhill et, plus tard, de l'aider à tenir sa position défensive au cours de la bataille. Mais la troop 4 n'a pas pu se rassembler dans la tête de pont à l'heure voulue, car, comme dit plus haut, cette troop a subi de grosses pertes au moment du débarquement et a eu une de ses barges coulée avec deux mortiers de trois pouces. Après une tentative infructueuse pour la contacter, le capitaine Vourc'h, Français, commandant la troop 6, sachant l'importance du facteur vitesse dans sa mission, décide de partir au grand trot vers son objectif. Cette troop est accompagnée par l'ancien inspecteur de police de Flessingue. En dehors des tireurs d'élite camouflés un peu partout, il y a peu d'opposition jusqu'au bureau central des Postes et Télégraphes où se sont repliées une bonne partie des forces ennemies refoulées du secteur d'Eastbourne par la troop 5.

La 1re section du lieutenant Senée attaque cette position à la grenade et fait une cinquantaine de prisonniers ; un groupe d'Allemands commandés par un officier veut continuer la lutte à l'étage de l'immeuble. En un clin d'œil, quatre ou cinq commandos sont sur le toit et balancent, les bras dans le vide, quelques grenades par les fenêtres et dans toutes les directions de la pièce. Les douze Allemands qui s'y trouvent sont tous occis. La section, après cet intermède, reprend sa progression vers Bexhill. Aux environs de 9 heures, la troop 6, dont la rapidité a été foudroyante, nettoie les derniers éléments ennemis de Bexhill et se trouve solidement installée en position défensive, prête à tenir tête à tous renforts ennemis qui viendraient de la haute ville pour contre-attaquer. Dans l'intervalle, la troop 4, cruellement éprouvée après l'épopée du sauvetage de ses mortiers de trois pouces, a rejoint la troop 6 à Bexhill pour la renforcer et la soutenir du feu puissant de ses armes lourdes. Cette troop 4 du capitaine anglais Style, partie de la tête de pont avec trente minutes de retard employées à remettre ses mortiers en état, a perdu cinquante pour cent de son effectif au pied de la digue. Elle est installée à midi dans Bexhill avec la troop 6.

Ainsi donc, à midi trente, les quatre troops d'assaut ont conquis toutes leurs positions, à l'exception du promontoire de Brighton, où continue à lutter un petit groupe de courageux ennemis protégés de trois côtés par l'obstacle naturel de l'eau, entièrement coupés du reste de la ville. Le centre des points forts de Hove, Worthing et Dover, le long de la côte, tient toujours, ainsi que les deux grands blocs de maisons qui se trouvent devant Worthing et Dover. Les seules communications possibles de l'ennemi vers l'intérieur des terres sont réduites aux deux possibilités suivantes : soit par la promenade qui part de Dover vers le Nord en direction de l'hôtel Britannia où est installé l'état-major ennemi de la région de Flessingue, soit par la haute ville située au nord du secteur de Bexhill.

A 16 heures, la troop I, ayant terminé sa tâche dans la tête de pont, en confie la protection à un bataillon d'infanterie britannique, les King's Own Scottish Borderers, débarqué dans le cours de la matinée, et reçoit l'ordre de rejoindre la troop 3 et de la renforcer pour l'attaque du dernier point de résistance de Hove. Entre temps, je donne l'ordre à la troop 5 de passer le secteur de Worthing à la compagnie D du bataillon des King's Own Scottish Borderers et de progresser vers le secteur de Dover pour l'attaquer avant la nuit.

Les attaques successives déclenchées sur le centre des positions de Hove, Worthing et Dover ne peuvent venir à bout de l'ennemi avant la tombée de la nuit, et nos pertes augmentent sérieusement. L'ordre est donné de consolider les positions conquises devant ces trois secteurs, d'établir une liaison serrée entre les troops qui les occupent, de passer la nuit à harceler l'ennemi et d'empêcher toute infiltration dans nos lignes. L'attaque finale est remise au lendemain.

Durant toute la nuit, l'artillerie établit un barrage sévère sur les deux routes de communications ennemies dans le Nord, tandis que les commandos, devant les points forts ennemis de Hove, Worthing et Dover, ont quelques accrochages. Dans le secteur de Bexhill, venant de la haute ville, une contre-attaque ennemie, forte de deux compagnies soutenues par des lance-flammes, essaie de pénétrer nos positions défensives. Après un combat de nuit acharné, les débris des deux compagnies boches se retirent en abandonnant leurs lance-flammes sur le terrain sans avoir pu les utiliser.

Le quartier-maître chef Gadou, expert radio, devenu mitrailleur en l'occasion, avait descendu, au cours de cette attaque de nuit, l'équipe entière d'un énorme lance-flammes monté sur roues.

Le lendemain du jour « J », le 2 novembre, les commandos passent à l'assaut des points de résistance de Hove, Worthing et Dover, alors qu'un second bataillon des King's Own Scottish Borderers, qui s'est rassemblé au cours de la nuit, derrière les lignes des troops 6 et 4, s'appuyant sur Bexhill, part à l'attaque de la haute ville.

Vers le milieu de cette seconde journée, les positions de Hove et Worthing sont conquises par les troops 1 et 3. Les pertes sont assez sérieuses des deux côtés. Nous faisons plus de trois cents prisonniers. Cependant, la progression de la troop 5 dans le couloir de Dover est lente et les combats sont meurtriers. Les deux commandants, militaire et naval, de la région ont leur poste de commandement à l'hôtel Britannia, et la présence de ces augustes personnages dans les parages doit stimuler la résistance allemande. Dover conquis, c'est la capture de tout l'état-major du secteur. La force principale de l'adversaire à Dover est constituée par une large casemate bétonnée et blindée faisant face au seul passage par où la troop 5 peut attaquer. A quelques mètres de là, un « Flackvierling » [1], bien abrité dans un autre blockhaus, interdit le passage de la rue transversale. La progression est lente, car toute

1. Le Flackvierling est une pièce anti-char de 20 mm à quadruple canon.

avance dans la rue elle-même devient impossible. Une section pénètre dans un cinéma le long de cette rue et, gagnant le toit, installe son Piat (tube portatif antichar) et ouvre le feu contre le blockhaus ennemi. Graduellement, les deux sections, chacune d'un côté de la rue, progressent de maison en maison. Le combat corps à corps est sauvage. Afin d'éviter trop de pertes aux commandos avant l'assaut final, nous demandons une formation de six Typhoons pour une attaque à la torpille de la casemate blindée. Jamais artillerie aérienne ne fut aussi efficace et employée sur un but si proche de nos propres troupes. Trente minutes après l'appel qui leur a été fait, les Typhoons survolent leur objectif en rasant les maisons et repèrent la position que les commandos occupent. Une grande étamine jaune est déployée sur le toit de la dernière maison conquise de chaque côté de la rue. Avec un sifflement terrifiant, un à un, volant parallèlement au rivage, les Typhoons, tels des faucons sur la proie, plongeant à la verticale sur les dernières positions allemandes, leurs canons crachent du feu, et leurs torpilles, tirées par salves, les précèdent vers le but et, dans un éclatement successif, défoncent les toits et percent le ciment des casemates. On voit les Typhoons, au moment où la salve des torpilles va toucher l'objectif, se redresser brutalement et gagner le ciel en flèche. A peine la dernière torpille éclatée, les deux sections foncent respectivement chacune d'un côté de la rue et atteignent les deux dernières maisons faisant coin.

La troop 5 se trouve maintenant à quelque cent mètres seulement de la casemate blindée, seul point de résistance dans Flessingue. Les ennemis encore vivants et qui sortent des maisons éventrées vont d'eux-mêmes vers l'arrière, abrutis et secoués par le torpillage en piqué des Typhoons. Quelques rafales timides partent toujours des meurtrières de la grosse casemate qui semble vouloir continuer à se défendre. Le second-maître Lavezzi, devenu lieutenant par la suite, est volontaire avec Paillet pour aller poser une charge d'explosif dans l'embrasure de l'entrée verrouillée de la casemate et permettre ainsi aux commandos de la troop 5 de se glisser un à un le long du mur et jeter leurs grenades dans le trou créé par l'explosion. Au moment où le second-maître Lavezzi et Paillet bondissent pour couvrir les cent mètres qui les séparent de la casemate, la lourde porte s'ouvre et un drapeau blanc apparaît au bout d'un bâton. Trois officiers, suivis d'une soixantaine de soldats allemands, sortent, les bras en l'air. La troop 5, arrivée au but pour l'assaut final, n'avait plus qu'un effectif de trois officiers et de quarante-sept hommes. Les pertes de notre commando, tués et blessés, sont de 20 %, mais celles de l'ennemi dépassent cinq cents tués et blessés. Ils laissent en outre entre nos mains un millier de prisonniers.

CHAPITRE IX

LA CONQUÊTE DE L'ÎLE ENTIÈRE

Pendant ce temps, les L.C.T. [1] portent les « crocodiles », où sont entassés les quinze cent officiers et hommes des R.M. 41, 47 et 48 Commandos et une partie du 10 (I.A.) Commando, représentée par les troops belge et norvégienne, soit les trois quarts du reste de la 4e Brigade, croisent au large de la pointe de Westkapelle, attendant les premiers résultats de l'attaque sur Flessingue. Vers 8 heures, le 1er novembre, c'est-à-dire environ deux heures après notre débarquement à Flessingue, le message transmis par le 4 Commando anglo-français, assurant la brigade de notre succès en fin de journée, décide le débarquement sur Westkapelle.

Aux environs de 9 h 15, escortée d'un nombre important d'unités navales, la flottille des L.C.T. apparaît devant Westkapelle et se détache de son escorte, faisant route vers la brèche ouverte dans la digue de Westkapelle. Presque immédiatement, un duel d'artille-

1. « Landing Craft Tank » : barges servant au débarquement des chars d'assaut, de véhicules blindés et de tous transports motorisés.

rie éclate entre les unités navales et les batteries d'artillerie de la côte de l'île de Walcheren.

Voici un bref compte rendu de ce débarquement par l'Intelligence Officer de la brigade.

1er novembre. — A 10 h 10, le 41 R.M. Commando débarque au nord de la brèche ouverte dans la digue de Westkapelle. Quelques moments après, le 48 R.M. Commando débarque côté sud. Les deux commandos en question effectuent leur débarquement au moyen de L.C.T. Les batteries ennemies de la côte tirent sans arrêt et nous avançons sous une rafale considérable d'obus. Beaucoup des unités navales légères qui couvrent notre débarquement brûlent ou coulent. Cependant, en approchant de la côte, nous sommes étonnés de n'essuyer qu'un très léger tir d'armes automatiques ennemies.

Le 41 R.M. Commando est déjà en pleine bataille pour la ville de Westkapelle. Le 48 R.M. Commando progresse en direction sud avec Zouteland comme objectif. Il se heurte bientôt aux défenses de la première grosse batterie côtière, la W13, forte de quatre canons de 150 mm abrités dans les casemates bétonnées. A 11 h 40, la batterie est réduite au silence et les ennemis tués ou capturés.

Dans l'après-midi, vers 17 heures, le 41 R.M. Commando a nettoyé la ville de Westkapelle et le promontoire où se trouve une batterie, la W16, de quatre canons de même calibre. Il s'établit en position défensive pour couvrir le flanc de la brigade, qui a pour premier objectif la capture de toutes les batteries le long de la côte en direction sud. L'attaque de la batterie W13 par le 48 R.M. Commando, par assaut frontal, a été extrêmement dure et les pertes de ce commando sont sévères. Le P.C. de la brigade et le 47 R.M. Commando, en réserve, débarquent avec très peu de pertes. Toutes les unités de la brigade ont cependant été éprouvées au moment du débarquement, pertes en hommes et en matériel. Plusieurs des L.V.T. sautent sur des mines dans les dunes et seulement huit de ces engins sur trente-deux réussissent à débarquer. Un moment après, deux crocodiles sautent sur des mines.

2 novembre. — Le 48 R.M. Commando capture Zouteland à 11 heures. Le 47 R.M. Commando, qui le suit en réserve, passe à travers ses lignes et continue la progression vers le sud. Sa progression le long de la côte est cependant lente, mais il nettoie quelques petites poches de résistance. Les troops belge et norvégienne du 10 « I.A. » Commando rejoignent le 41 sur l'aile gauche, s'installent dans ses positions défensives au nord de la ville de Westkapelle, tandis que le 41 R.M. Commando passe en réserve pour panser ses blessures et se réorganiser.

Le 48 R.M. Commando, qui est en réserve aussi à Zouteland, a perdu 25 % de son effectif. Quelques instants après la tombée de la nuit, le 47 R.M. Commando atteint la batterie W11, devant laquelle il s'installe. Tous les officiers de ce commando sont blessés ou tués. Une forte contre-attaque au milieu de la nuit est repoussée et le 47 R.M. Commando tient ses positions face à la batterie W11.

3 novembre. — Dans la matinée, après un pilonnage sérieux par l'aviation et notre artillerie, qui se trouve de l'autre côté du chenal à Breskens, le 47 R.M. Commando attaque et enlève la batterie W11, également de quatre canons de 150 mm abrités dans une casemate. Le 41 R.M. Commando, au cours de la matinée, sort de la réserve et rejoint les deux troops norvégienne et belge du 10 «I.A.» Commando. Ils prennent Domburg sans trop de difficultés dans l'après-midi. La prise de Westkapelle, Zouteland, Domburg, et des batteries W13, W11 et W16, met fin au tir de l'artillerie ennemie sur la plage de débarquement où s'effectue le ravitaillement de la brigade. L'ennemi n'a plus aucun poste d'observation pour son artillerie lourde.

Pour accomplir la première partie de sa mission, il ne reste plus à la brigade qu'à réduire au silence les autres batteries de 150 mm, les W3, W4 et W6, qui se trouvent dans les dunes entre Zouteland et la brèche située au nord de Flessingue. Le 47 R.M. Commando repart à l'assaut de ces trois objectifs et, vers 16 heures, l'une après l'autre, les batteries cessent le feu et l'ennemi, renonçant au combat, se constitue prisonnier.

La prise de Flessingue entièrement terminée dans la soirée du

2 novembre, un appel de la brigade arrive, demandant au 4 Commando de traverser dans la nuit du 2 au 3 novembre, au moyen de canots en caoutchouc, la fameuse brèche de Flessingue, pour remonter la dune vers le nord et faire jonction avec le 47 R.M. Commando qui descend vers le sud, puis liquider, par attaques conjuguées, les trois batteries W3, W4 et W6 qui s'y trouvent. Le passage du torrent impétueux, large de cent mètres, qui s'engouffre dans la brèche, s'avère impossible dans des canots de caoutchouc. Une flottille de crocodiles L.V.T. nous est promise pour le lendemain pour effectuer la traversée. Avant que la flottille arrive dans l'après-midi du 3 novembre, le 47 R.M. Commando, comme nous l'avons vu plus haut, sentant l'ennemi faiblir, décide de progresser sans attendre l'arrivée du 4 Commando et reçoit la reddition de W3, W4 et W6, dernières batteries allemandes dans ce secteur.

Durant la matinée du 3 novembre, dans Flessingue libéré, nous assistons au tableau le plus comique et peut-être aussi le plus triste de notre vie de guerriers. Le commandant de la garnison allemande, le colonel Reinhardt, ainsi que le commandant de la Marine, faits prisonniers à l'hôtel Britannia, sont amenés en tête d'une longue file d'officiers ennemis sur l'emplacement d'Arsenal Barracks. Le colonel Reinhardt est appelé le premier dans un abri pour subir l'interrogatoire. Il pénètre, la figure verdâtre ; sa terreur et son excitation sont telles qu'il est impossible de lui tirer une seule parole compréhensible. Le bombardement qu'il avait subi la veille et sa reddition semblent l'éprouver d'une façon toute particulière. Il pousse quelques phrases incohérentes dans des hoquets, pleure, urine abondamment dans ses pantalons. On le fait partir et son chef d'état-major vient le remplacer sur le plancher mouillé qu'il vient de quitter. Celui-ci fait l'effet d'un somnambule réveillé au moment où il va quitter son toit pour le vide. Son interrogatoire est mené sans répit, mais sans résultat concret ; il est secoué de tremblements nerveux et n'a plus aucun contrôle de ses gestes ou de ses mots ; il pousse des jurons hystériques contre cette inondation et cette eau qui semble toujours le poursuivre. Il est renvoyé. Les autres officiers, interrogés, entonnent tous le refrain désenchanté de l'inondation.

En cet après-midi du 3 novembre, nous tenons entièrement, dans l'île de Walcheren, le littoral qui part de Flessingue, au sud, jusqu'à Domburg, au nord. Dans la même soirée, le 4 Commando anglo-français rejoint Zouteland à travers la brèche et se met aux ordres de la brigade.

Nous restons au repos dans les dunes de Zouteland pour la nuit. Après avoir grignoté ce qui restait de la ration de poche, le 4 Commando, qui venait de se battre pendant deux jours et deux nuits sans arrêt, est terrassé par le sommeil. Au bout d'un instant, la fraîcheur m'oblige à aller me dégourdir les jambes et je me dirige vers une petite maison en bordure de la dune que l'inondation n'a pas atteinte. Une vague lueur filtre par un carreau, j'entends des voix, un bruit de vaisselle et je pousse doucement la porte et passe la tête dans l'entrebâillement. Deux énormes poupées hollandaises, blondes et roses, faisant plus de 1,80 m sous leurs coiffes, encadrent comme deux gendarmes un minuscule commando.

« Sacré nom d'un chien, mais c'est bien la petite Chèvre ! »

Pour sûr, c'est le commando Lachèvre, jeune F.F.I. de 18 ans, le premier rencontré le jour « J » en Normandie. Lachèvre avait été adopté par le bataillon sans hésitation ; il était fluet et portait difficilement plus de quinze ans. J'hésitai à le garder au bataillon, mais sa bonne petite figure, son empressement à se rendre utile, sa fierté de porter le béret vert, en avaient fait, au bout de quelque temps, une sorte de mascotte dans le bataillon. Lachèvre avait deux passions : faire la cuisine et parler anglais. Il avait fait avec bravoure le coup de feu en Normandie et, après cette campagne, nous avait suivis en Angleterre, puis en Belgique et en Hollande. Il montrait de jour en jour une endurance marquée et son éducation militaire se faisait entre deux combats. Je l'attachai plus tard à mon P.C. et il devint l'ordonnance du lieutenant Hattu. Brave entre les braves, le lieutenant Hattu, mince et grand, était cependant le plus gros mangeur du bataillon et refusait énergiquement de prononcer un mot d'anglais après trois années passées en Angleterre. Lachèvre lui convenait comme un gant avec sa rage de cuisinier et son impudique audace à s'exprimer dans la langue anglaise.

Les deux géantes hollandaises, qui ne doivent guère avoir plus de 17 et 19 ans, passent au fur et à mesure leur vaisselle à Lachèvre qui, le torchon à la main, l'essuie. Le petit libérateur de Walcheren, de temps à autre, récolte un sourire charmant des deux jeunes filles et ses yeux brillent de plaisir. Tout d'un coup, d'une voix murmurante, comme dans une prière, il demande à celle qui paraît l'aînée :

— *Can I kiss you ?*

Il n'est pas compris. Il répète à deux ou trois reprises sa douce requête. Pour tout résultat, un dialogue, coupé de rires, s'engage en hollandais entre les deux jeunes filles. Lachèvre ne se décourage pas, il se rappelle après tout qu'il parle français :

— Un petit baiser ?

Même silence, nouveau dialogue ponctué de rires. Il se dresse alors sur la pointe des pieds, ramassant sa bouche en cul de poule et, pointant tour à tour du doigt ses deux joues, il esquisse le geste d'un baiser.

— *Sehr kleine, sehr kleine.*

Pour être sûre d'être bien comprise, la main étendue au-dessus du sol, la Hollandaise montre à Lachèvre combien il est petit, trop petit. A ce moment-là, Lachèvre m'aperçoit dans l'entrebâillement de la porte et je crois que jamais, durant toute la campagne, il n'a tant souffert. Le « pacha » a assisté à sa défaite. Je me retire doucement vers ma couche de sable d'où je vois bientôt passer l'ombre légère et désenchantée de Lachèvre qui va cacher sa confusion et chercher l'oubli dans le sommeil.

Nous employons encore la journée suivante au nettoyage des armes et attendons les « crocodiles » qui doivent nous apporter notre matériel et l'approvisionnement. Les heures se passent à faire du thé et à rétablir les estomacs qui crient en les bourrant de singe et de spam [1] que les L.V.T. ont apporté. Nouvelle nuit de repos et, le lendemain 5 novembre, nous recevons l'ordre de rejoindre Domburg pour une nouvelle mission. Le mouvement de

1. Terme employé dans l'armée anglaise pour désigner les conserves importées d'Argentine.

Zouteland à Domburg se fait à pied, environ douze kilomètres dans le sable épais des dunes. La marche est coupée par la traversée de la brèche de Westkapelle en « crocodiles ». Nous nous installons, le même soir du 5, dans les villas de Domburg où un stock de plusieurs centaines de caisses de Cherry Brandy est découvert dans les caves du château qui était occupé par les officiers boches. Dès le premier jour passé à Domburg commence un régime « mouillé » : petit déjeuner au Cherry Brandy, apéritif idem, déjeuner re-Cherry Brandy et dîner re-re-Cherry Brandy. Il suffit, aux heures régulières, d'aller toucher sa ration chez le cambusier, en la circonstance l'officier d'administration, le maître Horny. Cette douce et violente liqueur est classée par le 4 Commando dans la catégorie eau potable. Mais la prudence nous fait songer aux quelques jours vides et moroses qu'il faudra passer sur l'île après sa conquête totale ; ce sera le vrai moment pour attaquer à tête reposée cet important stock. Ainsi dit, ainsi fait : le stock nous suivra avec nos impedimenta à fond de cale dans un « crocodile ».

La bataille pour la capture des trois autres batteries et l'anéantissement d'une grosse force d'infanterie boche qui se trouve aux environs de Vrouwerpolder est commencée par le 41 R.M. Commando. Les dunes sont hautes au nord de l'île et c'est le secteur le moins affecté par l'inondation. Dans l'après-midi, la batterie W18 (4 canons de 150 mm) est emportée. Le 41 R.M. Commando, fatigué, très éprouvé, doit être relevé de ses positions. L'honneur d'achever la conquête de l'île va au 4 Commando anglais-français qui a déjà eu celui de la commencer par la prise de Flessingue. Toute la journée du 7 novembre se passe à préparer l'attaque de la batterie W19 qui devra être suivie par la prise de Vrouwerpolder où sont concentrées toutes les disponibilités ennemies en infanterie, sous le commandement d'un colonel.

Le 8 novembre, à 3 h 45, le 4 Commando, guidé par sa troop 3, en tête, progresse en colonne par un pour rejoindre les lignes du 41 R.M. Commando d'où partira l'attaque. Nous quittons les lignes amies à 5 h 30, précédés par un terrifiant barrage de mortier orchestré par toutes les armes lourdes des 4, 41 et 48 Commandos. Un ou deux canons allemands tirent à intervalles irréguliers. Notre tir couvre et encadre la totalité du bois de pins qui se trouve à notre droite, en retrait de la côte. La majeure partie de l'infanterie ennemie ne peut logiquement que se trouver dans ce bois. La disposition des six troops du 4 Commando est la suivante : la troop 4 des armes lourdes, installée dans les lignes du 41 R.M. Commando, donne le support de feu avec tous ses mortiers. Les troops 1 et 2 ont fait un crochet vers les dunes, direction nord, pour attaquer la batterie W1 en s'appuyant sur le 41 R.M. Commando, tandis que la troop 3 anglaise et les deux troop françaises 5 et 6 doivent attaquer l'infanterie ennemie à travers le bois et s'emparer de Vrouwerpolder, dernier centre de résistance ennemie dans l'île.

La troop 3 progresse le long des rails du petit chemin de fer Decauville et est suivie de très près par la troop 5 qui doit effectuer son avance à travers le bois en se rabattant sur la droite de la troop 3, tandis que la troop 6 attaquera au nord du bois.

Bientôt, des prisonniers arrivent en grand nombre au P.C. de la brigade qui se trouve de l'autre côté des rails du Decauville, derrière les lignes de la troop 3. Ils viennent pour la plupart de la direction des lignes de la troop 6 et déclarent qu'ils ont été mis en ligne dans le bois et les dunes par groupes de combat, sans aucune position défensive préparée. La partie est belle et, pour une fois, les commandos vont se battre contre un ennemi non plus retranché, mais en terrain découvert. Le jeu ne semble pas valoir la chandelle pour le boche, car au bout de quelques minutes dans la pétarade et l'éclatement des grenades sur toute la ligne de l'assaut qui progresse, des uniformes boches, les bras levés, descendent d'eux-mêmes vers le P.C. de la brigade, après avoir jeté leurs armes. Le jour est levé et, de la dune, sur nos arrières, une mitrailleuse ennemie crépite. Ils tirent mal, mais déjà la troop 1 a lancé une sous-section, et, bientôt, après quelques éclatements de grenades, la mitrailleuse devient silencieuse. Un dernier canon de la batterie W19 tire encore quelques coups sur Domburg, puis se tait aussi. La batterie W19 est bientôt conquise et les troops 1 et 2 ramènent leurs prisonniers à l'arrière et rejoignent leurs camarades qui sont en pleine attaque. La troop 1 rejoint la troop 5 dans le bois, et la troop 2 va renforcer en réserve la troop 3 au centre du fer à cheval.

Les troops 1 et 5, qui combattent maintenant côte à côte, portent l'assaut sur un gros pâté de maisons situées sur la lisière, de l'autre côté du bois ; elles exterminent un grand nombre d'ennemis et dirigent vers l'arrière plus de cent prisonniers. La troop 6 avance avec moins d'opposition.

Vers 8 h 15, tandis qu'une foule de prisonniers est fouillée au P.C., un sergent et trois Allemands, les armes à la main, sont aperçus à quelque trente mètres du P.C. Le sergent du Service de Sécurité de notre brigade les engueule en allemand en leur demandant pourquoi ils n'ont pas jeté leurs armes comme les autres prisonniers. Ils protestent qu'ils sont en mission et agitent un bout de papier.

Le papier est un laconique laissez-passer du commandant de la troop 6, le capitaine Vourc'h :

« Ces quatre ennemis sont en mission, pour transmettre des propositions de paix. Ils ne sont pas prisonniers et je leur ai permis de garder leurs armes. »

Ces quatre Allemands viennent de la part de leur capitaine de compagnie, sur l'ordre de l'officier commandant le régiment, se mettre en rapport avec notre P.C. et offrir la reddition complète de toutes les troupes allemandes qui restaient dans l'île.

Le capitaine Wright, Intelligence Officer de la brigade, qui s'exprime d'une façon parfaite en allemand, reçoit des ordres du colonel Dawson, commandant le 4 Commando, et, flanqué de son tireur d'élite, traverse les lignes ennemies, guidé par les quatre Allemands qui le conduisent dans un abri occupé par leur commandant de compagnie.

Celui-ci décroche le téléphone et sonne le Q.G. allemand à Vrouwerpolder :

— Ici le lieutenant von Z... J'ai pu prendre contact avec un capitaine du P.C. ennemi. Quelles propositions dois-je lui transmettre ?

— Demandez-lui s'il accepte de venir avec son officier commandant à mon Q.G. à Vrouwerpolder pour négocier la reddition des troupes allemandes.

— Compris, mon commandant.

Le lieutenant, la figure illuminée, lève son regard anxieux vers le capitaine Wright. Celui-ci dicte la réponse suivante :

— Votre proposition est acceptée. L'officier commandant les troupes alliées et moi sommes prêts, sans aucun engagement de notre part, à venir écouter vos propositions. Il est 8 h 30. L'ordre de cesser le feu sera donné dans dix minutes à nos troupes, soit 8 h 40. Vous devez en faire de même d'ici cette heure-là. Quels que soient les résultats des négociations, notre commandant et la suite qui doit l'accompagner devront être de retour dans leurs lignes et par vos soins pour 10 heures. Toute infraction aux ordres donnés de cesser le feu et de retour des officiers négociateurs entraînera l'extermination de toutes les troupes allemandes de votre secteur.

Le message transmis, le lieutenant boche attend... Soudain, on entend un aboiement à l'autre bout du fil. Sa figure s'illumine ; il raccroche, bondit sur ses pieds, fait le salut militaire et dit :

— Mon capitaine, toutes vos conditions sont acceptées par notre commandant qui envoie sa voiture et son chauffeur vous chercher. Pouvez-vous prévenir l'officier commandant vos troupes d'être ici avec sa suite dans quinze minutes ?

A 9 heures exactes, un grand silence règne sur les dunes, coupé pendant une ou deux minutes encore par un coup de feu solitaire qui semble faire un vacarme du diable. Les deux lignes ennemies, par endroits, sont à cinquante mètres l'une de l'autre et s'observent. Les Boches cassent la croûte et fument.

La voiture allemande arrive dans Vrouwerpolder à 8 h 55, avec le colonel Dawson, commandant le 4 Commando, le capitaine Wright, Intelligence Officer, et deux commandos tireurs d'élite. De leurs fenêtres, les braves Hollandais du village ouvrent de grands yeux en voyant des officiers alliés assis confortablement dans la voiture du commandant allemand, conduite par un soldat allemand. Ils n'arrivent pas à se décider à manifester et à crier victoire. Bien vite, avec son humour habituel, le capitaine Wright lève la main avec le signe « V » et des centaines de bras s'agitent et répètent le signe de victoire. C'est ainsi que le colonel commandant le 4 Commando débarque au Q.G. du commandant allemand. L'officier commandant le régiment et son état-major sont alignés dans la cour ; ils se mettent au garde à vous et saluent les commandos à leur descente de voiture. La politesse leur est retournée, puis nos commandos pénètrent dans la salle du Q.G. allemand, suivis du commandant allemand et de son chef d'état-major.

Parlant avec une grande émotion, le commandant allemand, les larmes aux yeux, raconte que l'état de désorganisation de ses troupes, le manque de munitions, l'obligent à se rendre. Il demande que ses hommes soient traités avec dignité, car ils se sont bien battus dans des conditions difficiles, que ses morts, dans tout le secteur, soient honorablement ensevelis, et que les nombreux blessés soient bien soignés. Il lui est donné aussitôt l'assurance que ces conditions seront respectées, qu'ils seront traités avec honneur. Le colonel commandant le régiment allemand se lève, il est suivi de ses trente-quatre officiers. Un à un, ils passent et saluent les officiers du commando, puis déposent leurs armes sur la table du Q.G. allemand qui devient notre P.C.

Quelques minutes plus tard, les troupes allemandes sont groupées sur le terrain et défilent devant les commandos en jetant armes et munitions à leurs pieds.

Ce dernier épisode de reddition conduit dans nos camps de prisonniers trente-cinq officiers et plus de neuf cents hommes. Le 4 Commando anglo-français n'a plus que quatre cents hommes, officiers compris, à son effectif.

L'île de Walcheren est définitivement conquise et les dragueurs de mines arrivent le jour même dans la passe pour ouvrir le chenal conduisant à Anvers qui attend, avec sa forêt de grues, l'arrivée des bateaux alliés.

Outre ce résultat stratégique d'une importance vitale, la 4e Brigade des commandos, en sept jours de combats acharnés, réduite à moins de deux mille officiers et hommes, a infligé des pertes énormes à l'ennemi. Elle fait près de quatre mille prisonniers et évalue le nombre des tués et blessés à plus de mille hommes. La brigade a attaqué et anéanti 8 batteries ennemies, les W3, 4, 6, 11, 13, 16, 18 et 19, toutes de 4 canons de 150 mm, soit trente-deux canons qui défendaient l'île et interdisaient l'approche du port d'Anvers, ceci en dehors des nombreux canons d'artillerie légère de tous calibres et des mortiers ennemis capturés et détruits pendant l'attaque du district de Flessingue. Les pertes de la brigade, dans l'affaire de Walcheren, se chiffrent à trente-cinq officiers et trois cent soixante-huit sous-officiers et commandos tués ou blessés.

Dans l'après-midi qui suivit la reddition, environ trois heures après le cessez-le-feu, un peu avant la tombée de la nuit, une fusillade retentit sur la côte dans la direction d'un blockhaus, à environ trois cents mètres de Vrouwerpolder. Un groupe de commandos français, faisant un tour dans les positions abandonnées par l'ennemi était attaqué au fusil par trois ou quatre Allemands qui ne s'étaient pas constitués prisonniers et essayaient de mettre à flot un vieux canot pour prendre le large.

Deux ou trois grenades, balancées dans leur direction par les commandos, eurent vite raison de ces insoumis qui ne s'étaient pas conformés aux règles d'armistice proclamé par le colonel allemand. Je sortis précipitamment de mon P.C. pour voir ce qui se passait. A genoux dans la boue épaisse et sous la pluie fine, les quatre Boches, les mains croisées derrière la tête, marchaient sur les deux genoux dans la direction de mon P.C. Le premier parlait un français excellent avec cependant un accent allemand assez prononcé.

Il criait à tue-tête aux commandos qu'il était Français et avait été enrôlé de force dans l'armée allemande. Je leur dis de se relever et j'ordonnai au prétendu Français de produire son livret militaire. Il blêmit quand je lui demandai si Kaiserslautern se trouvait en France. Je le fis fouiller et découvris en outre dans ses poches toutes sortes de papiers compromettants. Apparemment servi par sa solide connaissance de la langue française, il avait été employé par le service d'espionnage allemand. Je lui fis comprendre qu'il était passible du Conseil de Guerre pour avoir tiré sur des Alliés après la cessation des hostilités dans l'île et pour espionnage, et que son cas pouvait fort bien le mener au poteau. Il retomba sur ses genoux dans la boue, les bras en croix, pour implorer lâchement sa grâce. Pris de dégoût devant une telle lâcheté, je donnai l'ordre de le laisser dans cette position jusqu'à ce qu'une décision fût prise à son sujet. Quand je ressortis de mon P.C., environ une heure après, il était toujours dans la même position et recommença à crier miséricorde. Je le fis conduire dans le camp des prisonniers de guerre avec une fiche spéciale.

9 novembre 1944

« Hello ! ici, Londres. — Voici le communiqué officiel émis par le Chef Suprême du Grand Quartier Général des Forces alliées :

« Dans la matinée d'hier, les combats féroces menés par les commandos depuis une semaine dans des conditions extrêmement dures dans l'île de Walcheren viennent de prendre fin par une victoire écrasante sur l'ennemi. Le Commandement Suprême allié considère cette opération comme l'une des plus audacieuses et des plus braves de cette guerre [1]. »

La chanson à boire des officiers du 4 Commando dans le mess, occupé hier encore par les Allemands, couvre maintenant la voix du speaker de Londres. Le stock de Cherry Brandy qui revient aux officiers du P.C. est mis en batterie et un radio-message, passé aux troops du 4 Commando à leurs divers stationnements autour de la ville, transmet le passage du communiqué que nous venons d'entendre. De plus, chacune des troops est invitée à faire prendre, dans le logement de l'officier d'administration, sa part de butin de Cherry Brandy. Les chansons habituelles, une anglaise, puis une française, grondent dans la nuit. Elles se succèdent avec une graduation parfaite de paillardise, réservant jalousement pour la clôture la chanson de « Gladys », la plus entraînante et la plus riche en vocabulaire salé que j'aie jamais entendue en langue anglaise.

Cette opération vaut au 1er Bataillon de fusiliers marins commandos la quatrième des cinq citations qu'il a récoltées depuis sa création en 1941. La voici :

---

1. L'opération de Flessingue contre l'immense forteresse de l'île de Walcheren est connue sous le nom de code de « INFATUANTE ». Elle est citée comme l'opération type des commandos.

« Magnifique unité détachée au 4e Commando, sous les ordres du capitaine de corvette Kieffer, a participé le 1er novembre 1944, après un débarquement par surprise, à l'assaut du port de Flessingue (Ile de Walcheren) qui a été conquis de haute lutte en sept heures en dépit de la résistance acharnée de l'ennemi, fortement retranché et au moins trois fois supérieur en nombre.

« A ensuite participé à l'attaque générale de l'île, mettant fin le septième jour à toute résistance ennemie, et obtenant la reddition du colonel allemand, des trente-cinq officiers et quinze cents hommes qui la défendaient. Ce brillant fait d'armes a été relaté par le Commandant Suprême des Armées Alliées comme l'un des plus braves et des plus audacieux de cette guerre. »

OÙ LES COMMANDOS SONT PLUS FORTS QUE LES ARMÉES

Anvers, enfin accessible, chenal débarrassé de deux cent soixante-sept mines, accueille, le 26 novembre, ses trois premiers cargos. Et, deux jours après, son premier convoi : la fanfare attend les marins sur le quai, les hymnes nationaux retentissent, les photographes multiplient leurs clichés, les correspondants de guerre griffonnent leurs bloc-notes, les autorités militaires, parmi lesquelles on remarque l'amiral Ramsay, commandant naval suprême, expriment leurs félicitations, le bourgmestre fait les honneurs de sa ville au gouvernement belge.

Le 1er décembre, les grues déposent sur les quais dix mille tonnes d'équipements, armes, ravitaillement. Quinze jours après, les arrivées quotidiennes atteignent près de vingt mille tonnes.

Mais la guerre continue.

Elle stagne devant le cours de la Meuse.

Et qui sait ce que les Allemands mijotent, derrière l'Eifel, du côté des Ardennes ? Et ne conservent-ils pas des gages dans les Bouches de l'Escaut ? Telle l'île de Schouwen, juste face à North Beveland... De quoi donner éventuellement la main à des forces qui, bondissant de la frontière allemande, déferleraient à travers la Belgique cap sur Anvers.

Bref, une épée de Damoclès reste suspendue sur le front de la 1re Armée canadienne : les Alliés avaient certes reconnu l'île de Schouwen début novembre. Puis s'en étaient retirés. Pour envisager d'y revenir. Las ! le prix en serait, maintenant, fort élevé : bateaux, troupes, appui aérien. On remise les plans d'une opération qui avait déjà reçu son nom-code : Sailmaker. Et qui devait rapporter l'installation, sur l'île, d'un radar destiné à prévenir de toute attaque ennemie.

Il ne restait plus qu'à revenir à la bonne vieille stratégie des premiers mois de la guerre : celle des coups d'épingle chers à Churchill. Une fois de plus, les commandos réussiraient là où les armées se révélaient trop vulnérables.

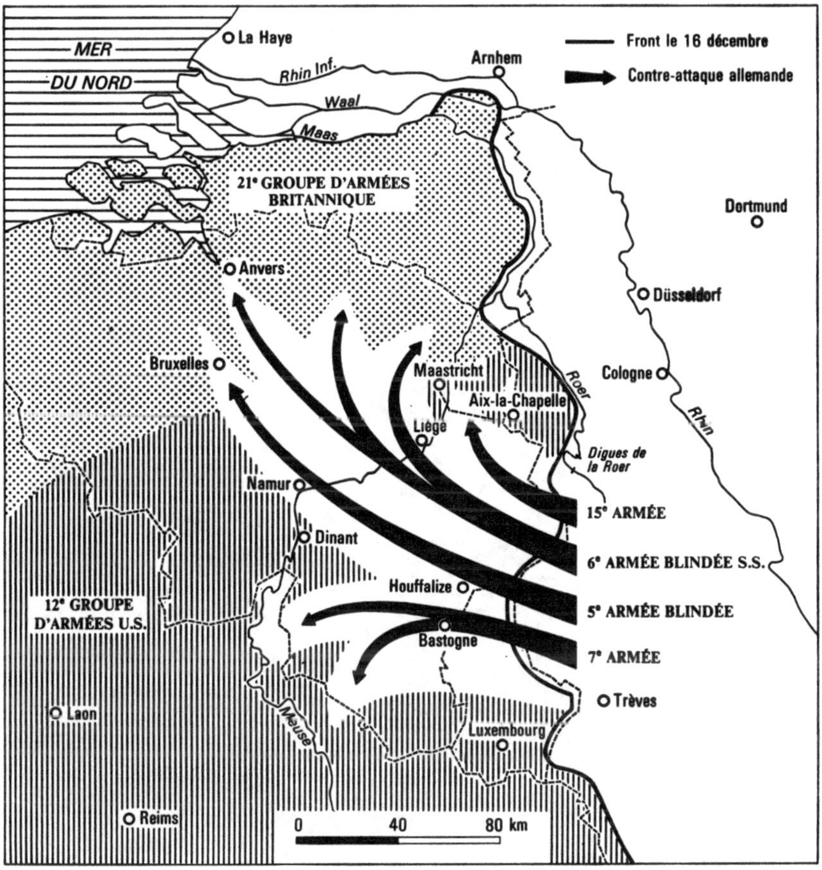

Le danger qui planait sur l'estuaire de l'Escaut
si Von Rundstedt avait réussi, à Bastogne, sa percée sur Anvers.

CHAPITRE X

LA FIN DES COMBATS ET DES CAMPAGNES DES BÉRETS VERTS

17 novembre 1944.

Nous recevons l'ordre de nous mettre en route pour l'île de North Beveland, située au nord-est de Walcheren. Notre mission est de préparer des positions défensives et de harceler l'ennemi qui est installé en face de nous dans l'île de Schouwen.

Schouwen, qui a une superficie à peu près égale à celle de Walcheren, est fortement tenue par l'ennemi et les services de renseignements alliés ont signalé, ces jours derniers, une augmentation considérable de sa garnison. Les Boches vont-ils tenter de reprendre North Beveland et Walcheren ?

Nous sommes installés dans l'île au début de décembre et le 4 Commando, aidé de la main-d'œuvre locale, commence immédiatement tout le long de la côte de gros travaux de défense, noyautés de champs de mines. Les travaux de terrassement sont faits volontairement par les habitants et ils refusent la paye civile qui leur est offerte. Une dizaine de jours après notre arrivée dans l'île, et rongés de curiosité en regardant chaque jour de l'autre côté de l'eau la tour ronde de l'église de Zierikzee, il est décidé d'aller rendre à l'ennemi une visite de nuit à Schouwen. L'expédition, montée minutieusement, nous fait songer aux nombreuses opérations de nuit que les commandos faisaient d'Angleterre sur les côtes de France avant le débarquement de Normandie. L'opération a lieu sur la côte sud-ouest, à deux kilomètres de Zierikzee, capitale de Schouwen. Après l'opération de Walcheren, les réserves du bataillon arrivent d'Angleterre pour remonter notre effectif passablement affaibli. Le commandement de cette troisième troop est confié au capitaine de Willers et l'honneur lui revient de faire le premier raid sur l'île voisine de Schouwen. Les civils hollandais que nous devions ramener sont introuvables ; nous laissons une patrouille ennemie sur le carreau avant de retourner à North Beveland, aucune perte de notre côté durant l'opération. La navigation dans le chenal est extrêmement difficile pour les L.C.A. et c'est un vrai sport qui enthousiasme nos ex-marins devenus commandos.

Cette petite opération déclenche, sur North Beveland, le lendemain, un violent tir des batteries lourdes ennemies situées sur la côte sud et sud-ouest de Schouwen.

Vers le 18 décembre, l'île est couverte de trois pieds de neige, et l'attaque ennemie a commencé dans les Ardennes avec Bastogne et Liège comme objectifs. Le Service de Renseignements de la Ire Armée Canadienne, à laquelle est rattachée notre brigade, prévoit une attaque des Boches qui viendront de Schouwen contre North Beveland et Walcheren, en conjonction avec leur avance dans les Ardennes. L'objectif de cette double attaque est la prise d'Anvers. Une armée allemande, venant du nord et s'emparant de l'île de Walcheren, faciliterait grandement l'avance allemande venant de Liège et bloquerait à nouveau le port d'Anvers. Nous travaillons sans arrêt à terminer les défenses de North Beveland, car la situation est devenue critique dans la poche de Bastogne, mais aucune attaque ne semble venir des ennemis qui sont en face. Nous décidons d'effectuer quelques nouveaux raids de nuit sur Schouwen. Le but de ces raids est d'intimider l'ennemi, en lui faisant croire à notre esprit offensif, et lui rafler quelques prisonniers qui nous donneront des renseignements. Entre la Noël et la première semaine de janvier, alors que l'affaire des Ardennes prend une allure dangereuse, nous effectuons deux ou trois raids sur Schouwen, tuant quelques ennemis et ramenant des prisonniers. Leur interrogatoire nous rassure : la garnison allemande qui nous fait face à Schouwen n'a pas beaucoup d'allant et vit dans la crainte perpétuelle d'une attaque des Alliés venant de North Beveland. Une des trois troops françaises du commando fait un nouveau raid sur l'île de Schouwen dans la nuit du 17 au 18 janvier. L'ennemi a cinq tués et blessés et nous ramenons huit prisonniers.

Vers le 24 janvier, les torpilles humaines font leur apparition autour de North Beveland, essayant d'atteindre le passage de l'estuaire pour attaquer les Liberty Ships qui se succèdent sans arrêt dans le port d'Anvers. Une de ces torpilles humaines se trouve en difficulté sur la côte de North Beveland ; elle est attaquée par nos canons antichars et nos mitrailleuses lourdes, et capturée à peu près intacte.

Durant la fin de janvier, le mois de février et la première quinzaine de mars, nous continuons nos raids contre des postes ennemis tout le long de côte sud-est et sud-ouest de Schouwen. Cette série de raids sportifs sont les seuls événements qui nous occupent et qui réveillent l'ennemi, provoquant de sa part une canonnade de vingt-quatre à quarante-huit heures sur North Beveland.

A la même période, nous coulons successivement deux torpilles humaines avec nos canons antichars, et, quelques jours après, une nouvelle torpille humaine s'échoue à la côte ; nous faisons prisonniers les deux pilotes.

Le 13 mars, le 4 Commando est retiré de North Beveland et va passer quelques jours de détente à Middleburg, capitale de Walcheren. La reine de Hollande rend visite pour la première fois à son royaume, depuis son exil en juin 1940 en Angleterre ; la troop Vourc'h, du 4 Commando, lui sert de garde d'honneur pendant les trois jours qu'elle passe dans l'île.

Quelle scène émouvante que le retour d'exil de la reine, fort âgée déjà, et retrouvant, après quatre années de séparation, son peuple fidèle, agonisant de faim, et lui criant avec des pleurs sa fidélité. Debout dans un char de reconnaissance, la vieille reine fit le tour de Middleburg, capitale de l'île de Walcheren, inondée et détruite, avec les armées allemandes occupant toujours les quatre cinquièmes de son royaume.

La situation est rétablie dans les Ardennes et la traversée du Rhin se prépare pour la seconde quinzaine de mars. Les commandos vont l'exécuter à Wessel avec un brio remarquable. Nous savions que, le Rhin passé, c'était la campagne rapide et la fin de la guerre. La 1re Brigade des commandos, après avoir traversé le Rhin aux environs de Wessel, dans la nuit du 23 mars, à 21 heures, attaque la ville une demi-heure plus tard et, à la suite d'un féroce combat de rues, extermine la garnison de Wessel, ne faisant qu'une centaine de prisonniers.

Durant la suite de la campagne d'Allemagne, son rôle se borne à servir d'infanterie portée à la 2e Division Blindée britannique, pour nettoyer tous les points où une résistance sérieuse de l'infanterie allemande est rencontrée. Le grand soldat qu'est le général Mills-Roberts, commandant la 1re Brigade des commandos, mène cette campagne de main de maître et avec une vitesse incomparable. Un régiment S.S., fanatique jusqu'au bout, oppose une vive résistance dans les environs d'Osnabrück. Les blindés allemands n'existent déjà plus ; le territoire allemand n'étant pas miné, ces derniers combats sont pour les commandos une nouvelle expérience de la guerre d'infanterie en rase campagne. Après un combat acharné à quelques kilomètres de Minden, et une dernière résistance opiniâtre de la jeunesse hitlérienne dans Leese, défendue par des garçons de quatorze à dix-huit ans, les groupes de combattants ennemis se font de plus en plus rares et le général Mills-Roberts reçoit la reddition du maréchal Milch et de son état-major quelques jours après.

La 4e Brigade des commandos, commandée par le général Leceister, à laquelle appartenait le 4 Commando franco-britannique, obtient la reddition des troupes allemandes à l'embouchure du Maas.

L'armistice est signé. Les bérets verts français font un séjour de deux mois en Allemagne occupée, puis le 1er Bataillon de fusiliers marins commandos quitte ses camarades britanniques pour rejoindre Londres. La dissolution est proche ; les uns rejoindront la vie civile, les autres retrouveront la vie de bord [1].

De nombreux amis et lecteurs qui m'ont fait l'honneur de s'intéresser à la première édition de *Béret vert* ont exprimé, à plusieurs reprises, leur désappointement de n'avoir pas trouvé dans les quelques actes individuels cités au cours du récit les noms de ces héros.

Bien que les raisons qui m'avaient porté à ne pas le faire dans la première édition subsistent : « Si un seul nom devait être nommé, tous y auraient droit », j'ai cependant cru bon, dans cette nouvelle édition, de dévoiler l'anonymat de quelques officiers et hommes morts et vivants qui ont accompli jusqu'au bout la tâche qui leur fut confiée.

Je m'excuse près des autres dont les noms n'ont pu apparaître dans cette histoires fidèle du 1er Bataillon des fusiliers marins commandos, car ils savent, ces cent quatre-vingt-sept commandos revenus, qu'avoir servi à quelque chose de grand, voilà toute l'histoire des fusiliers marins commandos et toute leur fierté.

Camarades commandos anglais, fusiliers marins, commandos français, ils ont, entre tous, immortalisé les mots de « commandos » et de « béret vert » créés pour eux, forgés par eux, mots qu'ils ont couverts de gloire sous cette devise : « *United we conquer* », « Unis, nous conquerrons. »

---

1. Durant son existence de mars 1941 au mois de juillet 1945, le 1er Bataillon de fusiliers marins commandos est cité cinq fois à l'ordre de l'Armée, son fanion est décoré de la Médaille militaire et de la Légion d'honneur. Les récompenses individuelles reçues par les officiers et les hommes, ou décernées à titre posthume, sont les suivantes : 3 Croix de la Libération, 19 Légions d'honneur, 6 Médailles militaires françaises, environ 160 citations à la Croix de guerre, 5 Croix militaires anglaises, 4 Médailles militaires anglaises.

QUARTIER GÉNÉRAL DE LA 1re BRIGADE DE COMMANDOS

Le bataillon français des fusiliers marins commandos qui a servi avec nous était sous le commandement du commandant Philippe Kieffer, M.C.

Ce bataillon était rattaché au n°4 Commando qui était une des quatre unités de commandos formant la 1re Brigade.

Les troupes françaises furent de la toute première vague d'assaut le jour « J », 6 juin 1944, en Normandie, et se trouvèrent engagées dans tous les importants combats de la tête de pont de Normandie.

Leur allant et leur courage ne furent égalés que par leur discipline et leur tenue de tout premier ordre.

En dehors de leurs superbes et exceptionnelles qualités au feu, ils nous furent d'une aide extrêmement précieuse par la valeur de leurs renseignements.

Il est très difficile de faire des louanges individuelles quand ces louanges devraient être unanimes, mais je ne peux m'empêcher de citer la puissance d'entraîneur d'hommes du commandant Kieffer. Sa force de commandement, son exemple et son dévouement au devoir furent d'un ordre exceptionnel.

Nous, de la 1re Brigade des commandos, devons beaucoup à ces vaillants Français. Ils montrèrent à chacun de nous comment les Français savent se battre et, ce qui est plus important encore, ils furent universellement respectés et craints par l'ennemi.

La France doit beaucoup aussi à ces hommes-là, car, dans bien des vil-

lages, les vieillards virent une Nouvelle Espérance se lever dans le ciel de la France en regardant ces soldats français combattant à la pointe d'avant-garde de l'Armée de la Libération.

19 juin 1945. *En campagne.*

Général de brigade,
D. MILLS-ROBERTS, D.S.O., M.C.,
Irish Guards,
Officier de la Légion d'honneur,
Croix de guerre.

POSTFACE I

QU'EST DEVENU LE BÉRET VERT ? [1]

Chez les Britanniques, la tradition des bérets verts a été transmise entièrement aux Royal Marines après la guerre. La création des Royal Marines date de plusieurs siècles. A l'origine, ils étaient la plupart du temps affectés comme fusiliers sur des bâtiments de guerre et responsables à bord de l'armement des pièces d'une des tourelles principales et avaient la responsabilité de la police du bord. Si, au cours d'une campagne navale, un débarquement s'avérait nécessaire, c'étaient encore les Royal Marines qui l'effectuaient, d'où leur entraînement tant comme canonniers que fantassins. Ils suivaient également un cours approfondi de police militaire et de stricte discipline. Au cours de la dernière guerre, les nombreux enrôlements dans les Royal Marine laissèrent un surplus considérable d'engagés qu'il était impossible d'embarquer. Des quantités de Royal Marines disponibles devinrent bientôt volontaires pour rejoindre les commandos. Au cours de l'année 1942, le War Office, d'accord avec l'Amirauté, décida de former avec ces volontaires quelques commandos composés entièrement

1. Postface de l'édition de 1969 (N.d.E.).

de Royal Marines. C'est ainsi que, dès 1943, chacune des quatre brigades de commandos se trouvait en partie composée de commandos de l'armée et de commandos Royal Marines. Après la cessation des hostilités, les tout premiers commandos, qui avaient été formés de volontaires des différents régiments de l'armée, étaient en partie démobilisés ou, pour les soldats de carrière, retournés à leur régiment d'origine. Les Royal Marines, au contraire, composés entièrement de soldats de carrière, gardaient leurs formations intactes et les différentes unités de Royal Marines Commandos, créées durant la guerre, furent maintenues et la tradition du « béret vert », comme dit plus haut, leur fut transmise entièrement après la guerre.

Ces mêmes Royal Marines Commandos continuent certes, à immortaliser le nom glorieux de « commando ». Ces jours-ci encore, ils sont cités constamment dans les communiqués du Quartier Général du commandant en chef des forces des Nations Unies en Corée. Ils montrent la même astuce, l'indomptable endurance et la magnifique bravoure qui sont l'apanage des « bérets verts ».

Il est bon de rappeler dans ce chapitre que le nombre des « bérets verts » qui se sont trouvés engagés sur tous les champs de bataille de cette dernière grande guerre n'a jamais dépassé le chiffre de dix mille hommes, soit quatre brigades constituées chacune de quatre commandos. Chaque commando comprenait six troops, à l'exception du commando 4, franco-britannique, qui était fort de huit à neuf troops. La troop normale représentait environ soixante-dix à quatre-vingts officiers et hommes. Il faudrait ajouter aux chiffres des quatre brigades l'état-major des Opérations Combinées, l'école de commandos et le Dépôt des Réserves.

Le mot « commando », que le grand public en France confond trop souvent avec le mot allemand « Kommando », est passé maintenant dans le vocabulaire militaire international pour signifier « coups de main audacieux montés par des groupes indépendants » et est souvent même employé à la légère. La seule et vraie formation durant la dernière guerre est celle des « bérets verts », brevetés de l'école des commandos d'Achnacarry, en Ecosse, et dont il ne doit plus, hélas ! en exister beaucoup.

Les Belges, qui n'ont possédé qu'une seule troop au 10 I.A. Commando durant la guerre et qui furent magnifiques en Italie et à Domburg, sont les seuls nationaux à ma connaissance, en dehors des Royal Marines Commandos et des commandos Marines en France, à avoir maintenu avec très peu de modification les vieilles traditions du « béret vert ».

Mon vieil ami, Georges Danloy, capitaine de la troop belge du 10 I.A. Commando durant les hostilités, a réussi à intéresser l'état-major belge à intégrer les « bérets verts » officiellement dans l'armée belge. Danloy forma avec le noyau des anciens une école d'entraînement située dans les Ardennes, qui est bâtie sur le modèle de celle d'Achnacarry, en Écosse, et suit les traditions des premiers « bérets verts », dont elle a gardé la coiffure. Les volontaires y vinrent en grand nombre et, à l'heure actuelle, il est fort possible que cette nouvelle formation soit à l'échelon d'une brigade.

En France, la situation était un peu différente. Il fallait faire face tout de suite, après la cessation des hostilités, à la réorganisation générale de nos armées de Terre, de Mer et de l'Air, et sur une échelle beaucoup plus importante. Nos finances étaient dans un état déplorable et un manque total d'armes et d'équipements entravait l'appel des nouvelles classes. Avant ma démobilisation en mars 1946, j'eus la chance de pouvoir intéresser le Secrétaire d'Etat à la Marine, à l'époque M. Jacquinot, et le chef d'état-major général de la Marine, l'amiral Lemonnier, à la création d'une école de fusiliers marins commandos qui bénéficierait comme instructeurs d'un certain nombre d'officiers et commandos de mon bataillon qui venait d'être dissous. Un arrangement intervint avec nos alliés britanniques, qui acceptèrent de grand cœur de nous fournir deux ou trois barges de débarquement, un peu de matériel et l'équipement nécessaire. Ils accréditèrent en outre à la nouvelle école qui allait être formée une petite mission de trois ou quatre officiers et sous-officiers des commandos britanniques. L'officier des équipages A. Lofi, qui avait été mon officier en second au bataillon, secondé dans sa tâche par le major Frank et le lieutenant Croxton, devint l'instructeur en chef et responsable du programme d'entraînement des nouveaux postulants commandos à l'école de Siroco, sur la côte d'Algérie. Il me racontait combien il avait trouvé d'encouragement dans sa nouvelle tâche près du capitaine de frégate Cornuault, commandant du centre Siroco. Le commandant Cornuault, enthousiasmé par l'esprit des nouveaux volontaires, montra un intérêt personnel dans le dur travail des postulants commandos et suivit de très près leur entraînement.

L'activité, l'esprit de compétition sportive et la discipline qui, infailliblement, étaient à base d'un pareil entraînement, aidèrent le commandant Cornuault à faire de Siroco une base exemplaire de la Marine nationale.

Un arrêté intervenait donc au mois d'avril 1946, cinq mois avant ma démobilisation, réorganisant la spécialité des fusiliers sur des bases modernes, prévoyant désormais un stage de formation commandos à Siroco, qui devenait le successeur de l'école des fusiliers.

Un centre de formation amphibie (le C.I.O.A.) [1] fut ajouté un peu plus tard à l'école de Siroco, sous le commandement du capitaine de frégate Maggiar, et s'installait dans l'ancienne base aéronavale d'Arzew. Tout comme les Royal Marines britanniques, le but fondamental de la spécialité de fusiliers reste la constitution d'un corps devant servir à bord des bâtiments à encadrer le personnel navigant dans les multiples fonctions du Service Intérieur. Toutefois, si les Royal Marines embarqués ont en outre la mission d'armer une des tourelles du bâtiment, ce rôle, dans la Marine française, n'incombe pas aux fusiliers, mais aux canonniers. A Siroco, les jeunes recrues qui choisissent la spécialité de fusilier reçoivent, après un premier entraînement et au bout de six mois, leur brevet. Les plus aptes, tous volontaires, sont envoyés après un stage préalable, suivi d'une sélection, dans les unités commandos où ils complètent leur formation de marins et celle de combattants à terre. A l'heure actuelle, il existe six unités Commandos Marines qui portent les noms d'officiers de marine morts au champ d'honneur. Les commandos Trepel [2],

1. C.I.O.A. : Centre Interarmes d'Opérations amphibies.

2. Le lieutenant de vaisseau Trepel, ex-capitaine d'artillerie dans l'Armée, du 1er Bataillon des fusiliers marins commandos, mort au champ d'honneur sur la côte de Hollande, au cours d'un raid qui a déjà été raconté dans ce volume.

François [1], de Montfort [2], successivement constitués au centre Siroco entre juillet 1946 et juillet 1947, puis le commando Jaubert [3], constitué en Indochine avec la compagnie Jaubert. Plus tard, en décembre 1947, deux autres commandos, Hubert [4] et de Penfentenyo [5], sont à leur tour disponibles.

Les fusiliers sortant de Siroco, et dont la résistance physique est insuffisante pour être versés dans un commando Marine, vont servir, après un séjour d'entraînement à Arzew, dans les formations amphibies.

La plupart de ceux-là servent actuellement en Indochine sur les embarcations diverses qui servent à débarquer les commandos Marines pour leurs coups de main ou raids.

La constitution de la nouvelle unité commandos Marines est basée sur l'expérimentation faite par la troop des anciens « bérets verts » britanniques et de leurs camarades français du 1er Bataillon de fusiliers marins commandos. Comme la troop, le commando Marine a un effectif de soixante-douze hommes, équivalant à une demi-compagnie et fractionné en deux sections de deux groupes chacune. Chaque groupe de combat étant réduit lui-même à onze, en ajoutant les quelques hommes du groupe de commandement ceci porte l'effectif de la section à vingt-sept, officiers et sous-officiers compris, au lieu de quarante et un que comprend la section normale d'infanterie.

L'idée britannique de la constitution d'un commando et des cinq à sept troops qui le forment a donc été gardée intacte dans les commandos Marines et répond au souci de faciliter au maximum l'exercice du commandement en supprimant toute idée de réserve,

1. Le lieutenant de vaisseau François, mort au champ d'honneur en Indochine.

2. L'enseigne de vaisseau de Montfort, mort au champ d'honneur en Indochine.

3. Capitaine de frégate Jaubert, mort au champ d'honneur en Indochine.

4. Enseigne de vaisseau Hubert, du 1er Bataillon des fusiliers marins commandos, mort au champ d'honneur à la prise de Riva-Bella, le 6 juin 1944, dans des circonstances déjà rapportées dans ce volume.

5. Enseigne de vaisseau de Penfentenyo, mort au champ d'honneur en Indochine.

qui n'a guère de place dans les missions aussi vivement offensives qui leur incombent.

Comme il a été déjà vu tout le long de ce récit, et en particulier au chapitre « Raids de sondages », si la vie courante et l'entraînement ont ainsi nécessité de fixer quelque peu arbitrairement, et une fois pour toutes, l'effectif d'un commando, en revanche, chaque coup de main, minutieusement préparé, exige un nombre d'hommes déterminé, fractionné en deux ou plusieurs éléments de valeur inégale. Il est évident que ce nombre ne correspond pas toujours à l'effectif entier de l'unité. En pareil cas, le personnel strictement nécessaire et le plus apte à cette mission particulière sera choisi et détaché en lui conservant le plus possible son encadrement. En outre, le commando, durant son entraînement et dans le cadre même de sa vie courante, doit être capable de se servir avec à peu près la même habileté des différentes armes actuellement utilisées et pourra, par conséquent, délaisser son arme habituelle pour celle qui convient le mieux à son rôle dans le raid envisagé. Ce système a fait ses preuves et est en pratique d'une extrême souplesse, grâce tout d'abord à la valeur et à l'entraînement de chacun, ensuite au très puissant encadrement (quatre officiers, huit sous-officiers pour soixante quartiers-maîtres et marins), qui permet de réaliser les morcellements nécessaires et de faire face aux situations les plus inattendues.

Quelle a été la tâche des nouveaux commandos Marines depuis leur existence ? Le théâtre d'opérations d'Indochine leur a fourni, presque immédiatement après leur formation, l'occasion de servir le but et de montrer l'utilité pour lesquels ils ont été créés. J'ai eu la chance de pouvoir bavarder avec le lieutenant de vaisseau Dequet, un des premiers officiers de marine à suivre les cours de commandos à Siroco et fraîchement revenu d'Indochine, où il commandait le commando de Montfort. J'ai retrouvé en cet officier de la marine française une vraie graine de « béret vert » avec toutes les traditions et la passion du métier qui faisait dire à Germaine Sablon : « Quand on a vu les commandos, même une femme a le désir de devenir commando. »

Le lieutenant de vaisseau Dequet a bien voulu me communiquer une petite étude de la formation actuelle des commandos

Marines, de leurs activités, leur armement, et tirer quelques conclusions sur leur expérience dans la guerre d'Indochine, comparée à l'utilisation de ces unités dans la dernière guerre mondiale.

La Cochinchine est un pays de rizières à perte de vue, vastes étendues d'eau et de boue où l'on peut enfoncer depuis la cheville jusqu'au ventre. Pratiquement pas de routes, mais d'innombrables « rachs » qui sont tout à la fois affluents et défluents les uns des autres, sujets aux seuls courants de marée, découvrant aux basses eaux des berges faites d'une vase immonde, bordées elles-mêmes d'une épaisse frondaison de palétuviers ou de palmiers d'eau. Les cocoteraies verdoyantes, abritant de paisibles paillotes, n'ont un air accueillant et serein que pour mieux attirer dans une meurtrière embuscade. Dans un pareil cadre, la formation maritime du commando, jointe à son entraînement au combat, est un des atouts indispensables pour mener à bien les délicates patrouilles de ces « rachs », le plus souvent dans de fragiles radeaux, soit pour protéger les flancs de l'infanterie qui patauge dans la rizière, ou bien, guidés par un Sea Other [1], pour s'emparer de la batterie rebelle et fouiller les groupes d'habitations suspectes.

« En Annam, la côte est plus propice aux coups de main, mais les objectifs matériels sont beaucoup moins nombreux. Les rebelles, qui se méfient, ont la majorité de leurs installations assez loin à l'intérieur dans les montagnes qui leur servent de repaires. Toutefois, dans ces vastes zones entièrement contrôlées par eux, les moindres renseignements sont précieux pour l'état-major français. C'est du vrai sport, pour les commandos Marines, que d'aller faire des prisonniers dans quelque coin perdu, et le coup de main de quelques heures remplace avantageusement la coûteuse opération menée à l'échelon d'un ou deux bataillons. »

C'est donc en Annam que les jeunes commandos Marines sortis de Siroco préfèrent mettre à profit l'expérience acquise durant leur entraînement, car, ici, l'énergie, la confiance et le sens du terrain reprennent leurs droits au service de l'attaquant favorisé par la nuit.

« Conçues et constituées pour la guerre européenne, la première

1. Petit hydravion de liaison et d'observation.

des situations à laquelle ces unités ont eu à faire face est donc celle de la guerre d'Indochine.

« Les Forces Maritimes d'Extrême-Orient disposent des trois commandos, Jaubert, de Montfort et François. Leur base est établie au cap Saint-Jacques, secteur paisible dont l'atmosphère calme, rafraîchie par la brise de mer, est bien faite pour reposer et délasser. Sous ce point de vue, le commandement ne pouvait mieux choisir. En outre, placée à l'embouchure de la rivière de Saïgon, au point de passage de tous les bâtiments de mer, les pertes de temps sont assez réduites pour les embarquements après un message d'alerte préalable. Le cap Saint-Jacques, malheureusement, ne dispose que des rudiments d'une installation portuaire, sur un mauvais mouillage qui devient intenable aux embarcations par mousson de suroît. Il faut alors utiliser l'appontement fluvial de Rach-Dua, situé à quelques kilomètres, sur une rivière que les bateaux à fond plat peuvent remonter jusqu'à ce point en toutes marées.

« Leurs missions dans la guerre d'Indochine sont caractérisées par trois dominantes qui les rendent assez différentes de celles qu'ils peuvent rencontrer sur un théâtre européen.

« A) *Fluidité des forces adverses* — Les forces Viet Minh sont tout à fait comparables à des " maquis ", tantôt embryonnaires, tantôt organisées par bataillon. Tandis que les forces françaises ont la charge d'assurer l'ordre et la sécurité, doivent se montrer au grand jour, tenir garnison, avoir des centres innombrables très définis qui, en raison de leur importance, ne sauraient être déplacés tous les quinze jours, les Viet Minh, au contraire, tiennent la brousse ; ils n'ont pas à assurer la paix, mais à la troubler, et maintiennent les populations dans le secret par la terreur, ne reculant devant aucun sévice, aucune cruauté. Leurs installations rudimentaires et leurs besoins matériels assez minces, comparés aux nôtres, les rendent très mobiles. En outre, ils fuient toujours le combat qu'ils n'ont pas cherché ; ils arrivent ainsi à courir beaucoup plus vite que nos compagnies bien organisées, pour aller se transformer parfois en paisibles paysans dans le village voisin.

« Les renseignements précis seront par conséquent difficiles à obtenir et deviendront souvent trop vieux dès qu'ils auront pu être recoupés.

« B) *Difficultés des terrains.* — Les commandos apprennent au cours de leur formation que leurs terrains de faveur seront les plus impraticables parce qu'ils permettent davantage la surprise. En Indochine, malheureusement, tous les espoirs en la matière sont dépassés et la nature a voulu trop bien les servir en offrant des terrains rigoureusement impraticables, surtout la nuit. Les affronter équivaut à courir au-devant d'un échec : ce sont les zones de palétuviers particulièrement denses et étendues, des extrémités de deltas, mélange de racines enchevêtrées atteignant jusqu'à un mètre de haut et de boue, où l'on enfonce parfois jusqu'au ventre, le tout recouvert d'une végétation touffue, réduisant la visibilité à quelques mètres ; ce sont également les versants des montagnes, qui portent une végétation arbustive si serrée qu'elle n'est pénétrable qu'au " coupe-coupe " ; lourd handicap dans une action rapide et qui, d'ailleurs, empêchera toute surprise. Dans ces coins-là, il n'y a vraiment pas de cheminement possible en dehors des pistes fragiles ou des rivières navigables jusqu'à leur extrémité en assault-boat [1], et qu'il faut remonter pour parvenir aux paillotes suspectes établies assez près de leurs rives.

« C) *Différence de races.* — Le troisième caractère spécial à ce genre de guerre est la différence de races qui rend illusoire le stratagème du déguisement d'un Européen en combattant autochtone ; ceci n'est possible qu'avec des partisans à condition d'en disposer ; ceci n'a jamais été le cas des commandos Marines, en outre particulièrement sélectionnés du point physique dans leur taille et leur poids.

En résumé, la situation se présente sous la forme suivante : un ennemi fluide, installé souvent au milieu de terrains impraticables en dehors des voies d'accès connues par eux, où l'alerte est facile à donner et provoque régulièrement la même réaction : la fuite, qui, en raison de la légèreté des installations et des équipements, laisse fort peu de choses en place. »

*
* *

1. Radeaux plats en bois, de forme rectangulaire, qui peuvent s'assembler deux à deux par le tableau arrière.

« Malgré ces difficultés, les commandos Marine sauront faire face à cette guerre nouvelle et remporter de brillants succès. Leurs moyens matériels sont rudimentaires au début : ils ne disposent même pas de postes radios, du moins en état de marche ; il faut emprunter à l'armée des piles et des appareils, réclamer longtemps avant d'obtenir enfin de quoi assurer les indispensables liaisons extérieures et intérieures. Leurs engins de débarquement, des radeaux pneumatiques, sont très usagés et flanchent assez vite. Il faut les remplacer, faute de mieux, par les assault-boats mentionnés plus haut, bons engins fluviaux, malheureusement très peu marins. Les flottilles amphibies prêtent le concours de leurs engins de débarquement : L.C.M. [1] et L.C.V.P. [2], auxquels se joignent souvent, en Cochinchine, celui des vedettes F.O.M. [3], " montées " par un escadron de cavalerie. Actuellement viennent d'arriver d'excellents doris à moteur silencieux, du type utilisé par les commandos du 1er B.F.M.C. pour leurs raids de sondage, et qui font merveille pour surprendre les trafiquants d'armes en baie d'Along.

« Les armes dont ils disposent sont à peu près les meilleures que l'on puisse trouver [4] sur le marché occidental et les rebelles en ont

---

1. L.C.M. (*Landing Craft Mechanised*) : engin de débarquement américain de cinquante-deux tonnes en charge et pouvant transporter, à 7 nœuds 5, un char de trente tonnes ou une centaine d'hommes armés (pour une dizaine d'heures maximum, dans ce dernier cas, en raison de la fatigue occasionnée).

Il en existe en Indochine deux modèles très voisins que l'arsenal de la Marine, à Saïgon, a fortement armés, de un ou trois canons de 20 (allemands) et deux mitrailleuses de 12,7 mm.

2. L.C.V.P. (*Landing Craft Vehicule and Personnel*) : engin de débarquement américain d'une quinzaine de tonnes en charge, pouvant transporter 3 tonnes 5 de matériel ou trente-cinq hommes armés (dans les mêmes conditions que le L.C.M. pour le personnel).

Un seul modèle que la Marine en Indochine a armé de un canon de 20 mm sur l'avant et de deux mitrailleuses de 7,7 mm sur les côtés.

Les moteurs de tous ces engins sont très bruyants et peuvent être entendus de trois à cinq kms par vent nul ou sous un vent léger.

3. F.O.M. : France d'Outre-Mer.

4. Les armes d'infanterie utilisées par les commandos d'Indochine sont : le F.M. 24-29 ; le fusil automatique MAS 44 ; la carabine américaine ; la mitraillette allemande M.P. 40 ; le pistolet automatique Colt 45 ; le lance gre-

fait la dure expérience à chaque rencontre, comme le prouve le bilan des pertes, environ cent fois plus fortes chez eux.

« Un problème majeur réside dans la mise à pied d'œuvre, c'est-à-dire dans le transport du commando depuis le cap Saint-Jacques jusqu'au Secteur maritime, où l'opération pourra être préparée par les consultations de cartes, documents, photos aériennes, survols, éventuellement aussi, par une attente des conditions favorables ; puis de là, au point choisi d'où il se lancera à l'heure “ H ” sur son objectif, suivant un horaire minutieux.

« Ce problème logistique n'existe pas pour les opérations fluviales de Cochinchine ou du Tonkin, grâce à ce réseau très complet de voies navigables aux bâtiments de faibles tirants d'eau jusqu'aux L.C.T., qui passent presque partout et permettent une mise à l'eau facile des radeaux, une fois la porte abaissée.

« Ainsi les L.C.M., L.C.V.P. et vedettes F.O.M., basés à Saïgon et Haïphong ou détachés auprès des commandants maritimes des différents secteurs, pourront toujours être utilisés, soit pour remorquer les radeaux sur de longs parcours dans les rivières étroites, soit pour les remplacer lorsque, dans certaines opérations de coopération avec l'armée, la discrétion immédiate est moins importante que l'appui de leurs armes contre les surprises de ces berges touffues et sinueuses.

« Mais le manque de bases maritimes suffisamment rapprochées le long de la côte d'Annam, et l'incertitude sur l'état de la mer pendant la majeure partie de l'année, rendent impossible l'emploi des L.C.M. ou L.C.V.P. sur ce littoral en partant des seules bases de Tourane [1] ou de Nhatrang [2]. Il faut par conséquent des bâtiments de mer d'un tonnage suffisant pour permettre l'hébergement de ces soixante-dix hommes supplémentaires pendant plusieurs jours

---

nade et tromblon canadien au fonctionnement très sûr. Il n'y a donc que des armes automatiques, ce qui porte le groupe commando à une puissance offensive voisine du triple de celle du groupe d'infanterie normal, mais lui ôte toute valeur défensive.

1. A Fai-Foo se trouve une annexe de la Marine à Tourane disposant de ces engins.

2. Nhatrang, étant éloigné de tout secteur fluvial, ne dispose en revanche que d'engins de mer : V.P. ou dragueurs.

sans fatigue excessive, et qui disposent en outre de moyens de levage pour la mise à l'eau de leurs engins. Les radeaux pneumatiques, qui seuls peuvent être descendus à bras par une coupée ou le long d'un filet, trop usagés par leurs précieux services, ont généralement fait défaut.

« Trois catégories de bâtiments, parmi ceux de l'Indochine, répondent à ces conditions, le croiseur *Duguay-Trouin*, les tenders d'aviation et les avisos de 1re classe ; tous ont coopéré avec les Commandos dans des opérations littorales où cette association a toujours inspiré aux rebelles la plus vive terreur, rendant impossible tout accrochage avec eux, quand la surprise n'a pas été totale.

« Cette avantageuse puissance n'a pas été utilisée à fond pour deux raisons.

« La première réside dans le petit nombre des bâtiments de patrouille et l'inconvénient que présente le retrait de l'un d'eux de son secteur de surveillance.

« La seconde est une certaine répugnance du commandement à risquer un aussi faible effectif en pleine zone rebelle, connaissant en fait la faible efficacité de l'appui direct de l'artillerie des bâtiments. L'instabilité de leur plate-forme [1] oblige en effet à prendre des marges de sécurité, dépendant de l'appréciation de chaque commandant, incompatibles avec la précision que peut réclamer une troupe amie, révélée et surprise à un contre dix. En pratique,

---

1. Les petits bâtiments sont très handicapés dans leurs missions d'appui direct des troupes à terre. Deux améliorations dans leur artillerie permettraient l'exécution de tirs contre la terre, sur l'objectif masqué, avec la même précision que l'artillerie de type 105 de l'Armée de terre.

La première consisterait à installer certains dispositifs gyroscopiques de précision supprimant cette obligation pour le bâtiment de stopper, de mouiller ou même de s'embosser en convervant automatiquement la visée sur n'importe quel point auxiliaire.

La seconde serait de munir leurs pièces de charges fractionnées leur donnant ainsi une égale précision quelle que soit la distance et autorisant par la même occasion le tir sur objectif masqué, à courte distance, qu'interdit une trajectoire trop raide. Tous les avisos de 1re et 2e classes et les tenders d'aviation devraient recevoir ces améliorations qui augmenteraient notablement leur valeur militaire dans cette mission de défense de l'Union française qui leur est dévolue.

néanmoins, la simple menace permet d'agir sur l'ennemi comme un épouvantail heureusement suffisant pour que, neuf fois sur dix, il n'ose pas se servir de sa supériorité numérique.

« Telles sont, brièvement décrites, les conditions dans lesquelles, depuis plus de trois ans, nos commandos Marines font la guerre en Indochine. »

*
* *

Le lieutenant de vaisseau Dequet raconte, comme exemple, quelques raids-types effectués en Indochine par les « commandos Marines », qui apportent certainement une aide précieuse au corps expéditionnaire d'Indochine. On trouvera dans le récit que je vais reproduire les mêmes combattants sélectionnés et éprouvés, tels leurs aînés, les « bérets verts », la même astuce, la même mobilité et le même sens d'intrépide bravoure. Sans doute, ces jeunes commandos Marines rencontreraient-ils des résistances autrement plus sérieuses et organisées sur un théâtre européen d'opérations, mais leurs gestes en Indochine font honneur à ce corps nouveau et dynamique, né de la dernière guerre, baptisé du nom « commando » et coiffé du béret vert. J'en suis sûr, ils arriveront à les égaler et garderont la tradition de cette unité d'élite, créée dans des buts spéciaux.

Il convient donc de rapporter la relation de ce coup de main effectué de plein jour, à la suite d'un curieux renseignement, avec le groupe des Commandos, appuyé par le *Duguay-Trouin* et le *Paul-Goffeny*, sous le commandement du contre-amiral commandant la D.N.E.O. L'opération consiste à couper le trafic du chemin de fer près de Sa-Huynh à mi-parcours d'un tronçon exploité par les rebelles. Les ponts, assez nombreux, ont été canonnés par les bateaux, bombardés par l'aviation, sans interrompre ce trafic. Il faut donc choisir un solide pont et le faire sauter avec le concours d'une équipe du génie, sous la protection d'une troupe à terre.

« Pendant que le commando François et le *Paul-Goffeny* font une diversion cinq kilomètres plus au nord, au village de Sa-Huynh, vers 7 heures du matin, le *Duguay Trouin*, qui dispose également de deux L.C.V.P., envoie à terre, au pied d'un morne qui surplombe le pont en question, le commando Jaubert, auquel est adjoint un groupe du génie avec ses explosifs.

« Le commando de Montfort doit ensuite débarquer en soutien. Si la faiblesse de la réaction ennemie le permet, il ira se porter à trois kilomètres dans le sud, où se trouve un tunnel sous lequel les Viets mettent, paraît-il, un train à l'abri pendant la journée, avec mission de détruire éventuellement ce train.

« A la suite d'avaries des L.C.V.P. causées par le premier débarquement, une section de Montfort parvient seule à débarquer. Elle rejoint Jaubert près du pont, où tout paraît parfaitement calme. Une fois de plus, les Viets n'étaient pas bien préparés à cette visite. Les éléments de tête n'ont même pas rencontré la moindre grenade piégée. L'affaire du tunnel devient donc possible et Montfort se décide à l'entreprendre malgré l'absence de la moitié de ses effectifs, c'est-à-dire avec vingt-cinq hommes.

« Il y a tout de même trois kilomètres à parcourir sur une route longeant la voie ferrée. L'heure, déjà avancée, oblige à marcher très vite afin de surprendre encore, s'il en est encore temps ; au bout d'un kilomètre, la route devient entrecoupée de parapets en chicane derrière lesquels apparaissent quelques têtes qui déclenchent les premiers coups de feu. La section quitte alors cette route devenue dangereuse pour emprunter le rail et demande à " Jaubert ", par radio, de lui envoyer quelques éléments de renfort. Un défilé se présente, très encaissé entre deux rochers, mais les Viets n'ont pas eu le loisir de tendre une embuscade et les commandos poursuivent leur course à vive allure. Au bout de vingt minutes, au détour de la dernière courbe, l'entrée du tunnel apparaît enfin, d'où s'échappe une légère fumée bleue, comme dans un rêve. Il suffit de se pencher dans l'encadrement du tunnel pour voir des lueurs rougeoyantes apparaître par moments, devant lesquelles vont et viennent des ombres un peu agitées.

« Ce tunnel n'a que deux cent cinquante mètres de long ; un groupe monte prestement sur le col pour aller bloquer la sortie du côté opposé, tandis que l'autre reste à l'entrée. Avant de s'aventurer à l'intérieur, il est peut-être préférable d'attendre l'arrivée du renfort demandé. Si l'ennemi surgissait, les rôles seraient facilement renversés. Malheureusement, la radio est muette.

« Un peu avant neuf heures, une fumée blanche s'élève tout à coup dans le nord et s'épanouit en un beau champignon à plus de cent mètres d'altitude. C'est le pont qui vient de sauter.

« Un Catalina surgit ensuite et lâche un message lesté, ordonnant d'abandonner cette opération et de faire demi-tour. Peu importe la raison : l'ordre est là qu'il faut exécuter. Mais il n'est tout de même pas possible de laisser aux Viets ce train sous pression ! Par une opportunité providentielle, le quartier-maître P... vient prévenir son chef qu'il a déjà conduit des locomotives. L'idée paraît séduisante, après tout, de prendre le train pour revenir, et sans billet, par-dessus le marché.

« L'enseigne de vaisseau B... s'engage alors dans le tunnel avec le groupe posté de l'autre côté du col, emmenant avec lui le conducteur. Pour éviter toute mauvaise rencontre, les premiers voltigeurs avancent en tirant des rafales de mitraillettes et arrivent très vite à la locomotive, que le conducteur parvient à sortir au jour. Mais à la suite de plusieurs explosions de foyer qui, heureusement, n'ont encore fait aucun dégât, le quartier-maître préfère renoncer à la conduire ; il ouvre la vapeur en grand et saute en bas de la machine qui se met à patiner, puis démarre à vive allure avec sa rame de huit wagons vers le pont qui vient de sauter.

« Le commando Jaubert et le génie, toujours sur place, peuvent assister de près à l'inévitable catastrophe, jugée digne des plus belles mises en scène du cinéma. Mais leur stupeur est encore plus forte lorsque, le calme rétabli, ils aperçoivent un jeune garçon sortir indemne d'un wagon sous les décombres !

« La section de Montfort reçoit ensuite le renfort demandé et peut rentrer à pied, comme elle est venue, sans autre incident. »

POSTFACE II

LE RALLYE DES COMMANDOS [1]

Par un beau matin, à la fin du printemps 1945, deux troops françaises et une troop britannique du n° 4 Commando franco-britannique, impeccables et astiquées, s'alignaient dans la cour d'honneur du ministère de la Marine pour assister à une prise d'armes, au cours de laquelle le fanion du bataillon recevait des mains du secrétaire d'Etat à la Marine la fourragère aux couleurs de la médaille militaire.

En cette même occasion, des distinctions individuelles gagnées au cours de nos campagnes étaient remises à un grand nombre d'officiers et commandos, tant britanniques que français. Après la prise d'armes, le défilé des commandos, qui partit de la place de la Concorde pour remonter l'avenue des Champs-Elysées jusqu'à l'Arc de Triomphe devant une foule en délire et dans Paris libéré, remplit de larmes bien des yeux. L'honneur d'ouvrir la marche revint à la troop britannique, précédée des commandants et officiers des deux nations alliées.

1. Postface de l'édition de 1951.

Les deux troops françaises fermaient le défilé. Je ne crois pas qu'il ait existé une camaraderie plus fraternelle dans les relations personnelles comme au combat parmi d'autres unités alliées que celle qui nous liait avec les commandos britanniques. Le moment venu de déposer sur la tombe du Soldat Inconnu la gerbe que nous présentait un col bleu, je fis signe de la passer au commandant anglais, le lieutenant-colonel Dawson, qui était à mes côtés. Dawson la prit, me la présenta en me disant : « Philippe, toujours ensemble. »

L'une à côté de l'autre aussi, nos deux signatures figurent sur le livre de l'Arc de Triomphe, privilège inestimable accordé aux bérets verts par la ville de Paris.

Le défilé terminé, je fus frappé par les yeux vifs et le masque énergique d'une dame entourée par un groupe de commandos britanniques et français : c'était Mme Doulin.

Bientôt, les commandos m'entraînaient vers elle et, la présentation faite, elle nous invita à prendre un vin d'honneur. M. et Mme Doulin, propriétaires d'un café avenue de la Motte-Picquet, étaient de vieux amis du lieutenant Faure.

Leur amitié remontait à bien des années et avait été scellée dans la Résistance, avant la fuite de Faure vers l'Angleterre pour rejoindre les commandos. Sa première visite après la libération fut pour les Doulin, où il introduisit les commandos. Je fus tout de suite frappé par la générosité et le grand cœur de Mme Doulin, qui ouvrait toutes grandes ses portes à mes commandos, un peu perdus après quatre années d'absence de France. Elle allait devenir bientôt la mère des commandos et un peu la dépositaire de nos souvenirs et de notre tradition.

Le café de Mme Doulin devint le rendez-vous des commandos. Sans hésitation, elle fit disparaître l'enseigne « A l'Etoile Bretonne », vieille de vingt ans, pour la remplacer par « Le Rallye des Commandos ». Aussitôt qu'il lui fut possible aussi, elle refit le dallage du café avec un motif de mosaïque représentant l'insigne des commandos. Elle ouvrit un livre d'or de la visite des bérets verts au Rallye. Des noms célèbres, dont celui du général Laycock, y figurent.

Des anciens ou nouveaux bérets verts britanniques, belges, hollandais, de passage à Paris, se rencontrent au Rallye. Son petit musée, disposé autour de la salle du café, possède entre autres un magnifique tambour des Royal Marines, qui lui a été offert par les commandos britanniques, et un morceau authentique d'une des barges de débarquement qui amenèrent les commandos à l'aube du 6 juin. Les salles du café sont ornées de nombreuses caricatures de commandos.

Sans vouloir froisser la modestie de Mme Doulin, combien de commandos ont été aidés par elle, sans limite, moralement et matériellement.

Les combats, les anecdotes et les bonnes histoires des bérets verts n'ont plus de secrets pour elle. Elle tient une liste complète avec adresses de tous les anciens et suit leurs mouvements. J'ai souvent entendu M. Doulin dire en présence de sa femme, avec un sourire taquin :

— Ma femme n'est plus à moi, elle appartient aux commandos.

Cela ne l'empêche pas cependant de connaître presque aussi bien que Mme Doulin, notre histoire et de recevoir à bras ouverts les bérets verts.

Chaque année, à la date du 6 juin, Mme Doulin accompagne en pèlerinage à la plage normande de Riva-Ouistreham les anciens commandos disponibles et avec eux visite, au cimetière de Ranville, les tombes des bérets verts qui ont donné leur vie pour la France.

*
* *

Six années se sont écoulées depuis la fin des hostilités.

Que sont devenus individuellement ces cent quatre-vingt-sept hommes revenus vivants et la plupart plus ou moins sérieusement blessés, après avoir écrit toute une petite page de l'histoire de la plus grande des guerres ?

Hélas ! il faut déjà réduire leur nombre à cent soixante-cinq. Trois d'entre eux, les lieutenants Senée et Hulot et le quartier-maître Richen, continuant la tradition de sacrifice des bérets verts, sont tombés en Indochine ; un quatrième, le sous-lieutenant Egly, qui servait à la Légion étrangère, est revenu d'Indochine grand mutilé. Un autre, Meunier, rescapé du raid de Gravelines, tombe en service commandé à la police de surveillance du territoire. Trois autres ont trouvé la mort dans des accidents et une quinzaine sont morts, soit des suites de blessures ou de maladie.

Où sont les survivants ?

Un peu partout, en France, aux colonies, sur les sept mers et à l'étranger. Cependant, des liens existent toujours entre eux, qui se resserrent chaque jour davantage, malgré leurs tâches nouvelles et l'éloignement de certains. Le Rallye des Commandos de Mme Doulin a servi et continue à servir à ce rapprochement. Une douzaine, mariés à des Britanniques, ont décidé de planter leur tente en Angleterre où ils travaillent comme fermiers, barmen, ou dans des hôtels. Environ six ou sept sont allés vers le nouveau monde, aux Etats-Unis, en Amérique du Sud ou au Canada, où ils gagnent aisément leur vie. La Marine marchande a regroupé le plus grand nombre et une trentaine naviguent de nouveau comme avant la guerre ; une dizaine d'inscrits maritimes, la plupart Bretons, ont repris leur activité de pêche. Trois des plus jeunes sont devenus prospecteurs d'uranium au cœur de la jungle africaine. Vous pouvez voir également trois énergiques sergents de ville réglant la circulation sur les grandes avenues de Paris, tandis qu'un autre confrère en fait autant dans la ville de Luxembourg. Un autre tiers continue sa carrière de marins et soldats.

Parmi les autres démobilisés, la plupart ont des occupations variées. Certains sont ouvriers, d'aucuns manœuvres et d'autres employés de commerce, comptables ou gérants d'hôtels. Deux sont devenus industriels : enfin, un médecin, un artiste peintre, un chef de mission, un croupier de casino, un fameux guide au Mont-Saint-Michel, un directeur de service de publicité à la Radio, un chef de service à la Télévision et à la Radiodiffusion, un dessinateur commercial et un à l'agence Cook.

Pour terminer la série, le plus petit et le plus jeune fait partie de la police civile du Viêt-nam, tandis que notre populaire aumônier occupe une chaire de théologie à Toulouse.

*
* *

Volontaires, ils étaient venus de partout. Leur devoir de bon Français accompli, ils sont repartis, mêlés à la foule de France, pour continuer à servir, chacun dans sa sphère et de manière différente, à la grandeur de notre pays, en gardant l'anonymat de leurs glorieux faits d'armes.

Ils gardent tous, enfouis jalousement quelque part parmi des souvenirs, un objet précieux entre tous.

Aux heures de découragement, dans les moments difficiles de leur vie militaire ou civile, mais aussi quand la France est encore à l'honneur, ils sortent et regardent avec fierté leur béret vert.

APPENDICE I

L'officier des équipages A. LOFI, *M.C.*
au capitaine de corvette P. KIEFFER, *M.C.*
à l'hôpital.

15 juin 1944. En campagne.

Commandant,

Je n'ai pas besoin de vous dire combien nous avons tous regretté votre départ, mais il était essentiel que vous vous rétablissiez pour les opérations à venir. L'extraordinaire énergie dont vous avez fait preuve a vivement impressionné tous les hommes du bataillon. Votre courage a été pour nous tous un exemple inoubliable que nous saurons tous suivre. Je vous exprime les vœux que tous ici nous formons pour votre prompt rétablissement.

Ne vous inquiétez pas, commandant. Le moral des hommes, en dépit des fatigues et des pertes lourdes, reste très haut. La troupe que vous avez formée est digne de ce que vous en attendiez. Toutes les patrouilles, toutes les missions qui nous ont été confiées ont été parfaitement exécutées. Chacun fait son devoir à la place qui lui a été désignée. Bon courage et prompt rétablissement. Soignez-vous et donnez-nous de vos nouvelles bien vite.

Croyez, commandant, à mes sentiments respectueux et dévoués.

A. LOFI.

Lettre du major-général
Robert E. LAYCOCK, C.B., D.S.O.
de son Quartier Général à Londres,
au capitaine de corvette P. KIEFFER, M.C.
à l'hôpital.

Londres, 20 juin 1944.

Mon cher Philippe,

J'ai été très heureux de recevoir le « badge » de votre bataillon que vous m'avez envoyé.

Je le garderai toujours comme un souvenir précieux en mémoire des jours où j'ai eu le très grand privilège d'avoir sous mon commandement une si vaillante phalange de vos nobles compatriotes.

Je suis certain que les campagnes des troops du commando français resteront pour toujours un exemple inspirateur de bonne volonté et de l'amour de la liberté de nos deux grands pays alliés, et je suis plus qu'honoré d'avoir été si intimement lié à vous tous.

Bonne chance et espérant vous voir bientôt.

Bien sincèrement.

BOB LAYCOCK.

Lettre du Major-Général
Robert G. STURGES, K.B.E., C.B., D.S.O.,
Royal Marine,
commandant le groupe des 4 brigades de commandos,
au capitaine de corvette P. KIEFFER, M.C.
à l'hôpital, en Angleterre.

En campagne, 20 juin 1944.

Mon cher Kieffer,

J'ai été très heureux d'avoir de vos nouvelles et de savoir que vous vous rétablissez à grande allure.

Les rapports que j'ai reçus de vos activités et de celles de vos hommes sont magnifiques. Vous avez tous fait un travail splendide et je suis fier de vous. Je pleure vos pertes avec vous et je souhaite un rétablissement rapide et complet aux blessés.

J'ai fait savoir à votre amiral que vos hommes s'étaient battus comme des tigres.

Veuillez leur faire savoir qu'au fur et à mesure de leur rétablissement, ils devront rejoindre le Dépôt des commandos, en ce moment à Petworth.

Beau travail et bonne chance.

Toujours vôtre.

ROBERT STURGES.

Lettre du capitaine Guy VOURC'H, *M.C.,*
à l'hôpital,
au capitaine de corvette P. KIEFFER, *M.C.,*
à l'hôpital.

Cette lettre émouvante du capitaine Vourc'h, toute de modestie et de courage, donne une idée de ce qu'étaient devenus quelques-uns de ceux qui étaient tombés sur la plage à l'heure « H ».

20 juin 1944.

Commandant,

Quelle joie de recevoir votre lettre et de vous savoir hors de danger et d'apprendre par vous les détails de l'affaire. J'ai eu aussi quelques renseignements par Briand (le Canadien) qui est arrivé ici, évacué samedi dernier.

D'abord, laissez-moi vous dire ma douleur de n'avoir pas pu être de la fête. C'est quand même dur de s'être préparé si durement et d'avoir tout donné pour faire une troop au poil et de ne pouvoir pas la commander au feu !

J'espère que vous pourrez lire ce gribouillage : j'ai la main droite dans le plâtre et vous écris avec le bout des doigts.

En traversant la plage à la tête de ma troop, j'ai senti un coup de fouet terrible au dos et qui m'a projeté en avant sur les genoux, et j'ai senti un picotement à la main droite. Je n'ai pas pu me relever. J'ai crié à Pinelli de prendre le commandement. Lardenois m'a dit : « Il est blessé. » J'ai alors désigné Faure. La troop était partie. Les obus de mortiers tombaient toujours... Il y avait autour de moi une douzaine de blessés de ma troop sur la plage : Pinelli, Dumenoir, Laventure, Lahouze, Casalonga, Lostic, Cabellan, Piaugé, Flesch, Rousseau, Beux, Bucher.

Au bout d'une demi-heure, quelques infirmiers anglais sont venus. Ils étaient débordés et n'ont pu que donner de la morphine. La mer continuait à monter... J'ai dit à ceux qui pouvaient de se traîner au haut de la plage. Des brancardiers nous ont aidés. Un autre commando de la brigade a débarqué et le bombardement par mortiers a recommencé. Lahouze a été blessé de nouveau. Il y avait aussi des blessés britanniques du 4 Commando. Les ordres étaient de ne pas chercher à s'embarquer sur les bateaux qui repartaient à vide. Brancardiers et infirmiers disponibles travaillaient dur, mais ils étaient débordés et les bombes de mortier continuaient à pleuvoir. Il était 10 heures ou 10 h 30. Pour éviter que les blessés ne soient achevés par ce feu meurtrier, j'ai dit à ceux qui pouvaient de rejoindre les bateaux. Un L.C.I. (S), qui se trouvait juste en face de nous, fit signe et les marins embarquèrent les blessés. A ce moment, un obus a touché le bateau et le commandant a poussé immédiatement vers le large.

J'ai aidé à faire des pansements aux blessés ; nous étions une trentaine en tout. J'avais un gros éclat dans le dos (au niveau des reins) qui m'empêchait de me courber et de me relever quand j'étais couché et me brûlait comme du feu ! En outre, deux éclats au bras droit, deux à la main, et le petit doigt en bouillie !

Vers midi, nous étions passés à bord d'un torpilleur. Flesch était, à ce moment-là, mourant. Je ne sais pas s'il s'en est tiré.

A 21 heures, le destroyer nous transbordait à bord d'un navire hôpital. Le médecin qui m'a pansé m'a dit qu'il ne croyait pas que je pourrais garder mon doigt. Puis l'hôpital en Angleterre. Je pense maintenant que d'ici trois semaines je pourrai rejoindre l'unité. J'apprends par Briand que Lavezzi et Klopfenstein étaient blessés ainsi que Lord Lovat.

Je suis heureux que ma vieille troop ait fait du bon « boulot ». J'étais effondré de ne pouvoir aller avec vous. J'ai enragé, mais je ne pouvais pas marcher ni me relever. J'ai essayé de suivre vos exploits par journaux et radio. Je savais que les cadres étaient bien démolis et je me disais : « Quand même être blessé en débarquant alors qu'il y a tant à faire ! » Donnez-moi, si possible, des détails sur la prise du fameux casino. Il a fallu faire donner un char ? J'aurais voulu pouvoir me traîner jusque-là pour voir l'opération se dérouler, mais je crois que j'aurais été plus encombrant qu'autre chose. On m'a dit qu'Hubert a été tué. On a aussi dit qu'Hulot l'est également. Il paraît que René de Naurois est épatant.

Si j'ai une prière à vous faire, commandant, c'est de ne pas me « citer ». Si j'avais fait quelque chose, d'accord, mais je n'ai rien fait et je ne veux pas essuyer le ridicule de recevoir une décoration non méritée. Je vous en prie, attendez la prochaine opération. Alors, vous verrez! J'espère que j'aurai alors plus de chance.

Quand vous verrez ma troop, dites à tous mes regrets cuisants de n'avoir pas pu les accompagner jusqu'au bout et faites-leur aussi mes félicitations en leur disant mon espoir de les rejoindre bientôt. Dès que vous saurez quelque chose, faites-moi appeler. Dans quinze jours, je serai guéri. Promis, hein ? Je ne sais rien de précis au sujet de Pinelli. On me dit qu'il va perdre une jambe, ce serait affreux !

Laissez-moi enfin vous dire mon admiration pour votre courage et votre endurance. Tous les commandos en parlent. La prochaine fois, bon Dieu ! je serai avec vous jusqu'au bout, il faut l'espérer !

Bien à vous.

GUY.

Lettre du major D.-J. GILCHRIST,
adjudant du 4 Commando,
au capitaine de corvette P. KIEFFER, M.C.,
à l'hôpital.

20 juin 1944. En campagne.

Cher Philippe,

J'espère qu'à la réception de cette lettre vous serez à peu près rétabli.

Vos commandos français sont dans une forme excellente. J'ai demandé la permission de les accompagner en patrouille l'autre soir. Ils sont formidables en patrouille et ils se plaignent seulement d'une chose, c'est de ne pouvoir participer à toutes les patrouilles de la brigade. Lofi, à qui vous avez passé le commandement au moment de votre évacuation, est parfait.

Quant à vous, Philippe, vous avez fait un travail imbattable au moment du Débarquement. Permettez-moi de vous dire toute mon admiration pour vos troops françaises. J'espère que j'aurai plus souvent l'occasion de laisser mes papiers et d'aller me battre avec vos hommes. J'ai appris beaucoup de « trucs » avec eux et c'est un plaisir de voir leur astuce et leur vivacité à prendre l'ennemi en défaut.

Nous vous attendons avec impatience et je vous souhaite un rétablissement rapide afin de revenir prendre part à notre aventure dans ce merveilleux pays qui est le vôtre.

Toujours vôtre.

Donald GILCHRIST.

Le lieutenant J. PINELLI,
à l'hôpital,
au capitaine de corvette P. KIEFFER, M.C.,
à l'hôpital.

21 juin 1944.

Mon commandant de mon cœur,

C'est avec une grande joie que je viens d'avoir votre adresse à la minute.

Vous voyez que notre splendide unité a été digne de ce qu'elle promettait.

Guy et moi avons manqué de chance, vous vous êtes conduit personnellement comme un Kieffer ! Bravo ! Comment allez-vous ?

Pour ma part, je suis très touché, à une jambe surtout. Pinelli se trouve éloigné de toutes compétitions athlétiques pour un bon moment (artère coupée, trois dures opérations, beaucoup de souffrances et de sang perdu), mais toujours votre Pinelli prêt à recommencer avec le sourire!

Que j'ai été heureux sur cette plage de feu, mais bénie !

Je vous écris avec difficulté, les larmes dans les yeux, mais si heureux.

Guilcher (troop 8) est toujours ici ; Piaugé, Derrein et Bouchard sont partis en convalescence hier et rejoignent Beaconsfield.

Je suis tombé alors que je m'apprêtais à sonner ce « Pill Box », sur la gauche, qui nous em... Ce sera pour le prochain coup.

J'ai bien peur que Pépé Dumenoir soit mort de ses blessures. Rousseau (2e section) est mort à mes côtés.

Bas les bérets devant ces grands et braves gens !

Pauvres Doc et Hubert, nous les vengerons !

Dieu vous bénisse, commandant.

Toujours votre dévoué

PINELLI

Lettre du colonel Robert DAWSON, D.S.O.,
commandant le 4 Commando,
à l'hôpital,
au capitaine de corvette P. KIEFFER, M.C.,
à l'hôpital.

22 juin 1944.

Mon cher Philippe,

C'est avec la plus grande joie que j'ai pu rétablir le contact avec vous par téléphone avant-hier. J'espère que votre rétablissement continue et que vous serez bientôt complètement guéri.

Pour ma part, il s'est produit une petite complication. Ma jambe s'est beaucoup raidie depuis l'opération, et je fais à présent un cours d'exercices suivis de massages pour la remettre en ordre. C'est très ennuyeux, mais je crois que cela disparaîtra bientôt.

Il faut encore et toujours que chacun d'entre nous, à quelque nationalité qu'il appartienne, considère la lutte présente comme la plus grande croisade de ce siècle. L'avenir du monde entier, et surtout de l'Europe, dépend avant tout de l'esprit et des forces de la France.

Mon cher Philippe, je veux vous répéter encore que c'est pour moi la plus grande joie et le plus grand honneur d'avoir pu, dans la mesure de mes facultés, contribuer à ce but qui a si magnifiquement inspiré tous les vôtres des troops françaises. J'espère que nous continuerons longtemps à combattre côte à côte.

L'officier du char d'assaut, qui a appuyé votre attaque contre le casino et dont vous m'avez demandé le nom, est ici dans le même hôpital que moi, les deux jambes fracturées, mais autrement sans mal et le moral haut. Je lui ai transmis vos compliments et il vous envoie les siens.

A bientôt au combat de nouveau.

Croyez-moi, mon cher Philippe, bien sincèrement vôtre.

Robert DAWSON.

Le sous-lieutenant L. HULOT
(le plus jeune de mes officiers),
à l'hôpital,
au capitaine de corvette P. KIEFFER, M.C.,
à l'hôpital.

23 juin 1944.

Mon cher commandant,

J'espère que vous me pardonnerez cette familiarité, mais les sentiments personnels que j'éprouve à votre égard et que vous connaissez certainement, ainsi que cette camaraderie si bonne que le feu et les dangers ont établie entre les officiers et leur commandant et aussi entre les officiers et les hommes, m'autorisent à le faire.

Je viens vous demander de vos nouvelles et vous donner des miennes, ce qui vous intéressera, je le sais.

Comme vous le savez, j'ai été blessé le jour J ; les blessures étaient au nombre de huit : à l'épaule (superficielle), un éclat au biceps gauche, quatre à la cuisse gauche (superficielles) et deux au pied droit, dont l'une très mal placée (un éclat sous le gros orteil). Ces blessures ne me faisaient pas souffrir, sauf celle du pied, et je fus obligé de me mettre des chaussures de gym.

J'arrivais ainsi à me débrouiller très bien, mais malheureusement le pied s'est infecté et, le 13, le docteur du commando m'a fait évacuer ; j'en ai pleuré. Maintenant, je suis dans ce coin perdu de Newcastle ; je voudrais bien avoir des camarades, mais je suis le seul Français dans cet hôpital... Cinq de nos commandos (troop Vourc'h) sont dans un hôpital voisin ; parmi eux, Lossec et Cabellan, qui furent blessés le 13. Quand j'ai quitté la France, Lofi allait très bien, ainsi que Bagot, Faure, Chausse et Francis Vourc'h. Lavezzi, Hourcourygaray et Jung avaient été blessés et évacués ; Fourrer et Croizier, malheureusement tués par éclats d'obus. Je ne sais pas grand-chose de la troop Vourc'h, sauf que Vinat avait été tué le 12, ainsi que Jersel.

Hattu allait très bien, ainsi que le Padre, aussi courageux et toujours plein d'encouragements : les hommes l'aiment beaucoup. Le moral était excellent et tous ne demandaient qu'à voir les Boches venir se placer dans nos formidables champs de tir. Le 13, quand j'étais évacué, ma section avait sur sa position trois mitrailleuses allemandes avec des masses de munitions. La plupart des hommes avaient, en plus de leur fusil, un fusil boche de réserve, ainsi qu'une « Tommy gun » [1], capturée pour s'en servir dans les combats rapprochés. Presque chaque homme de la section a aussi une jumelle allemande.

Avez-vous lu, dans les journaux anglais, les articles sur les commandos anglais et français ? Il y a aussi, dans le numéro d'aujourd'hui de *France*, un long article à notre sujet.

A votre sujet, vous m'excuserez de vous le dire, commandant, mais je ne puis m'en empêcher, les hommes et les officiers ont

1. Mitraillette.

admiré votre courage ; parmi les hommes, ceci était un sujet de conversation très fréquent. Je profite de l'occasion pour vous dire leur admiration et vous présenter leurs meilleurs vœux pour une guérison rapide et un prompt retour.

J'espère recevoir de vos nouvelles, commandant, cela me fera grand plaisir. Avez-vous des nouvelles de Guy, Pinelli et autres blessés ?

A bientôt, je l'espère, et je vous prie de croire à mon profond attachement.

Votre dévoué

L. HULOT.

Lettre du général de brigade Lord LOVAT,
D.S.O., M.C., commandant la 1re Brig. de commandos
au moment du Débarquement,
blessé, à l'hôpital,
au capitaine de corvette P. KIEFFER, *M.C.,*
à l'hôpital.

24 juin 1944.

Mon cher Philippe,

J'ai appris que vous approchiez à grands pas d'un rétablissement complet de vos blessures, grâce à votre robuste constitution et aux soins magnifiques que vous avez reçus à l'hôpital. Je n'ai pu, avant maintenant, à cause de ma blessure, vous remercier et vous féliciter pour les qualités combatives si magnifiquement montrées par les troupes qui sont sous votre commandement. Elles furent et sont splendides et parfaites. Comment pourrais-je mieux les décrire qu'en citant les mots célèbres de votre propre histoire : « Elles furent sans peur et sans reproche. »

Faites-moi savoir les noms des officiers et commandos de votre bataillon qui, entre tous, se sont distingués d'une façon particulière, car je désire vivement qu'ils reçoivent des distinctions britanniques. J'espère que vous êtes d'accord avec moi à ce sujet, car je considère que ce sera la façon la meilleure de cimenter les excellentes relations et la compréhension totale qui existent entre nos deux pays et qui seront si vitales après la guerre.

Bonne chance, Philippe.

Toujours vôtre.

Shimi LOVAT.

Lettre de l'abbé de NAUROIS, M.C.,
aumônier du 4 Commando,
au capitaine de corvette P. KIEFFER, M.C.,
à l'hôpital.

25 juin 1944. En campagne.

Cher commandant,

Un mot en hâte pour vous dire combien nous pensons tous à vous. Vous nous manquez tellement, et chacun ici a tant admiré votre courage et votre constance. L'esprit de sacrifice dont vous avez fait preuve a été un grand exemple qui a soutenu les courages et entraîné les hommes. Pour ma part, je ne l'oublierai jamais. Je prie pour vous de tout cœur. Nous sommes entre les mains de Dieu ; nos vies lui appartiennent. Tout ce qui vient de lui est grâce. Priez aussi un peu pour moi qui ai tant besoin de force pour moi-même et pour les autres. Ne m'oubliez pas près des amis et camarades qui peuvent être autour de vous, et croyez à ma grande affection. Beaucoup des officiers anglais me demandent bien gentiment de vos nouvelles.

René de NAUROIS.

P.-S. — Je ne peux vous parler des pertes subies depuis votre récent départ — assez légères du point de vue des satisfactions et des résultats. Nous sommes tous bien affligés de la mort au Champ d'honneur du grand Laot. Quel chic type, magnifique soldat, soldat dans l'âme et si bon, si chrétien !

Le moral reste très élevé en dépit de la fatigue. Certains ont bien récupéré. Montlaur est magnifique et combien d'autres aussi.

Lettre du commando L. CASALONGA,
à l'hôpital,
au capitaine de corvette P. KIEFFER, M.C.,
à l'hôpital.

1er juillet 1944.

Commandant,

Je viens à l'instant de recevoir une lettre du capitaine Guy Vourc'h dans laquelle il me remet votre circulaire n° 1 adressée à tous les officiers, officiers mariniers et commandos actuellement blessés et se trouvant dans les hôpitaux anglais.

Lahouze, Leostic et moi-même avons pris connaissance de cette circulaire et de vos ordres.

Nous quittons donc l'hôpital lundi prochain, c'est-à-dire le 3 juillet, et nous allons à Beaconsfied en convalescence, comme vous nous avez dit de le faire.

On est heureux d'apprendre le beau travail qu'a fait l'unité, mais avec le seul regret de n'avoir pu continuer avec vous.

Nous espérons cependant, mes camarades et moi, que, maintenant qu'on a commencé pour de bon, on ne va pas s'arrêter.

Vivement qu'on se rétablisse et qu'on aille encore donner un coup au Boche et, sous votre commandement, venger les camarades.

Veuillez recevoir, commandant, l'expression de mon entier dévouement.

L. CASALONGA.

APPENDICE II

Très secret
QUARTIER GÉNÉRAL DU FÜHRER
Le 18 octobre 1942.

LE FÜHRER
N° 003830/42 G. Kdos CKW/WFST

12 copies (Copie n° 12)

Depuis longtemps, nos ennemis se servent de méthodes de guerre contraires aux Conventions Internationales, particulièrement notoire est la conduite brutale et perfide des dénommés « commandos » qui, et ceci a été formellement établi, sont en partie recrutés dans les rangs d'anciens criminels libérés dans les pays ennemis. D'après les documents capturés, il ressort qu'ils reçoivent des ordres non seulement d'enchaîner leurs prisonniers, mais, de plus, de massacrer sur-le-champ les prisonniers sans défense, aussitôt qu'ils jugent que ces prisonniers deviennent une entrave à la poursuite de leurs objectifs ou peuvent être, dans l'un ou l'autre cas, un objet d'embarrassement. Pour finir, des ordres ont été trouvés qui montrent qu'en principe le massacre de prisonniers a été établi.

Pour cette raison, il a déjà été ordonné dans un addendum du rapport des Forces Armées (ordres de routine) du 7 octobre 1942, que dorénavant l'Allemagne aurait recours au même traitement envers les troupes britanniques de sabotage et leurs complices, c'est-à-dire qu'elles seront massacrées sans pitié par les Allemands dans les combats partout où elles seront rencontrées.

En conséquence, j'ordonne : à partir de cette date, que tous ennemis contactés par les troupes allemandes durant des expéditions dites de commandos, tant en Europe qu'en Afrique, qu'ils soient en uniforme régulier de soldats ou qu'ils soient des agents de saboteurs, armés ou non, soient exterminés jusqu'au dernier, au combat comme à la poursuite. Il importe peu qu'ils soient débarqués d'un navire ou qu'ils soient amenés par avions ou parachutés ; même si ces gredins, une fois repérés, décidaient de se constituer prisonniers en matière de principe, toute pitié devra leur être refusée. Dans tous et chaque cas de cette sorte, un rapport détaillé devra être fait au Quartier Général Souverain afin qu'il puisse être promulgué dans les ordres quotidiens des Armées.

Si des individus faisant partie des commandos et employés comme agents secrets, saboteurs, etc., tombent entre les mains de la Wehrmacht de n'importe quelle autre façon, c'est-à-dire par arrestation de police dans tout territoire occupé par nous, ils seront immédiatement délivrés au Service de Sécurité (Sicherheitsienst) ; toute détention de prisonniers de cet acabit par des gardiens militaires, c'est-à-dire se trouvant dans des camps de prisonniers de guerre, même à titre temporaire, est strictement défendu.

Cet ordre n'est pas applicable s'il s'agit du traitement de soldats ennemis capturés ou qui se rendent au cours de batailles normales (attaques sur une grande échelle ou opérations importantes de débarquement par mer ou par air).

Cet ordre ne concerne pas non plus le personnel ennemi qui cherche à sauver sa vie après une bataille navale, ou qui atterrit par parachute après un combat aérien et qui tomberait entre nos mains.

Pour la non-exécution de cet ordre, j'engagerai la responsabilité personnelle de tout commandant ou officier et ordonnerai sa comparution devant un conseil de guerre pour rendre compte : soit de la négligence qu'il aurait montré en pareil cas dans l'accomplissement de ses devoirs en ne donnant pas les ordres nécessaires à la troupe sous son commandement, ou de la raison de la non-exécution des ordres indiqués plus haut.

Signé : A. HITLER.

DISTRIBUTION :	Copie n°
Quartier Général Souverain Etat-Major Général des Armées	1
Quartier Général Souverain des Armées de la Marine. — Etat-Major Général des Opérations Marine.	2
Quartier Général de l'Armée de l'Air, Etat-Major Général de l'Armée de l'Air.	3
Commandant en Chef Norvège.	4
Commandant en Chef Sud-Est.	5
Commandant en Chef Ouest.	6
Quartier Général de la 20e Armée.	7
Commandant en Chef Sud.	8
Armée Panzer d'Afrique.	9
Reichführer S.S. et Chef de la Police allemande.	10
Quartier Général Souverain des Armées (Etat-Major des Opérations Armées).	11-12

Très secret

Quartier Général Souverain
N° 55 1781/42 G. K. Chefs W. F. St/Qu.

Quartier Général du Führer
19 octobre 1942.

Commandant en Chef seulement.
Ne doit être communiqué qu'aux officiers.

22 copies (Copie n° 21)

Faisant suite à l'ordre concernant l'extermination de troupes terroristes et saboteurs (CKW/WF St. U : 003830/42 G. Kdos du 18 octobre 1942), un ordre supplémentaire du Führer est expédié ci-joint.

Cet ordre est destiné aux commandants de troupes seulement et ne doit à aucun prix tomber entre les mains ennemies.

Une plus large distribution doit être strictement limitée par les autorités qui la reçoivent.

En conséquence, les autorités citées dans la liste de distribution sont responsables de l'émission de la copie de cet ordre et doivent s'assurer que toutes copies qui en seraient plus tard reproduites soient détruites en même temps que la présente instruction.

Le commandant du Quartier Général Souverain des Armées :
Signé : Jodl.

DISTRIBUTION :	Copie n°
Etat-Major Général des Armées.	1
Commandant en Chef du Ravitaillement et de la Réserve.	2
Grand Quartier Général et Etat-Major Général. — Opérations Marine.	3
Quartier Général de l'Armée de l'Air et Etat-Major Général de l'Air.	4

Commandant en Chef Norvège. 5
Commandant en Chef Pays-Bas. 6
Commandant en Chef Sud-Est (Balkans). 7
Commandant en Chef Est (Front nord russe). 8
Commandant en Chef Ukraine. 9
Commandant en Chef Ouest. 10
Quartier Général 20e Armée. 11
Commandant des troupes allemandes au Danemark. 12
Commandant en Chef Sud. 13
Armée Panzer d'Afrique. 14
Général allemand au Quartier Général italien. 15
Reichführer S.S. et Chef de la Police allemande. —
Copie pour le Quartier Général de la Police de Sécurité. 16-17
Quartier Général Souverain de la Police secrète. 18
Quartier Général Souverain du Matériel. 19
Quartier Général Souverain de l'Armement. 20
Quartier Général Souverain de l'Etat-Major du Führer « Q ». 21
Copie Archives. 22

Musée du 4 Commando, à Ouistreham Riva-Bella :
Place Alfred Thomas, face au casino. 180 m^2 d'exposition. Ouverture du 1er mars au 31 mai. Les week-ends : de 10 heures à 12 heures et de 14 heures à 18 heures. Du 1er juin au 15 septembre, tous les jours, de 9 h 30 à 18 heures. Comptoir de vente d'ouvrages spécialisés. Tél. : 31.93.63.10.

Musée Sword Beach, à Hermanville :
Place de l'Amiral-Courbet, sur la plage, dans le Pavillon du Tourisme. Complète, au plan historique, plus particulièrement orienté sur le débarquement de la 3e D.I., le précédent. Ouverture pendant la saison seulement, tous les jours. Tél. : 31.97.28.17.

A Riva Bella :

— *Le casino* : reconstruit sur l'ouvrage bas qui avait été bâti par les Allemands, recouvre très exactement la superficie de l'ancien casino anglo-normand démoli en 1942. Il n'y a jamais eu d'attaque du « casino », le 6 juin, au sens du mot. Pas plus qu'il n'y eut, comme tend à le faire croire le film *Le Jour le plus long*, de sœurs volant au secours des commandos. En revanche, l'ouvrage allemand qui s'élevait sur le soubassement, et dont les deux canons de 20 mm, sur le toit bétonné, tiraient sur les bérets verts venus, *de l'intérieur* (et non de la mer), par la route qui va de La Brèche à Ouistreham, a fait l'objet de l'assaut de la troop 1 des 177 bérets verts du commandant Kieffer. Cet assaut a été mené par le revers du casino, en même temps que la section qui doit l'affronter de côté, afin de détruire les batteries qui tirent sur la flotte.

— *Les dents de crocodile* : encore visibles dans le sable à gauche de l'allée centrale qui, entre les groupements de cabines se faisant face, conduit à la plage. Troncs de pyramides destinés à entraver la progression de chars. Le système de défense comportait des piquets reliés par un réseau de barbelés, poteaux émergeant avec une mine au sommet, herses, tétraèdres métalliques, milliers de mines enterrées.

— *La flamme-signal sur la dune* : à l'ouest du casino, s'élève au-dessus d'une coupole d'acier que les Allemands avaient démantelée de la ligne Maginot. Due au ciseau de l'artiste caennaise Yvonne Guégan, la flamme d'aluminium — présentée aussi comme la proue d'un navire contre un blockhaus — concrétise le sacrifice des seuls Français à avoir posé pied sur le sol de France à l'aube du 6 juin (à l'exception des S.A.S. parachutés en Bretagne, bien sûr !). Onze stèles portent, gravés, les noms des bérets verts tombés dans les combats pour Riva-Bella. Chacune des sept marches symbolise un commando tombé entre l'emplacement du monument et le casino.

— *Angle du boulevard Maréchal-Joffre et du boulevard Winston-Churchill* : là se trouvait un point fort anti-aérien qui fut attaqué par la section de mitrailleurs français. Il faut bien comprendre que les huit troops du 4 Commando (six britanniques, deux françaises) venues d'Hermanville en suivant la ligne de chemin de fer (aujourd'hui disparue) se sont vu, chacune, attribuer un segment du littoral, *contourné*, et aux défenses prises à revers. Le premier kilomètre entre la Brèche d'Hermanville et Ouistreham était dévolu à la troop 8, commandée par le commandant Lofi, dont une rue de la ville porte le nom.

— *Le fossé anti-char* était creusé selon l'axe rue Georges-Clemenceau-La Redoute (construite en 1779) via le boulevard Boivin-Champeaux.

— *Le 47 avenue Pasteur* : c'est de cette villa que partit l'attaque dite du casino. Deux plaques évoquent les noms de ceux qui tombèrent en ce point ou dans les immédiats alentours (capitaine-médecin Lion qui avait installé son poste de secours dans un trou de bombe), sous-lieutenant Hubert, caporal Lemoigne, commandos Renault (tué au premier étage d'une maison voisine), Rollin (tué à trois mètres de l'entonnoir poste de secours), Labat. C'est de ce point que le lieutenant de vaisseau Kieffer alla demander l'appui de six chars Duplex-Drive récemment débarqués, et c'est appuyé de l'un d'eux qu'il fit taire les deux canons de l'ouvrage dit du casino lorsque l'assaut, à 9 h 25, fut lancé par la troop 8 avec ses Piat, ses Bren et ses Kguns tandis que, raconte Gwenn-Aël Bolloré, « l'abbé de Naurois, dans une masure en ruines, donne la communion à quelques Irlandais encore tout étonnés de se battre aux côtés d'Anglais ».

— *Angle du boulevard Maritime et de l'avenue du 6 Juin* : dans un square résidentiel, buste du commandant Kieffer.

— *Boulevard Joffre* : sur la route de Riva à Colleville, un énorme blockhaus, partiellement recouvert par une maison, n'est autre que celui qui tira, avec un 75 français, sur les commandos, lors même de leur débarquement, coupant immédiatement l'avant du Landing Craft Infrantry S 527 qui avait embarqué la troop 1 française. Et coulant plusieurs Landing Crafts. « Nos passerelles, écrit Gwenn-Aël Bolloré, sont emportées par un tir d'obus. Sous l'étrave, parmi les débris de bois, des hommes blessés se noient. L'eau qui emplit leur bouche les empêche d'appeler au secours. »

A Ouistreham :

— *Le monument-signal* : à l'entrée du bourg — l'un des dix-neuf monuments signaux dressés par le Comité du Débarquement (une nef surgie des flots marquée par la Croix de Lorraine) évoque, ici, les combats menés par le 4 Commando anglo-français du colonel Dawson.

— *Dans l'église, le vitrail aux commandos* : à l'entrée, à droite, offert par la puissante Commando Association (qui a son siège à Londres) honore la 1re Brigade de commandos. Le thème, dû au peintre Raymond Bradley, est celui des commandos débarquant ou s'élevant de la mer en direction de la terre. Il doit donc être lu à partir du bas où des formes dures composent une conventionnelle péniche de débarquement d'où les commandos bondissent. La péniche vient du large : l'emblème des commandos s'élève au-dessus des vagues. Le commando qui débarque tient une banderole qui détaille les combats de la victoire finale. Le centre du vitrail représente le paysage de France, le jaune de la plage, le vert et le brun de la campagne, coupés çà et là par la forme blanche des défenses anti-chars. D'un bout à l'autre du paysage flotte l'Union-Jack surmontée par la Croix de Lorraine. Dans la partie supérieure, l'aigle rouge de l'emblème des commandos apparaît sur la gauche, survolant Ouistreham, dominée par l'église Saint-Samson ; l'aigle, symbole des commandos, apporte la victoire sur le ciel noir de l'oppression : un nuage blanc, symbolisant la paix contribue aussi à disperser les lourds nuages de la dictature. La base du vitrail porte l'inscription « 1939/1945. A la gloire de Dieu ».

A Colleville-Montgomery :

— *La Brèche* historique où le 2nd East Yorkshire perdit, rien qu'en débarquant sur la plage, quelque deux cents des siens en quelques minutes.

— *Une des plus anciennes plaques évoquant* le Débarquement, apposée dès 1945, et alors quelque peu fruste, refabriquée et réhabillée depuis, rend hommage au « commando français du capitaine Kieffer ».

— *Stèle de granit*, en face : « Sur cette plage débarquèrent les fusiliers français du commandant Kieffer (on notera que, d'une mention à l'autre, le capitaine est devenu commandant), commando britannique numéro 4. »

— *Rue de Bruxelles* : bien que rien ne l'indique, ni stèle ni plaque, c'est en ce point que les deux barges Landing Craft Infantry 527 et 523, transportant les troops françaises touchèrent terre à 7 h 32. C'est là que se trouvaient les ruines de la colonie de vacances (aujourd'hui disparue) parfaitement visible dans les photos du débarquement des bérets verts. C'est sur ce parking qu'a lieu, chaque 6 juin au matin, la messe des commandos.

— *La Saline* : en se tournant en direction de Ouistreham, sur la route, à droite, on aperçoit le bâtiment caractéristique de la ferme de La Saline. Des photos, prises le D Day, entre 7 h 30 et 8 heures, montrent le passage des troops du 4 Commando montant au combat, en rasant les murs du bâtiment.

— *Route de Colleville-Bourg* : après leurs combats pour Ouistreham, les bérets verts sont revenus en ce point afin d'entamer, par Colleville-Bourg, l'itinéraire qui les conduira d'abord à Saint-Aubin d'Arquenay.

A Saint-Aubin d'Arquenay :

— *Stèle* : « A la mémoire de ceux qui libérèrent Saint-Aubin d'Arquenay, le 6 juin. »

Arromanches. Exposition 6 juin 1944 :

— Une vitrine est consacrée aux bérets verts français, avec mannequin revêtu de la tenue de combat.

Sur la rive droite de l'Orne :

— *Amfreville* : ce haut-lieu des commémorations du 6 juin fut occupé, dès le soir du 6 juin, par la 1re Brigade de commandos. Sur la pelouse centrale, nommée Place du Commandant-Kieffer, deux monuments. Au nord, face à la grande ferme qui abrita les commandos, le monument au 6 Commando, l'unité qui se battit constamment aux côtés du 4 Commando. Au sud, plus imposant, le monument « consacré à la mémoire des officiers et hommes de la 1st Special Service Brigade qui ont perdu leur vie dans les combats pour la Normandie. June-July 1944 ». Monument érigé par le « Headquarter de la 1st Special Service Brigade, le 3 Commando, le 6 Commando, le 4 Commando, le 45 Royal Marine Commando, le 10th Inter Allied Commando ».

— *Hameau Hauger* : en empruntant à partir de la place la route marquée « Cabourg », D 37 B, on trouvera, à gauche, la route Oger, qu'on empruntera en direction du château Hauger (les deux orthographes sont traditionnelles...). Cent mètres après, une petite place gazonnée (impossible aux voitures et cars) contient, en son centre, un monument qui présente la particularité d'avoir été érigé en juillet 1944, en pleine bataille de Caen, sous la surveillance du captain Donald Gilchrist (voir bibliographie). Suivant la conception écossaise des « cairns », la base du monument se compose d'autant de pierres qu'il y avait d'hommes dans l'unité le 6 juin. Aussi la participation française est-elle représentée par 177 de ces pierres normandes. Une croix, volontairement rudimentaire, portant inscription du « 4 Commando » et marquée du badge des Opérations Combinées, surmonte le cairn. Ce petit monument était à l'origine dans le parc du château Hauger, demeure privée qui avait accueilli, le 6 juin, le Headquarter du 4 Commando. La gratitude des Amfrevillais a motivé son transfert afin que le monument fût à la vue du pèlerin.

— *A Bavent* : ce petit village fut traversé dès le début de l'opération Paddle, le 17 août, par les bérets verts qui avaient stagné, sur ordre, soixante-douze jours durant devant ses lisières. (Voir chapitres V et VI du présent ouvrage.) Une stèle signale ce qu'on peut considérer comme le point de départ de la marche du 4 Commando en direction de l'estuaire de la Seine, libérant successivement les sites de l'Epine, Dozulé, Annebault, Pont-l'Evêque, Beuzeville, Boulleville, Saint-Maclou.

Et ailleurs...

— On ne saurait oublier, bien sûr, le musée des fusiliers marins à Lorient.

— Pas plus ne faut-il oublier l'important musée des Royal Marine Commandos à Southsea, aux lisières de Portsmouth, où une vitrine est consacrée aux bérets verts de Normandie.

— Toujours en Grande-Bretagne, notez le Commando Memorial dans l'abbaye de Westminster.

— Et l'imposant monument élevé à Span Bridge, Inverness, à l'ensemble des unités de commandos, près d'Achnacarry.

BIBLIOGRAPHIE FRANCO-BRITANNIQUE RELATIVE AU 4 COMMANDO

Ouvrages écrits par les officiers et soldats du 4 Commando :

Bolloré : *Nous étions 177* (France-Empire), 1964 (le Cherche-Midi), 1994.

Chauvet : *Lancelot, soldat de la France Libre* (Association A.C. Français Evadés), 1964.

Chauvet : *D Day. I BFM Commando* (Amic. Anciens Parach. S.A.S. Paris).

Chauvet : *De Ouistreham à Pegasus Bridge avec le I BFM* (Corlet), 1981.

Chauvet : *Gazette des Armes*, octobre 1964. La dague de combat britannique.

Faure : Les premiers jours en France du I BFM (*Revue de la France Libre*).

Gilchrist : *Castle Commando* (Oliver and Boyd, Londres), 1960.

Gilchrist : *Don't cry for me* (Robert Hale, Londres), 1982.

Lovat : *March past* (Weidenfeld et Nicolson, Londres), 1979.

Mills-Roberts : *Clash by night* (William Kimber, Londres), 1956.

Millin : *Invasion* (Book Guild), 1991.

Mc Dougall : *Swifty they struck, the story of the 4 Commando* (Odham Press), 1984.

Ouvrages écrits sur le 4 Commando :

Bais : *Corsaires en Béret Vert* (Presses de la Cité), 1971.
Le Roy et Lesage : *Ouistreham Riva Bella à l'heure du Débarquement* (Corlet).
La Sierra : *Le Commando du 6 juin* (Presses de la Cité), 1983.
Tanter : *Jour J avec le I BFM* (Corlet), 1983.
Tanter : *Caen, une ville trop loin* (Corlet), 1990.

Ouvrages détaillant l'itinéraire du 4 Commando en Normandie :

Florentin : *Opération Paddle* (Presses de la Cité), 1993.
Florentin : *La Rückmarsch* (Presses de la Cité), 1991.
Florentin : *Montgomery franchit la Seine* (Presses de la Cité), 1993.
Florentin : *Les 5 plages du 6 Juin* (Tallandier), 1988.
Florentin : *Le Nouveau guide des plages du Débarquement* (Presses de la Cité), 1994.

In revues :

Militaria, numéro 32 : l'équipement du Béret Vert.

TABLE DES MATIÈRES

La photocomposition de cet ouvrage
a été réalisée par
GRAPHIC HAINAUT SA
59690 Vieux-Condé

Cet ouvrage a été réalisé par la
SOCIÉTÉ NOUVELLE FIRMIN-DIDOT
Mesnil-sur-l'Estrée
pour le compte des Éditions France-Empire
en février 1994

Imprimé en France
Dépôt légal : mars 1994
N° d'impression : 26473